S. 642.

Y. 6090. p.
A.

L'VRANIE,

OV
NOVVEAV RECVEIL
de Chanſons ſpirituelles &
Chreſtiennes.

Comprinſes en cinq Liures, & accommodees pour la pluſpart
au chant des Pſeaumes
de Dauid.

S. Iaques en ſon Epiſtre catholique,
chap. 5. verſ. 13.
Y a-il quelqu'vn affligé entre vous? qu'il
prie. Y a-il quelqu'vn d'entre vous
qui ait le cœur ioyeux?
qu'il chante.

Pour Iaques Chouët.
M. D. XCI.

A toutes personnes qui aiment Dieu, & qui desirent s'esiouïr en le louant: Grace, paix, & salut par Iesus Christ.

Heodoret, ancien Theologien, raconte au vingtseptieme chapitre du quatrieme liure de son Histoire Ecclesiastique, que enuiron le temps de l'empire

de Valentinian & de Valens, l'un desquels estoit Chrestien & l'autre heretique, il y a douze cens ans, un certain Harmonius, composa des chansons profanes accommodees à de la musique fort douce, dont plusieurs furent seduits & tirez à perdition. Mais Dieu, qui des le commencement a tiré la lumiere des tenebres, suscita en ce mesme temps un excellent personnage nommé Ephraim, lequel entre autres seruices notables qu'il fit à l'Eglise, y adiousta celui ci, asçauoir, qu'il changea la lettre meschante des chansons d'Harmonius, & y appliqua vn sens spirituel et à la louange de Dieu, remediant (dit Theodoret) ioyeusement & vtilement au mal que ce poete lascif auoit fait. Ceste histoire m'est venue en pensee ayant à dire quelque chose du recueil qui vous est presenté en ce liuret. Satan ennemi de la gloire de Dieu, a ceste coustume d'obscurcir tant qu'il peut les

louanges du Toutpuiſſant, &
trouue touſiours des inſtrumens pour effectuer ſes deſſeins, item des cœurs diſpoſez
à receuoir les douloureuſes &
mortelles douceurs qu'il leur
preſente dedans la coupe d'or
de ſes abominations, cachant
ſous belles paroles & chant agreable de la poiſon qui infecte les ames, & peu à peu les
plonge en toute impieté. D'autrepart, le Seigneur, qui a pitié
de ſes eſleus, ſuſcite auſſi quelques gens pour oppoſer le bien

au mal, la lumiere aux tenebres, la verité au mensonge, le bruuage de salut au venin de perdition: donnant selon & autant qu'il lui plaist efficace & benediction aux saincts efforts de ceux qui pourchassent l'auancement de son honneur. Comme l'entreprise saincte de Ephraim succeda heureusement, & les chansons profanes qu'il changea tant à propos, furent bien receuës des vrais Chrestiens alors, la confusion estant tombee sur l'esprit de vanité & de mensonge : nous pouuons dire le mesme de ce qui est auenu depuis soixante ans en ça. L'ennemi de la saincte Verité, sentant que Dieu vouloit ramener au iour vne grande conoissance de la doctrine de l'Euangile, suscita en diuers endroits, notamment en la France, des poetes qui commencerent à semer (à l'exemple d'Harmonius) des chansons pleines de vanité, d'ordure, & d'impieté, ausquelles les chantres adiousterent de la musique agreable aux oreilles, pour faire couler tant plus promptement & agreablement ceste poison iusques au cœur : & plus la verité se manifesta, plus le mensonge & l'orgueil du monde haussa la creste pour vomir ses puantises contre le throne du Fils de Dieu, lequel y a pourueu par sa sagesse & puissance, ainsi que du temps d'Ephraim. Et premierement, par vne faueur du tout speciale enuers son Eglise en ces derniers temps, il a uoulu que celui qui auoit esté des premiers à publier des chansons folles & lasciues, venant à faire comme amende honnorable deuant tous les fideles, ait mis heureusement la main à la traduction en vers François d'vne partie des vrayes Odes ou Chansons spirituelles de l'Eglise, qui sont les Pseaumes de Dauid, ayant esté secondé depuis bien à propos par vn autre excellent personnage. On ne sçauroit dire combien ce labeur a fait de fruict & conuerti d'ames à Dieu, qui parauant ne pensoyent qu'au monde. D'auantage, pour acroissement de consolations ont esté publiees presques d'annees en annees beaucoup de sainctes poesies, pour esmouuoir tant plus les cœurs & les esleuer au ciel. Ce que les supposts de l'Antechrist ne pouuans supporter, les vns ont essayé d'opposer des impures rimailleries aux Pseaumes de Dauid, les autres ont basti certaines chansons pour enseuelir celles la: mais c'estoyent corbeaux crouassans aupres des cignes, & dont les cris se sont bien tost esuanouis en l'air. Finalement, Satan a trouué des esprits subtils, qui abusans du beau don de poesie, ont par leurs liures d'amours, qu'ils appellent, corrompu vne infinité d'ames, & n'est besoin souiller les yeux de personne du nom de tels profanes dont la memoire est maudite deuant Dieu, qui n'a oublié de leur opposer à leurs labeurs d'autres hommes adressez par sa grace, & contraint mesmes aucuns de ces malheureux la de semer parmi leurs ordures certaines pieces qui seruent tant plus à leur condamnation. Car parlans des louanges de Dieu, & meslans cela dedans leurs rimes infames, il ne leur faut autre iuge qu'eux mesmes. Or combien que le temps d'affliction de l'Eglise semble assez conuier tous fide-

tres ont basti certaines chansons pour enseuelir celles la: mais c'estoyent corbeaux crouassans aupres des cignes, & dont les cris se sont bien tost esuanouis en l'air. Finalement, Satan a trouué des esprits subtils, qui abusans du beau don de poesie, ont par leurs liures d'amours, qu'ils appellent, corrompu vne infinité d'ames, & n'est besoin souiller les yeux de personne du nom de tels profanes dont la memoire est maudite denant Dieu, qui n'a oublié de leur opposer à leurs labeurs d'autres hommes adressez par sa grace, & contraint mesmes aucuns de ces malheureux la de semer parmi leurs ordures certaines pieces qui seruent tant plus à leur condamnation. Car parlans des loüanges de Dieu, & meslans cela dedans leurs rimes infames, il ne leur faut autre iuge qu'eux mesmes. Or combien que le temps d'affliction de l'Eglise semble assez conuier tous fideles à lamentation : toutesfois, d'autant que de iour à autre noſtre Seigneur donne occaſion aux ſiens çà & la de s'eſiouïr grauement en ſa bonté & iuſtice, outre ceſt excellent threſor des Pſeaumes de Dauid, il a ſemblé bon à pluſieurs & en diuers temps & lieux de publier quelques Odes ſpirituelles, appropriees au temps & contenantes diuerſes meditations pour le ſoulagement & contentement des conſciences. Le preſent recueil pourra estre mis en ce rang, comme i'espere. Il a esté amassé de plusieurs, & reduit en la forme que vous verrez, designé pour ceux qui aiment & entendent le chant des Pseaumes. Et notamment plusieurs chansons profanes des poetes François ont esté changees, comme la lecture le monstrera. D'autres qui estoyent Chrestiennes, & n'auoyent point de chant certain, ont esté maintenant accommodees à quelques vns des Pseaumes, afin qu'elles ayent deformais leur nom par effect. Reste de prier Dieu qu'il face la grace à toutes perſonnes qui s'en ſeruiront, de les chanter de ſainƈte intelligence & affection à ſon honneur & gloire. Amen. Fait ce dixiefme iour du moys de May, 1591.

*

PREMIER LIVRE
DV MESLANGE OV
nouueau recueil
DE
CHANSONS SPIRITVELLES
& chrestiennes.

I. CHANSON.

Sur le chant du Pseaume LXXXVII.

Vs que ma voix, iointe à celle des Anges,
Aille chantant au Seigneur glorieux,
A l'Eternel, au grand maistre des cieux
Incessamment mille & mille louanges.

2 Ie sen qu'en moy sa saincte grace esueille
Vn sainct desir qui me pousse le cœur
A celebrer son immense grandeur,
Sa prouidence & bonté nompareille.

3 On n'orra plus resonner sur ma lyre
Rien que son los: loin, profanes chansons,
Vous n'estes rien que pures maudissons.
Rien que de Dieu ma bouche ne veut dire.

a

4 De quel costé que nostre veue errante
Puisse tourner, elle ne peut rien voir,
Qui ne tesmoigne a nos yeux son pouuoir,
Et combien est sa pensee sçauante.

5 Que l'vniuers & tout ce qu'il embrasse
De son ouurier la gloire aille bruyant,
Dont le sainct Nom indiciblement grand
Merite vn los qui tout los outrepasse.

6 C'est lui qui fait a la terre produire
Tant de beaux fruits, qui balance les eaux,
Qui dedans l'air soustient cent mil oiseaux,
Et mille feux dans le ciel fait reluire.

7 Par lui les bleds es campagnes ondoyent,
Par lui de fleurs sont les champs diaprez,
D'vn gay tapis sont reuestus les prez,
Et des forests les perruques verdoyent.

8 Brief, c'est lui seul qui donne essence & vie
Ame & beautez a ce grand vniuers.
Sa bonté luit en tant d'œuures diuers.
De son los donc ma bouche soit remplie.

II.

Sur le chant du Pseaume CXIII.

QVAND ie voy le flambeau des cieux
Cacher ses rais loin de nos yeux,
Et que la nuict sur nous s'auance:
I enser aux tenebres ie vien

De peché, sentant lors combien
Ce mal trouble ma conscience.

2 Le iour fils du soleil naissant,
Dessus la terre apparoissant,
Et du Soleil la clarté belle,
Me descouurent ta grace, ô Dieu,
Qui m'esclairant en ce bas lieu,
Dissipe ma nuict eternelle.

3 L'hiuer frilleux de toute part,
Qui froid & neiges nous depart,
Et sur l'eau la glace endurcie,
Font que i'accuse librement
Le froid & l'endurcissement
Qui tienent mon ame saisie.

4 Les iours d'æsté chauds & cuisans
Dorans le beau thresor des champs
Et l'espi qui se meurit ferme
Font que i'atten le don de foy
De Dieu, qui fait meurir en moy
Ce qu'il y a semé lui-mesme.

5 Quand la verdeur s'aneantit
Aux champs que l'Autonne amortit,
Ridant la face de l'annee:
Ie voy que par peché ie suis
Fait sterile, & nul bien ne puis
Cueillir de ma chair obstinee.

6 Voyant la fueille reuenir
Au printemps, & champs se tenir

a 2

Couronnez de verdure belle:
Ie vay ta grace meditant,
Mon Dieu, qui me resuscitant,
Me donne vne vie nouuelle.

7 De moy rien sortir ie ne vois
Que nuict, froid & mort chasque fois,
De dueil & de tourment suiuie.
Mais i'ai pour iour & pour beautemps
Ta grace, ô Seigneur, dont i'attens
Tousiours clarté, chaleur & vie.

III.

Sur le chant du Pseaume CXVI.

TOVT ce qui est de plus beau dans les cieux,
Tout ce qui est de plus exquis au monde,
N'est rien que vent surquoy l'homme se fonde,
Au pris de Christ, lumiere de mes yeux.

2 Le clair Soleil d'vn cours perpetuel
Nourrit les corps des humains par ses flammes.
Mais Iesus Christ va nourrissant les ames
D'vn past si doux, qu'il n'en est point de tel.

3 De l'œil de l'vn le doux printemps se fait,
Et par six mois s'engendrent les fleurettes.
Mais en tout temps naissent graces parfettes
Des yeux de Christ, que la mort ne desfait.

4 L'vn par saison fait refleurir le lis,
Les aubepins, les œillets, & la rose.

Mais quand Iesus sa grace me propose,
Dedans mon ame il plante vn paradis.

5 L'vn excessif, en ardeur fait perir
L'esperé fruict de la terre alteree.
Mais de Iesus la vigueur temperee
Mort me fait viure, & vif me fait mourir.

6 Il sçait si bien viuifier ma mort,
Qu'en deslogeant il me loge en la vie.
L'ame n'est pas plustost du corps rauie,
Que ie suis seur de la mort de ma mort.

7 Mon trespas est meslé de reconfort,
Puis que la mort me redonne la vie,
Si plaine d'heur que ie perds toute enuie
De viure plus sinon apres la mort.

8 O Sainct auteur de la vie en mes morts,
Fai moy mourir a la terrestre vie,
Creant en moy de bien mourir l'enuie,
Pour viure en toy tant en ame qu'en corps.

IIII.

Sur le chant du Pseaume CXLI.

QVi n'admire les grand's merueilles
Du Roy de la terre & des cieux,
Il n'est pas seulement sans yeux,
Mais priué de nez & d'oreilles.

2 Vn tel n'est pas seulement vuide
De bouche, de pieds, & de main,

Et de ce sentiment humain
Qui est des bestes brutes guide:
   3 Mais il defaut tout a soymesme,
Et soymesme il n'est point en soy.
Vn tel, si ie ne me deçoy,
Pourrit en ignorance extreme.
   4 O quelle merueille admirable
Contemplons-nous de l'Eternel
En nostre corps, monde charnel,
Bien petit, mais incomprenable!
   5 Voulons-nous auoir d'auantage
Pour faire esbahir nos esprits,
Que voir de ce petit pourpris
La fabrique & le haut ouurage?
   6 Si quelquefois ie considere
Tous ses voyables ornemens,
Alors plein d'esbahissemens
Son tressage ouurier ie reuere.
   7 Non, non, iamais ie ne regarde
Tant d'os, de nerfs, & de boyaux,
De liens, de petis tuyaux,
Et l'ordre beau que chacun garde:
   8 Que ie ne dise tout a l'heure,
Nostre Seigneur est merueilleux,
Lequel fait qu'en temps sommeilleux
L'estomach de l'homme labeure.
   9 Puis apres quand des yeux de l'ame
Dedans moy mon ame ie voy,

Ie demeure eſtonné de moy,
Et raui preſque ie me paſme.
  10 O de ceſte ame l'alme Pere,
Et l'inſpirateur & le Roy,
Donne que des yeux de la foy
Icelle ame ie conſidere.
  11 Car, Seigneur, il n'eſt pas poſſible
De la contempler d'autres yeux:
Comme les Anges glorieux
Auſſi nous eſt elle inuiſible.
  12 Il eſt plus aiſé de comprendre
Le rien de ce rien dont tu fis
Les elemens, merueilleux fils,
Et peres de ce qui s'engendre.
  13 Ie trouue plus facile encore
De comprendre en vn ſeul moment
Les deſſeins du haut firmament,
Et l'eſtre de la blanche aurore.
  14 Auſſi comme vn beau chef d'ouurage,
O Dieu Tout puiſſant, tu la fis
Forte encontre tous les desfis
De la paſle mort & de l'aage.
  15 Ie maintien que pour la tempeſte
De la mort, du monde & des ans,
Elle ne craque point les dents,
Ni iamais ne crouſle la teſte.
  16 Vray eſt qu'elle giſt à malaiſe
Dans la priſon où tu l'as mis,

Et que ceux lui sont ennemis
Qui de son corps molestent l'aise.

17 Elle sent bien (di-ie) l'atteinte
Des coups dont le corps est atteint,
Et si quelque mal le contraint,
Elle en est encores contrainte.

18 O Seigneur, c'est ta dextre habile
Qui a fait telle liaison,
Et logé dans ceste maison
Vne essence si tresagile.

19 Ceste admirable sympathie
Ne prouient d'ailleurs que de toy,
Et ceste double part de moy
De ta sage main est partie.

20 Mais enten-ie pas Epicure
Faire l'ame & le corps tout vn,
Dire qu'ils ont estat commun,
Et que semblable est leur nature?

21 Pource qu'il les void parensemble
Endurer en mesme moment,
S'entretenir par aliment,
Et mourir tous deux, ce lui semble.

22 Mais tu t'abuses, miserable,
Et toymesme ne te sens pas.
Tes propos suiuent tes repas,
Ils sentent le ventre & la table.

23 He, ie te prie, si ton ame
N'a vie que comme le corps,

D'où vient que tandis que tu dors,
Le dormir ton ame n'entame?
 24 D'où vient, ce pendant que tu manges,
Deliure de tout autre soin,
Qu'elle court au haut & au loin,
Faisant mille discours estranges?
 25 D'où vient cela qu'estant comprise
Dedans vn petit corps compris,
Toutesfois il n'y a pourpris,
Qui contre elle soit en franchise?
 26 Mais ceci, pour le moins, surpasse
Les bestes, qui meurent du tout,
Que l'ame franchit chasque bout,
Dont tout le monde se compasse.
 27 Que d'vne aîle contemplatiue
Elle bat l'air de l'vniuers,
Et que des yeux, sans cesse ouuerts,
Elle ouure la flamme plus viue.
 28 Que d'vne soudaine vistesse
Elle perce, ô diuins efforts,
Et tous les plus solides corps,
Et la masse la plus espaisse.
 29 Qu'elle voltige sur les sphæres,
Sans crainte de tomber à bas.
Qu'elle iouit de mille esbats,
Loin du corps, au corps tout contraires.
 30 Qu'elle va de course infinie
Ce qui est infini tenter,

Puis, docte, nous vient raporter
L'Infinité presque finie.

31   Qu'elle laisse vn long temps les veines
A repos, sans pouls & sans cours.
Qu'elle s'ectase en hauts discours
Dedans les choses plus lointaines.

32   Certainement ce sont offices
Propres à l'immortalité,
Et que la seule eternité
Exerce en ses sainctes iustices.

33   Ce sont vrayement des puissances
A qui tous les temps sont suiets :
De qui les sublimes proiets
Demonstrent les hautes essences.

34   Ainsi donc l'ame est immortelle,
Bien que dedans ce fresle corps
Elle souffre de grands discords
Et mainte guerre trescruelle.

35   C'est la volonté trois fois saincte
Du Seigneur, l'ordonnant ainsi,
Afin que par vn tel souci
L'ame cheminast en sa crainte.

36   Asçauoir depuis que, feconde
D'vn desir trop ambitieux,
Elle irrita de Dieu les yeux
Dedans le plus beau lieu du monde.

37   Or si nostre ame de soymesme
Pouuoit subsister dans le corps,

LIVRE I.

Et ne sentir les durs efforts,
Et la douleur, combien qu'extreme:
  38 Di-moy, qui pousseroit des larmes
Par le vif tuyau de nos yeux?
Qui requerroit au roy des cieux
Secours encontre tant d'alarmes?
  39 Qui feroit d'accent pitoyable
Retentir & fendre les airs?   *Moyse.*
Qui refreneroit les esclairs,   *Exod.14.*
Et la mer tant inexorable?
  40 Nostre corps ne le sçauroit faire,
De soymesme il ne peut rien,
Ce n'est qu'vn amas terrien
A toutes les vertus contraire.
  41 Ce n'est rien que l'hoste de l'ame,
Où elle habite incessamment.
Il n'a point d'autre sentiment
Que cil que lui donne sa dame.
  42 L'ame de tristesses enceinte,   *Dauid*
Tristesses naissantes du corps,   *es Pse.*
Touche alors des plaintifs accords,   *3.4.18.*
Desquels Dieu a l'oreille atteinte.   *&c.*
  43 Picquee de la maladie
De ce sien corps, hoste charnel,
Elle reclame l'Eternel,
Qui lui va prolongeant la vie.   *Ezechias.*
  44 Quand le fer lui presse les veines,
Il l'induit à faire oraison,   *Manasse.*

Qui la retire de prison,
Et la desgage de ses peines.

45 De cent mille playes battue
Par les fleaux de cette chair,
Elle vient iusques a toucher
Du Seigneur la force inconue.

46 Dedans l'embrasee fournaise,   *les compa-*
Remplie d'vne ardante foy,   *gnons de*
Elle magnifie son Roy,   *Daniel.*
Et sauue sa chair de la braise.

47 Somme, ceste diuine hostesse
Se conioint si bien a ses os,
Qu'elle ne peut auoir repos
Quand quelque douleur les oppresse.

48 Mais, comme compagne fidele,
Sans cesser elle enuoye aux cieux
Vn paquet de plaintes & vœux
Contre ce qui son corps bourrelle.

49 En fin, par le vouloir supreme
Du Prince sien le Dieu des Dieux,
On la void en moins d'vn clin d'yeux
Desloger hors de son corps blesme.

50 Ores qu'il ne fera que naistre,
Ores auant qu'il soit au iour,
Ores apres quelque seiour,
Et ores apres vn long estre.

51 Bref, en mille diuerses sortes,
O Seigneur, l'ouurier de ce corps,

Tu en tires l'ame dehors,
Et par mille diuerses portes.

52 A cause de son arrogance,
Mere de cent mille forfaits,
Enclose en son corps, tu lui fais
Des presens de mainte souffrance.

53 Comme aussi c'est par ta puissance,
Pleine de grace & de tous biens,
O Seigneur, que tu l'y maintiens,
Et que maintiens sa demeurance.

54 Afin que pendant ce sien estre
Dedans cest estre elementeux,
Par vn iugement non douteux
Elle viene à te reconoistre:

55 Et qu'elle emplisse sa memoire
De toutes tes œuures ça bas,
Et entende qu'elle n'est pas
Sinon pour seruir à ta gloire.

56 O combien est heureuse l'ame
Qui vit ainsi dedans les os,
Et qui magnifiant ton los,
En ton amour, ô Dieu, s'enflamme!

57 Pour vray lon peut bien dire d'elle
Qu'elle vit lors certainement.
Car la vie humaine, autrement,
Ou mort, ou songe vain s'appelle.

58 Donne-moy donques que mon ame,
Durant sa demeurance ici,

O Seigneur,viuant,viue ainsi:
Fay qu'en toy toute elle se pasme.

59 Ottroye,ô mon Dieu,que sans cesse
En tous lieux,en toute saison
Elle te face humble oraison
Et pour elle & pour son hostesse.

60 Fai,Seigneur,que ceste chair mesme
Lui soit vn vtile instrument
Pour essayer à tout moment
Les fruicts de ta grace supreme.

61 O Dieu,ie te prie & reprie
Humblement,pour l'amour de toy,
Que repentance,espoir & foy
Face a mon ame compagnie.

62 Et que ces trois sainctes pucelles,
L'agreable obiect de tes yeux,
La gardent entiere en tous lieux:
Car elle periroit sans elles.

V.

Sur le chant du Pseaume CXXIII.

A Toy qui tiens le frein de l'vniuers
    Ie veux chanter mes vers.
Ie veux chanter,comme vn cigne lamente
    Quand la mort le tourmente,
Ou comme au bois la vesue tourterelle
    Plaind son masle & l'appelle:

De cœur, de voix, ensemble de mes yeux
    Ie veux fendre les cieux.
2 En toy, mon Dieu, ie cerche entierement
    Tout mon contentement.
Voila pourquoy ie desdaigne à toute heure
    Ma fangeuse demeure.
Car sur la terre, en lieu d'heur, malencontre
    Et tout mal se rencontre.
Mais dans le ciel s'acroistront tes faueurs,
    Et tariront nos pleurs.
3 Helas, Seigneur, voy mes maux vehemens,
    Oy mes gemissemens.
Pardonne-moy, si ma clameur resueille
    Ton œil & ton oreille.
Sous le fardeau mes espaules se plient,
    Mes langueurs multiplient.
Ie fay tesmoins de ces miens desplaisirs
    Mes larmes & soufpirs.
4 Que ne me puis-ie en langue transformer,
    Pour mieux te reclamer?
Et en soufpirs mes arteres & veines,
    Et mes yeux en fontaines?
Ou que ne puis-ie auoir l'vsage d'aisles
    Comme les arondelles?
Pour m'envoler loin des hommes mortels,
    Pres des saincts immortels.
5 Mais tels souhaits ne peuuent auoir lieu
    Sans ton vouloir, mon Dieu.

Car nos saisons par toy sont ordonnees:
Nos mois & nos annees
Roulent d'vn ordre, en suyuant la cadance
De ta saincte ordonnance.
Tu fais de reng a leur terme arriuer
Le printemps & l'hiuer.
6 Soit donc captif tout mon meilleur desir
Dessous ton bon plaisir.
Ie vis de foy, ie me vests de constance,
Et marche en esperance.
Or attendant que ta main me presente
Le gain de mon attente,
Mon ame empli tousiours de la saueur
De ta douce faueur.

VI.

Sur le chant du Pseaume CXVIII.

QVAND quelque pressante destresse
Vient a l'homme se presenter,
Alors que plus le mal le presse,
Où doit-il son espoir planter?
O Seigneur, de qui l'œil regarde
En vn moment mer, terre, & cieux,
C'est toy qui es la sauuegarde
De cil qui dresse à toy les yeux.
2 Parquoy quand la machine ronde
Esbranlee enfondreroit bas,

De

De l'air, de la flamme, & de l'onde
Renouuellant les vieux debats:
  Encor, ô Dieu, ie qui m'arreste
Sur ta bonté par ferme foy,
Vers le ciel hausseray la teste,
Sans estre espris d'aucun effroy.
  3 Mon Dieu, ie suis serf inutile,
Si suis-ie, toutesfois, des tiens.
De moy-mesme ie suis fragile,
Mais ferme quand tu me soustiens.
  Soustien-moy donc, mon Dieu, mon Pere,
Soustien-moy donc, car i'ay tel cœur,
Que, soustenu de toy, i'espere
Estre de Satan le vainqueur.

VII.

Sur le chant du Pseaume c.

Des le matin, treshumblement
Ie te prie, mon Dieu clement,
Que mal ne me surprene entour
Les œuures que ferai le iour.
  2 Ma langue, ô Dieu, vueilles tenir
Que noise n'en puisse venir.
Garde l'œil qu'au monde aresté
Es enyure de vanité.
  3 Du cœur soit par le pensement
Seur & rassis l'entendement.

b

Mon corps à deuoir fai ranger
Par peu boire & sobre manger,
 4 Si qu'en fin la nuict à son tour
Venant a terminer le iour
Non souillé du monde, ô Seigneur,
Ie te rende grace & honneur.
 5 Par tout soyent chantez & benis
Le nom du Pere, aussi du Fils,
Du Sainct Esprit semblablement,
En tout aage eternellement.

VIII.
Sur le chant du Pseaume IX.

O Seigneur Dieu, nous te louons,
Et pour Seigneur nous t'aduouons.
Toute la terre te reuere,
Et te confesse eternel Pere.
 2 Toutes les puissances des cieux,
Tous les Archanges glorieux,
Cherubins, Seraphins te prient,
Et sans cesser d'vne voix crient,
 3 Le Seigneur des armes est sainct,
Le Seigneur des armes est craint,
Le ciel & la terre est remplie
Du los de sa gloire acomplie.
 4 Les saincts Apostres honorez,
Les Martyrs de blanc decorez,

La troupe de tant de Prophetes
Chantent tes louanges parfaites.

5 L'Eglise est par tout confessant
Toy, Pere, grand Dieu tout puissant,
De qui la maiesté immense
N'est que vertu, gloire & puissance.

6 Et ton Fils, de gloire tout plein,
Venerable, vnique & certain:
Et le sainct Esprit qui console
Les cœurs des tiens par ta Parole.

7 Christ est Roy de gloire en tout lieu,
Christ est l'Eternel Fils de Dieu,
Qui pour oster l'homme de peine
En la Vierge a prins chair humaine.

8 Il a brisé par son effort
L'aguillon de la fiere mort,
Ouurant la maison eternelle
A toute personne fidele.

9 Il est à la dextre monté
Du Pere, pres sa Maiesté,
Là ou ferme place il se fonde,
Tant qu'il viene iuger le monde.

10 O Christ, Eternel & tout bon,
A tes seruiteurs fay pardon,
Que tu as par ta mort amere
Rachete de rançon si chere.

11 Fay que nous soyons enrollez
Au liure de tes appellez

b 2

Et vrais esleus, pour auoir place
En paradis deuant ta face.

12 Las, sauue ton peuple, Seigneur,
Et le benis de ta faueur,
Gouuerne & maintiens en tout aage
L'Eglise ton sainct heritage.

13 Nous te benissons tous les iours,
Et de siecle en siecle tousiours
(Pour mieux celebrer ta memoire)
Nous chantons ton Nom & ta gloire.

14 Nostre vie puisse passer,
O Seigneur Dieu, sans t'offenser:
Et que ta grace nous accorde
De nos pechez misericorde.

15 Seigneur, trespitoyable & doux,
Espans ta pitié dessus nous,
Ainsi qu'en ta grande clemence
Auons eu tousiours confiance.

16 En toy, Seigneur, nous esperons,
T'aimons, prions & adorons.
Heureux quiconque en toy se fonde,
Et dessus qui ta grace abonde!

IX.

Sur le chant du Pseaume CIII.

SVs, sus, arriere, ô fureur insensee,
Ladis si fort grauee en ma pensee,

Lors que d'erreur i'estoy tout allumé:
  Ores rempli d'vne flamme plus saincte,
Ie veux louer celui par qui esteinte
Ie sen l'ardeur qui m'auoit consumé.

  2 Pere celeste, a toy seul ie m'adresse,
Pecheur confus, qui pren la hardiesse
De respirer & regarder en haut.
  Te descouurant, ô Seigneur, mon offence,
En gemissant i'inuoque ta clemence,
Pour me purger bien tost de tout defaut.

  3 Il est bien vray, que ie suis plein de vice,
Mais tu peux bien m'appliquer la iustice
De ton cher Fils, comme i'en ay la foy.
  Si ie ne suis, helas, que pourriture,
Si suis-ie, ô Dieu, ton humble creature,
Et ne pretens auoir recours qu'a toy.

  4 I'ay trop versé de ridicules larmes,
I'ay trop chanté de vanité les armes,
I'ay trop semé ma folle plainte au vent:
  Par trop rempli d'vne ieunesse folle,
I'ay perdu temps, & trauail, & parole,
Au lieu du ciel le sol monde suyuant.

  5 O Seigneur Dieu, change & monte ma lyre,
A fin qu'au lieu de sonner & de bruire
Le mal qui paist les esprits ocieux,
  Elle rauisse & gaigne les oreilles,
En resonant tes diuines merueilles,
Lors que de rien tu fis le rond des cieux.

b 3

6 Descouure moy ton regard pitoyable,
Puis que tu voids que ie suis miserable,
Fay toy sentir Pere propice & doux.
   Ne me chastie en ta iuste cholere:
Car tu sçais bien que si tu le veux faire
L'homme ne peut supporter ton courroux.

7 Ce grand entour, qui toute chose embrasse,
Fuiroit tremblant deuant ta saincte face,
S'il te sentoit, tant peu soit, irrité.
   Et des esprits heureux la troupe saincte
Cache ses yeux, tant est grande la crainte
Qu'elle conçoit de ta seuerité.

8 C'est toy, Seigneur, qui d'vne main puissante
Dardes çà bas la foudre punissante,
Et qui d'vn clin de tes yeux seulement
   Fais des hauts cieux tourner la masse ronde.
La flamme, l'air, la terre, & l'eau profonde
Sont ils pas serfs de ton commandement?

9 C'est toy, grand Dieu, qui n'as point de nais-
O Pere, Fils, Esprit, vnique essence,   (sance,
Tout sainct, tout bon, tout sage & droiturier,
   Ton puissant bras ce grand vniuers range.
I'apperçoy bien que toute chose change,
Fors toy qui vis sans iamais varier.

10 Ta parole est ferme & tout asseuree,
Et quand vn iour plus n'aura de duree
Du ciel astré l'assidu mouuement:
   Ce neantmoins elle se tiendra ferme,

Comme n'ayant aucune fin ni terme,
Non plus aussi que de commencement.

11 Seigneur, mon Dieu, c'est en ceste parole,
Que mon esprit s'asseure & se console,
Alors qu'il est tout passé & plein d'effroy.
 Ta verité me guide & fortifie,
Me resiouit, & fait que ie me fie
En Iesus Christ mon sauueur & mon Roy.

12 Estant fondé sur chose si certaine,
Pourrois-ie-auoir vne esperance vaine?
Aurois-ie-point ce que i'ay desiré?
 Tout mon espoir est dessus ta clemence,
Ta parole est de mon cœur l'asseurance,
Sçaurois-ie mieux estre au monde asseuré?

13 Voila pourquoy desia i'ose bien dire
Que rien n'aura puissance de me nuire,
Fust-ce peché, fust-ce enfer, fust-ce mort.
 Car ta bonté renforce mon courage:
Et qui pourroit m'asseurer dauantage
Qu'vn Dieu si bon, si puissant, & si fort?

14 Donc continue, ô mon Dieu continue,
A celle fin que ta force conue
Soit à tousiours mon vnique argument:
 Et que laissant toutes fausses louanges
D'vn million de deitez estranges
De ta grandeur ie chante seulement.

15 Que de mes vers à l'auenir s'efface
Les traits, les feux, & du monde la glace.

Que desormais on ne m'oye vanter
 Les yeux pipeurs d'vne beauté mortelle,
Qui par l'effort d'vne impure cautelle
Auroyent tasché mes esprits enchanter.

 16 Ie m'en repen, ie transi tout de honte,
Quand ie remets aucunesfois en conte
Tant de propos si vainement perdus,
 Heures & nuicts si follement passees,
Tant de milliers d'impudiques pensees,
De plaints, de cris, de vœux si mal tendus:

 17 Lors que i'estoy troublé de ialousie,
Ou martellé dedans la fantaisie
D'vn autre vain eslancement nouueau,
 Selon l'effort de cent vagues soudaines
D'vn million de tempestes mondaines
Bouleuersans mon debile cerueau.

 18 La haute mer qui gronde & se courrouce,
Lors que maint vent la pousse & la repousse,
N'escume point vn tel nombre de flots
 Que ie portoy dans ma chetiue teste
Durant l'effort de si vaine tempeste
De tourbillons & d'orages enclos.

 19 Soit que lon vist du Soleil la courriere
Soit qu'on sentist de la nuict la fourriere,
Chascune à tour se venir presenter,
 Le faux attrait de ma chair inhumaine
Onc ne vouloit donner trefue à ma peine,
Ains pretendoit tousiours me tourmenter.

20 Mais quoy, mon Dieu, veux-je faire reuiure
Toutes ces morts dont ta main me deliure?
Veux-je me plaindre encore vne autre fois?

Par mes accens & souspirs lamentables
Veux-je essayer de rendre pitoyables
Les durs rochers, les antres, & les bois?

21 Las, non, Seigneur: mais plein de repentance
J'en veux ici perdre la souuenance,
Et de peché tousiours auoir horreur.

O mon Sauueur, à qui seul ie m'adresse,
Ne souffre, helas, qu'en ma foible vieillesse
Des ieunes ans ie suiue plus l'erreur.

22 Vn cœur tout pur dedans moy renouuelle,
Afin que plus mon ame ne chancelle
Dans les destours d'vn instinct vicieux.

D'or'enauant, quoy que ie die ou face,
Octroye-moy pour conduite ta grace,
Qui seurement me guide dans les cieux.

23 Fay que mon luth tousiours ta grace sonne:
Fay que mon doigt iamais rien ne fredonne
Fors seulement tes œuures tout-parfaits.

Ma bouche soit de mort ou de dueil close,
Si elle veut discourir d'autre chose
Que de ta gloire & de tes sages faits.

X.   *Sur le chant du Pseaume* XXXVI.

QV'As-tu si fort à te douloir,
O mon ame, atten le vouloir

De l'Eternel qui regne,
De peur qu'ainsi mal endurant,
Entre le peuple murmurant
La fin ne te surprene.
 Regarde sans cesse à ton Dieu.
Force & dompte la chair, en lieu
De vaine impatience.
Et regardant au ciel sans fin,
L'attente du secours diuin
Te donne confiance.

 2 Au temps que plus semble estre loin
Dieu nostre Pere, & n'auoir soin
De nostre dure oppresse,
C'est lors que d'vn courage doux
Il se trouue au milieu de nous,
Nous porte & nous redresse.
 Bien est vray que souuentefois
On diroit qu'aux cris de nos voix
Il ne preste l'oreille :
Mais venant le danger au poinct,
Estre endormie on ne void point
Sa bonté nompareille.

 3 Israel vid les flots espars,
Les monts & rochers des deux parts,
Et l'ennemi derriere.
Là estant tout passage clos,
Le Seigneur au milieu des flots
Ouurit vne carriere.

Ainsi son peuple entre les eaux
Trauersant la mer des roseaux
Il garentit en suite,
Renuersa d'Egypte le Roy,
Ses forts cheuaux, son grand charroy,
Et sa puissante suite.

4 Abraham auoit Dieu pour soy
Lors que fut sa constante foy
Rudement assaillie :
Voyant, de grand douleur saisi,
En sa race esteinte, quasi
La promesse faillie.

Mais le Souuerain de la haut,
De qui en nul siecle ne faut
La parole assignee,
Fidele & gardant verité,
Establit sa posterité
De lignee en lignee.

5 Ia Dauid voyant se plonger
De la mort au present danger,
Comme Dieu le destine,
Le Seigneur, son certain recours,
Lui enuoya mesme secours
Par la main Philistine.

Ia par vn triste arrest donné
Le sainct peuple à mort condamné
N'auoit plus iour à viure
Quand d'Aman cheut l'orgueil despit,

Et Dieu par vn soudain respit
Mit son peuple à deliure.

 6 O Sion, de Dieu la cité,
Grande estoit la necessité
En tes portes fermees,
Quand soudain vint reduire à rien
Le grand camp de l'Assyrien
L'Ange au Dieu des armees.

  Tout secours de l'homme estoit vain
Quand le siege & la dure faim
Oppressoit Bethulie:
Mais Dieu, à son peuple assistant,
Rendit d'Holoferne a l'instant
La puissance abolie.

 7 Frayeur grande estoit en Damas,
Quand pour perdre le sainct amas
Saul approchoit les portes:
Mais Dieu fit, te conuertissant,
O Saul, que pour loup rauissant
Vn cœur d'aigneau tu portes.

  Ainsi asseurer ie me doy,
Mon Dieu, si ie me fie en toy,
Qu'au pecheur miserable,
Maugré toute humaine raison,
En temps propre & bonne saison
Tu seras secourable.

XI.

Sur le chant du Pseaume XLIIII.

OR de tes aduersaires, Sire,
Le nombre auiourd'hui se peut dire
Tant grand, & si rempli d'orgueil,
Que faire on n'en peut le recueil.
 Tant ils sont enflez & bouffans
D'arrogance en leur fier courage,
Que plus ne seruent tes enfans
Sinon de iouet a leur rage.
 2 Iusques a quand, Pere celeste,
Nous sera leur troupe moleste?
Iusques a quand as entrepris
Que nous leur soyons a mespris?
 Il semble a leur cuider petuers
Que nous, tenus malheureux hommes,
D'vn regard ietté de trauers
Dignes tant seulement ne sommes.
 3 Mais, que leur fausse & fiere eglise,
Tant qu'elle voudra nous mesprise,
Pourueu que par constante foy
Nous ayons esperance en toy.
 Ils te sont rebelles & faux:
Nous sommes tes enfans, ô Pere.
Leur esperance est en leurs maux:
En toy seul nostre cœur espere.

L'honneur & la gloire du monde
C'eſt ou leur vanité ſe fonde.
Leur richeſſe & puiſſant auoir
C'eſt le comble de leur ſçauoir.

 Mais ſur tous les threſors des Rois
Le noſtre eſt ſeur ſans fin ne ceſſe :
Et ſçauoir de Ieſus la croix
Eſt noſtre inuincible ſageſſe.

 5 Leur voye eſt erreur couſtumiere,
Nous cheminons en la lumiere.
Comme ils vont a la foſſe, autant
Nous tirons au ciel en montant.

 O peuple errant & peruerti !
O gent en ton ſens aueuglee !
Ouure l'œil, & le conuerti
Pour eſtre en mieux duite & reiglee.

 6 Nous ce pendant, ſi tant vous eſtes
Farouches & cruelles beſtes,
Contre vous attendrons ſecours
De Dieu, noſtre vnique recours.

 Sachans que l'homme a le cœur vain
Qui s'aſſeure en ſa fantaſie,
Et qu'au fidele qui a faim
Dieu aſſiſte, & le raſſaſie.

 7 Voſtre richeſſe allant en friche,
Noſtre pauureté belle & riche,
Voſtre abondance en ſe fondant,
Noſtre indigence en abondant,

Noſtre ſage folie en Dieu,
Voſtre ſageſſe au monde folle,
Voſtre heur en trop malheureux lieu,
Noſtre heureux malheur nous conſole.

8 Parmi noſtre plus dure oppreſſe,
Nous auons vne ſeure adreſſe,
Et dans les ronces & buiſſons
Cachez nous nous eſiouïſſons.

Ia voyons du regne le port,
Duquel auons ferme aſſeurance.
Mais qu'attend de vous le plus fort?
Qu'elle eſt de ſa fin l'eſperance?

9 O Eternel, puiſſance immenſe,
O Pere bon, plein de clemence,
Fortifie en toy noſtre cœur,
Et le rends du monde vaincueur.

Que rien qui nous preſſe ça bas
Ne nous force ou deſauantage:
Ains condui ferme noſtre pas
La ſus au celeſte heritage.

─────────────────

XII.

Sur le chant du Pſeaume LXXXVIII.

O GOVVERNEVR des elemens,
O pere de l'humaine race,
Eſpan la douceur de ta grace
Sur la rigueur de mes tourmens:

Enten les prieres non feintes
De mes lamentables complaintes.

2. Ie fen mon cœur rempli d'efmoy,
Mon ame eft tenue en feruage,
Et le brief printemps de mon aage
Traine vn long hiuer apres moy:
Ie femble vn laurier qu'on retranche,
Qui n'a plus racine ni branche.

3 Mes foufpirs cuifans, & mes pleurs,
Mon brief parler, ma courte haleine,
Sont les truchemans de ma peine,
Et meffagers de mes douleurs:
O mon Dieu, pour leur allegeance,
Ioins ton vouloir a ta puiffance.

4 Tu tiens l'empire de la mort,
En toy toute vie eft enclofe,
De tout ta iuftice difpofe,
Ton bon plaifir & ton bras fort
Roulent cefte ronde machine
Sous ta prouidence diuine.

5 Fay que i'en fente les effets,
Mefme des la vie prefente:
Sur tout mon ame foit exempte
Des tourmens deus a fes forfaits,
Qui troublent mes os & mes veines,
Et font les bourreaux de mes peines.

6 Mes pechez caufent ton courroux,
Qui s'efmeut deflors qu'on t'offenfe,

Et quan

Et quand ie viens en ta presence
M'empeschent de voir ton œil doux,
Comme en plein iour vn gros nuage
Cache du Soleil le visage.
   7 Or sois propice à ton seruant,
Soit ta paternelle indulgence
Mere de la prompte allegeance
Des maux qui me vont poursuyuant.
O Seigneur en qui ie me fie,
Destrui ma mort, garde ma vie.
   8 Ie suis prest à mettre au cercueil,
Toutes mes forces sont esteintes,
Ia par souspirs, larmes & plaintes
Mon sang a commencé son dueil:
Me voyant tel qu'vn nauigage
En mer, sans voile, ni cordage.
   9 Mais si tu tiens mon gouuernail
Ie ne crain point que ie n'arriue
Bien loin des flots, pres de la riue,
Seur des vents d'vn tel fortunail.
Le port de salut tu m'apprestes
Pour fin des mondaines tempestes.
   10 Des profonds gouffres de la mer,
Par ton pouuoir qui est sans terme,
Tu mis Ionas en terre ferme,
Estant en peril d'abismer:
En l'vniuersel deluge,
A Noé tu fus le refuge.

c

Tu peux bien tirer de prison
De Ioseph la chaste innocence:
Employe la mesme puissance
Sur ton serf pour sa guerison:
Afin que dautant mieux ie range
Ma voix au chant de ta louange.

12 Ainsi Dieu, tout bon & tout fort,
Par tout ie publieray ta grace,
Qui vient encor pour vne espace
Tirer ma vie de la mort:
Tant que mon ame au ciel rauie
Possede vne immortelle vie.

13 Adonc les humains changemens
Ne troubleront ma iouïssance,
Plus n'auront sur moy de puissance
Le monde ni ses elemens:
Loin desquels i'auray les richesses
De tes eternelles largesses.

XIII.

Sur le chant du Pseaume VIII.

C'Est vn malheur que d'auoir la prudence,
Estre subtil & garni de science,
Discourir bien, & ce pendant n'auoir
Les mœurs en rien conformes au sçauoir.

2 C'est vn malheur, quand la blanche vieillesse
A fait quitter la place à la ieunesse,

De voir vn homme en mal tant endurci,
Que de salut ne du ciel n'a souci.

3 C'est vn malheur & trop grande arrogance
Aux ieunes gens enflez d'outrecuidance,
De ne vouloir se soumettre humblement
A ceux qui ont plus d'aage & iugement.

4 C'est vn malheur, de voir vn homme riche
Si aueuglé, si peureux, & si chiche,
Qu'il ne voudroit d'vn denier secourir
Ceux qu'a ses pieds il void de faim mourir.

5 C'est vn malheur, c'est vne grãd' vergongne,
Quand chasteté d'vne femme s'eslongne,
Et qu'en autrui (faisant vn meschant tour
A son mari) vient loger son amour.

6 C'est vn malheur, de fort grand preiudice,
Voir vn seigneur qui n'aime point iustice,
Qui n'est des siens aimé ni redouté,
Doutant qu'il n'a ne vigueur ne bonté.

7 C'est vn malheur plein de blasme & diffame,
De voir celui qui de Christ se reclame,
Au lieu d'aimer la paix & le repos,
Se ser' icbat & noise a tout propos.

8 C'est vn malheur honteux & detestable,
Quand il auient qu'vn pauure miserable,
Au lieu d'estre humble en sa necessité,
Parois tesme vne vaine fierté.

9 C'est vn malheur de voir les rois & princes
Dominateurs de peuples & prouinces,

C 2

Au lieu d'aimer iustice & pieté,
Nourrir l'erreur & toute iniquité.

10 C'est vn malheur qui dās le cœur me touche,
Quand vn pasteur, ou plustost vne souche,
Ne se mouuant pour faire aucun deuoir,
Veut de pasteur l'honneur & gage auoir.

11 C'est vn malheur qui mille maux apporte,
Quand le vulgaire à soy seul se rapporte,
Et par la main (tant il est desbordé)
De nul censeur ne veut estre bridé.

12 C'est vn malheur quand ceste fiere beste
Ne veut du tout rien croire que sa teste,
Quand il ne veut suiure que ses desirs,
Et qu'il n'a loy ni Roy que ses plaisirs.

XIIII.

Sur le chant du Pseaume CXL.

I'Inuoque celui que i'offense,
Ie l'appelle Dieu que i'ay laissé,
Ie cerche la douce presence
Dont ie n'ay fait compte au passé.

2 Mes yeux a l'Eternel i'esleue,
Car c'est lui qui deliurera
Mon cœur du lourd faix qui le greue:
C'est lui qui me deschargera.

3 Trois & quatre fois miserable,
I'ay peché contre mon Sauueur,

Qui m'a esté si fauorable,
Et n'ay point reconu mon heur.

   4 J'ay delaissé la droite sente,
De mon gré courant a la nuict,
Qui, claire de loin, se presente
Noire d'autant plus qu'on la suit.

   5 J'ay appuyé mon esperance
Sur le mal que fol ie suiuoy:
Et porté de vaine asseurance
Ie cour au danger que ie voy.

   6 J'ay consenti a ma tristesse,
J'ay adheré a ma douleur.
Ie me suis plongé en destresse,
Qui me fait consumer en pleur.

   7 Ie suis tombé dedans la fosse
Que i'ay faite, où m'enseuelit
De pleurs vne ondee si grosse
Que i'en mets en nage mon lict.

   8 Mais, Seigneur, pren misericorde
De ton œuure, & de mon peché
Iamais, ô Dieu, ne te recorde.
Qu'il soit sous ta grace escaché.

   9 Tire moy de la seruitude
De ton aduersaire & le mien.
Ne pense à mon ingratitude:
Mais pense, ô Dieu, que ie suis tien.

   10 O Seigneur, fay que ie te plaise,
D'autant plus que ie me desplay:

c 3

Et vien esteindre le malaise
De mon triste cœur, sans delay.

11 Ie suis comme dans vn naufrage,
Battu des vents & de la mer,
Ne pouuant gaigner le riuage,
Ni des bras ne pouuant ramer.

12 Ie suis eslongné de mon phare,
Ie ne voy quelconque clarté:
La nuict au profond d'vne mare
Me detient en captiuité.

13 I'ay souuent attenté la fuite,
Pour me descharger de mon faix:
Mais la trop violente suite
De mon dueil m'enuie ma paix.

14 O Dieu, si mon cœur pouuoit estre
Deschargé du ioug qui si fort
Ma langoureuse ame encheuestre!
Ie reprendrois vie en ma mort.

15 O puissant, ô Seigneur, commande,
Que le cep ou ie suis courbé
Rompe, & m'octroyant ma demande,
Releue cil qui est tombé.

16 Fay moy gemir pour mes offenses,
Fay sourdre de mon cœur de fer
Viues & sainctes repentances,
Et mis presque de l'enfer.

XV.

Sur le chant du Pseaume CXXVIII.

Dieu viuant, ie t'adore,
Ie t'appelle, Seigneur.
Ciel & terre t'honore,
Immortel gouuerneur
  C'est toy qui tout gouuernes
Seul fort, sage, constant.
Iusqu'au fond des cauernes,
Tout te va redoutant.
  2   Et le ciel & la terre
Sont pleins de tes hauts faits.
Iuste, tu fais la guerre:
Benin, tu fais la paix.
  O Seigneur des batailles,
O Sainct trois-quatre fois,
Tu fais choir les murailles   *Iericho.*
Par les coups de ta voix.
  3   Ta main fait le tonnerre
En la nue esclatter:
C'est toy qui fais grand' erre
Tant de vents s'escarter.
  La mer on void sans bride   *La mer*
Lors que tu veux parler,   *rouge.*
Puis dans son gouffre humide
Tu la fais deualer.
  4   Toy qui les maladies

C 4

Chasses des corps lassez,
Et qui à toy conuies
Les pauures oppressez:
   Qui tes enfans exerces
Pour les rendre parfaits
Romps mes voyes peruerses,
Et laue mes forfaits.
  5 Toy qui és champs liquides   *La mer*
Engloutis les armez,   *rouge.*
Qui entre murs d'eau guides
Sous ta main tes aimez:
   Qui sauuas du deluge   *Noé.*
Le pere & ses enfans,
Ne me sois rude iuge,
Car à toy ie m'attens.
  6 Toy qui dans la fournaise   *Les com-*
Seul peus faire chanter   *pagnons*
Ces trois & sur la braise   *de Da-*
Saufs les faire arrester: *niel.*
   Chasse ma maladie
Hors du creux de mes os,
Mon ame est estourdie,
Et n'a point de repos.
  7 Estein la fieure lente,
M'assechant comme bois,
Et qui trop violente
Me fracasse la voix
   Mes mois sont comme vne ombre,

Ie suis d'vn iour la fleur,
Et tends vers ce lieu sombre
Plein d'amertume & pleur.
 8 Ma vie a maux suiette
Va plus viste courant
Que ne fait la nauette
D'vn adroit tisserant,
 Mais toy qui vois ma voye
Et qui contes mes pas,
Fay que ie ne desuoye.
Ie ne m'excuse pas.
 9 Sur moy ta main auance,
Me sauuant de mes maux,
Fay (i'en ay confiance)
Mourir tous mes trauaux.
 O Dieu plein de merueille,
Iuste iuge immortel,
M'ois-tu de sourde aureille
Crier vers ton autel?
 10 Toy qui tout consideres,
Et qui vends par labeur
Le repos que temperes
De chagrin & de peur,
 Tu m'as bien peu de peine,
Veu mes maux, ordonné.
Ta bonté souueraine,
O Dieu, m'a pardonné.
 11 Mourant, soit à ta gloire:

Ie ne veux mieux auſſi.
Viuant,i'auray memoire
Qu'as prins de moy ſouci,
  Et que pour fin meilleure
Me gardes,ne voulant
Sonner ma derniere heure
Que tu vas allongeant.
  12 Pour me faire conoiſtre
Que ie t'ay offenſé,
Et mieux le bien acroiſtre
Qu'as en moy commencé.
  Or quoy que ie demande,
Fay cela que tu veux:
Mais reçoy mon offrande,
Et mon dueil,& mes vœux.

XVI.

Sur le chant du Pſeaume CX.

OVoy que ie ſois priué d'humain refuge,
  Et que ſur moy diſtille maint malheur,
En Dieu i'eſpere,& croy que ce deluge
N'accablera mon ame de douleur.
  2 Ie baſtiſſois en paix vne hauteſſe,
Comme vn haut mont qui voiſine les cieux:
Mais ſous la croix le Seigneur Dieu m'abaiſſe,
Et du vray bien m'a rendu ſoucieux.
  3 Lors il a fait au deſſus de ma teſte

Sa charité iour & nuict flamboyer,
Signe certain que la griefue tempeste
De ma douleur ne pourra me noyer.

4 Courage donc, ceste effroyable nue
Qui de la mort semble me menacer
N'eslancera pluye qui continue:
C'est vn amas qui ne fait que passer.

5 Si ma douleur est de quelque duree,
Elle est legere & se porte aisément:
Quand ie la sens comme desmesuree,
Elle se passe aussi en vn moment.

6 Celui qui m'a ceste croix imposee,
Est iuste, bon, misericordieux:
Sa grace m'est a toute heure exposee,
Et fait que suis en tristesse ioyeux.

7 Ie ne veux donc qu'en ce mal qui m'outrage,
Impatience en mon cœur trouue lieu.
Milheur à moy, si ie sens dauantage
Les maux presens que la grace de Dieu.

8 Tout cœur fidele, à qui Iesus commande,
Choquant le mal à la fin l'amortit:
Vne douleur n'estant petite ou grande,
Qu'autant qu'vn cœur est ou grand ou petit.

9 Or sus mon ame, il faut que tu te laisses
Iusques au vif les clous de Christ ficher.
Vouloir sur tout vtiles liesses,
C'est perte, opprobre & tristesse cercher.

10 Si l'exercice au corps est salutaire,

Pour dissiper les mauuaises humeurs,
L'affliction aux bons est necessaire,
Comme remede a leurs mauuaises mœurs.

11 Le reprouué qui rit tousiours au monde,
Et n'a senti nul effect douloureux,
Semble vn air calme, vn Ocean sans onde,
Est mort en vie, & en heur malheureux.

12 Car puis qu'ennui souffert en patience,
Durant le cours de ce terrestre val,
A de Dieu grace & gloire en recompense:
Malheureux est qui n'eut iamais de mal.

XVII.
Sur le chant du Pseaume LVIII.

ESchaufé de ta saincte flamme,
Ie sens dedans moy se mouuoir
O Seigneur, vn nouueau pouuoir
Attachant au dos de mon ame
L'aile de foy, d'espoir, d'amour.
Car ce monde n'est mon seiour.

2 Ceste aile saincte, que ta dextre
Ente en mon ame, (& que la mort,
Ni peché, ni Satan ne mord)
Pres de ton throne me fait estre,
Où despouillé de mes forfaits,
Ie conoy, ie chante tes faits.

3 Craindray-ie que par l'air liquide

En mon cours i'aille fouruoyant?
Doy-ie tremblotter me voyant
Conduit d'vne si seure guide?
Craindrai-ie vn brouillas froidureux,
Quand ton feu me rend chaloureux?

4 I'apperçoy ta main souueraine
Fendant tout nuage en sillons:
C'est elle qui les tourbillons
Autour de mon ame se reine.
Que crain-ie? de deuenir las,
Pres de mon repos & soulas?

5 Ie ne redoute l'inclemence
De l'air de mon peché peruers.
Les tempestes de l'vniuers
Mon œil regarde sans offence:
A tout voir bien acoustumé,
Sous l'œil dont il est allumé.

6 Ie ne crain l'esclattant tonnerre
Du ciel, ni d'enfer, ni de moy.
Christ m'assiste au plus dur esmoy.
Au ciel l'enfer ne me peut querre.
La chair peut elle aneantir
Celui que Dieu veut garantir?

7 Au soleil ne sentiray fondre
La cire de mon empennon.
Ma cheute ne me donra nom
Qui mon ame puisse confondre.
Mes ailerons en grace entez

Sont mieux que sur cire plantez.

   8 Poursuiuons ceste heureuse trace,
O Chrestiens, du Seigneur apris,
Et le vol qu'auons entrepris
Vers les cieux esleuer nous face.
Chascun de nous soit incité
De cherir sa felicité.

   9 Et vous, reprouuez, pleins de rage,
En vos tenebres endurcis:
De mon Soleil soyez noircis,
Et defaillez sous mon courage.
Vos dards ne me peuuent toucher,
Car des cieux ie vay m'approcher.

   10 Esprits, qui au palais celeste
Iouïssez pleinement de l'heur
Que ie cerche en telle sueur:
Puis qu'à vostre heur rien plus ne reste,
Esgayez vous, car l'Eternel
M'esleue en son lieu supernel.

   11 A vous ensuyure ie m'adonne,
Sachant pour vray, que vous seruez
Au grand Seigneur, & qu'obseruez
Tout ce qu'au ciel sa voix ordonne.
En terre suis: mais auec vous
Ie me prosterne a ses genoux.

   12 Et comme de façon ioyeuse
A Christ chascun de vous est ioint:
Chantez, voyans vn homme espoinct

De sa lumiere glorieuse.
Heureux iour, quand tous, d'vne voix,
Nous louerons le Roy des Rois!

XVIII.

Sur le chant du Pseaume CXLVI.

A Toy, mon Dieu, ma lumiere,
I'elleue tout-iour mes yeux.
Le bien & l'heur que i'espere
Ne peut venir que des cieux.
Ie sçay que le sainct amour
Se plait au diuin seiour.

2 Sous la demeure celeste
Tout coule & fuit vistement,
Et de nos labeurs ne reste
Qu'vn maigre contentement.
Seulement l'amour diuin
Demeure heureux & sans fin.

3 Quand l'aube le iour redore,
Et le beau Soleil la suit,
Humblement mon Dieu t'adore
Qui la lumiere conduit,
Au Nord, a l'Est commandant,
A l'Ouest, & au Sud ardant.

4 Quand mon esprit imagine
Infinis effects diuers
De ta puissance diuine,

Seigneur, en tout l'vniuers,
Il branfle de tous coftez
Pour celebrer tes bontez.

5 Il s'eflance vers ta gloire
En ce mondain changement,
Et de ta grandeur notoire
Chante le nom trefclement.
Heureux s'il fe fent rauir
A te louer & feruir.

6 Or fus armee Angelique,
Et vous fidele troupeau
Chantez le los magnifique
De Dieu, fage, bon & beau.
Louez-le pour les hauts faits
Que deuant vous il a faits.

7 Combien heureufe eft ma vie
Qui fert à fa Deité!
Son amour eft infinie
Vers l'ami de verité:
O que mon cœur eft content,
D'aimer Dieu qui m'aime tant!

XIX.

Sur le chant du Pfeaume XXIIII.

O DIEV, ie fçay que les humains
N'ont vie ni force en leurs mains.
L'homme eft ignorant qui le penfe.

Ie fçay,

LIVRE I.

Ie sçay qu'il n'est en leur pouuoir
De s'arrester ou se mouuoir,
Et que tout vient de ta puissance.

2 Frape nous donc plus doucement,
Ne te courrouce amerement,
Q̃ ja rien ta main ne nous reduise.
Darde le fleau qui nous poingt
Sur ceux qui ne t'honorent point,
Et sur eux tes flesches aiguise.

3 Pourquoy nous as tu delaissez?
Nous sommes sans cesse oppressez.
Est-ce en vain qu'en toy lon espere.
Pour medecine & reconfort
Nous voudrois tu donner la mort?
Non, non: tu es nostre bon pere.

4 Pere, nous reconoissons bien
Nostre ingratitude, & combien
Deuant toy grande est nostre faute.
Mais de ton magnifique nom
N'aboli iamais le renom,
Ains maintien ta louange haute

5 Y a-il autre Dieu que toy?
Tu as fait tout ce que ie voy,
Partout ta grandeur se descœuure.
Or beni, Pere, cest espoir
Qu'en toy tu nous as fait auoir,
Et couronne en nous ton sainct œuure.

d

XX.

Sur le chant du Pseaume CXXX.

O Vray Dieu mon refuge,
Seur rempar de ma foy:
Ie te pry' ne me iuge
Selon ta iuste Loy.
   Ma coulpe & griefue offense
Me font parler ainsi:
Mais de ta grand' clemence
I'attens seure merci.

  2 Ores ta bonté haute
Me guide iusqu'aux cieux:
Ores ma propre faute
M'eslongne de tes yeux.
   L'vne m'emplit de gloire,
Et me fait triomfer:
L'autre a sur moy victoire,
Et me traine en enfer.

  3 Celle-ci me fachete
Quand ie viens à perir:
Celle la me reiette,
Et me laisse mourir.
   De l'vne vient ma grace,
De l'autre mon malheur:
Brief si l'vne m'embrasse,
L'autre acroist ma douleur.

LIVRE I.

4 Puis que tu ne te changes,
O Seigneur, mon support,
Fay qu'auec tes sainéts Anges
Ie viue apres la mort.
  Que de voix perennelle
Ie celebre auec eux
Ta louange eternelle
En ton palais es cieux.

XXI.

Sur le chant du Pseaume XCII.

CELVI qui d'vn sainct zele
Veut estre renommé,
Qui veut estre estimé
D'vne voix eternelle,
  Qui ne veut estre infame,
Ains franchir mois & iours,
Voire viure à tousiours
Loin de honte & de blasme:
  2 Vn tel homme doit prendre
Argument qui soit beau:
Car iamais le tombeau
Le beau suiet n'encendre.
  Le beau suiet ressemble
L'arbre digne des vers,   *Le lau-*
Qui maugré les hiuers   *rier.*
Tout iour verdoyant tremble.

d 2

3 Tay toy, mortel, ou chante
Du grand Dieu la grandeur,
Chanson telle apporte heur,
Et nous est bien seante.
  Chantons Dieu bon, terrible,
Sans principe, sans bout,
Qui penetre par tout
Et demeure impassible.
  4 Dieu tout plein de merueilles,
Seul vn, personnes trois,
Dont la triple-vne voix
Estonne nos oreilles:
  Le Dieu change-courages,
Donne-ame, donne-voix,
Qui forma de ses doigts
Toute sorte d'ouurages:
  5 Le Seigneur des armees,
Le pere supernel,
Qui conserue eternel
Les choses animees:
  Ce grand Dieu souffle-orage
Qui iadis sous les eaux,
D'hommes, bestes, oiseaux,
Estouffa le courage.
  6 Qui par vn Patriarche
Et ses trois fils sauuez,
Et par lui conseruez
Dedans vne seule Arche,

LIVRE I.

D'vne vertu feconde
Fit reuoir les guerets,
Les plaines, les forests,
Et les airs de ce monde.

7　Qui d'vne bonté pure
Se choifit Abraham,
Et promit Canaan
A fa race future.

Qui iura, plein de graces,
Qu'en fes fils infinis
Il rendroit tous benis
Les fils des autres races.

8　Qui d'Egypte voifine
Leur fit auoir fecours,
Pendant le maigre cours
D'vne longue famine.

Qui de cefte famille
En quatre fois cent ans
Tira de combatans
Cent & cent fois trois mille.

9　Qui de la flamme fain&te
Moyfe appriuoifa,
Et benin l'auifa
De l'Ifacide plainte.

Qui de malheurs fupremes,
r Moyfe & Aron
arda fur Pharaon
lille playes extremes.

d 3

10 Qui d'vn bras effroyable
Fit sentir a ce Roy
Qu'il n'est Dieu fors que soy,
Puissant & redoutable:
 Qui maugré la puissance
De ce Prince orgueilleux
Deschargea les Hebrieux
Du faix de leur souffrance.

11 Qui sous les rouges ondes,
Armes d'Israel,
Noya de ce cruel
Les troupes furibondes.
 Qui par les roches dures
Et les deserts affreux
Ce peuple conuoiteux
Pourueut de nourritures.

12 Qui sur la saincte croupe
D'vne effroyable voix
Donna ses sainctes loix
A ceste mesme troupe.
 Qui par les mains heureuses
De son sainct truchement
Fit voir sensiblement
Cent choses merueilleuses.

13 Qui auec les doigts mesmes
De son Moyse heureux
Fit peindre en mots hebrieux
Ses ouurages supremes.

D'vnè haute faconde
Moyſe eſcrit comment
Dieu fit en vn moment
D'vn rien tout ce grand Monde.

14   Dieu fit a ſon image
L'homme chef d'ici bas,
Et de cent mil esbats
Fournit ſon premier aage.

Toſt apres l'homme meſme
D'arrogance infecté
Sur ſa poſterité
Desbonda la mort bleſme.

15   Ces ſacrez ſaincts myſteres
(En ſes diſcours diuers)
Moyſe a deſcouuerts
A nos anciens peres.

Monſtrant qu'a la ſemence
D'Adam homme pecheur
Chriſt le liberateur
Adioindroit ſon eſſence.

16   C'eſt ce Dieu veritable
Qu'il nous faudroit chanter.
Que peut on mieux vanter
Qu'vn Dieu ſi charitable ?

Qu'vn Dieu plein de promeſſes
Et d'acompliſſement,
Qui ſurabondamment
Nous comble de richeſſes,

d 4

17 Qui lui mesmes bataille
Pour les fils d'Abraham,
Et le beau Canaan
Pour demeure leur baille.

Qui d'vne saincte enuie
Vers nous pauures Gentils
Fait par son propre fils
Nous rapporter la vie.

18 Le suiet de ses gloires
Est vn monde incompris,
Qui a faute d'esprits,
Et non pas de memoires.

C'est vn feu qui n'entame
La chair des bois touffus,
Qui fournit mille feux
Sans amoindrir sa flamme.

19 C'est vn air ou les plumes
Trouuent à s'esgayer,
Et pour se desployer
En cent mille volumes.

C'est vne terre grasse
Pleine de fruits diuers,
Que iamais les hiuers
Ne ternissent de glace.

20 C'est vne mer profonde
Sans naufrage & sans bord,
Qui du Su iusqu'au Nord
En merueilles abonde.

Toutes les autres choses
Des mondaines Citez
Ne sont que vanitez
L'vne dans l'autre encloses.

21 Seigneur, fay ie te prie
Que ce peu de fureur
Qui bouillonne en mon cœur
Sur ton los se desplie.

Fay que iamais ma plume
N'escriue que de toy,
Et qu'vne ardante foy
De plus en plus m'allume.

22 Que tant de doctes ames
Dont le monde reluit,
Qui peuuent à la nuict,
Opposer mille flammes,

Poinctes, par mon exemple,
D'vn aiguillon des cieux,
Chantent, ô Dieu des dieux,
Les beautez de ton temple.

23 Et que sous vn empire
De paix, & de vertus,
Franc de vice & d'abus
Ces vers ie puisse dire:

Venez, peuples estranges,
Suiets du Roy des Rois,
Venez chez les François
Escouter ses louanges.

XXII.

Sur le chant du Pseaume XVI.

BEl est ce Tout, bel est il voirement,
Bel en soy tout, & bel en ses parties.
Bel est le feu, l'air beau pareillement,
La terre & l'eau sont de mesme assorties.
Car belle à voir est vne onde bien pure,
La terre aussi, paree de verdure.

  2 Bel est vn pré de vers se tapissant,
Beau le iardin qu'vn Auril amiable
De mille fleurs on void enrichissant,
Plaisir au nez & a l'œil agreable.
Beau le bosquet, qui fait espais ombrage,
Quand au printemps il reuest son fueillage.

  3 Bel est vn champ plein d'espics ondoyans,
Belle est la vigne en beaux raisins fertile,
Beaux les rubis richement flamboyans,
Taillez de main industrieuse-habile.
Belle est aussi, voire & si remedie
Au cœur foiblet, la perle de l'Indie.

  4 Plus belle encor est la voute des cieux,
Soit quand Phœbus y poursuit sa carriere,
Et que d'vn œil ardant & radieux
Il darde en bas sa flambante lumiere,
Ou quand Phebé, de sa lueur pillarde,
D'vn œil blafard ce bas monde regarde.

5 Plus bel encor a droit le corps humain
Dire ie puis, plus beau ce petit monde,
Que Dieu former a voulu de sa main,
Pour commander & sur terre & sur l'onde,
L'ayant creé par vn grand auantage
Sur le pourtrait de sa diuine image.

6 Mais ni le ciel, ni la terre, ni l'air,
Ni des rubis la grace souueraine,
Ni noſtre corps, ne ſçauroyent esgaler
La grand' beauté de l'ame qui est pleine
De viue foy, d'amour, & d'eſperance,
Faisant la guerre au vice à toute outrance.

7 Cent & cent fois heureuſe la peut-on
Dire, pourueu que touſiours ait memoire
Que non de ſoy, mais du Dieu de Sion
Tout ſon heur vient, tout ſon bien & ſa gloire.
Car de ſes biens ſi folle elle preſume,
Ils peſent moins qu'vne legere plume.

8 Pluſtoſt de Lot la femme ne ſentit
Eſtre de ſoy fait en ſel vn eſchange,
Quand d'obeir a Dieu ne conſentit,
Ni au parler veritable de l'ange,
Que ſon threſor ſe tourne en vile bourre,
Si toſt qu'orgueil dans ſes vertus ſe fourre.

9 Pluſtoſt du ciel en bas ne trebuſcha
L'Ange orgueilleux, & ſa troupe rebelle,
Quand non content de ſon heur il taſcha
D'eſgaler Dieu qui tout pouuoir eſgalle,

Qu'elle dechet, quand auoir pour compagne
La repentante humblesse elle desdaigne.
  10 Donc, si tu veux, Amie, te maintenir
En la beauté dont Iesus te decore,
Faut que tousiours ayes ce souuenir
Que c'est de Dieu la grace qui t'honore.
Et qu'il ne faut gloire aucune pretendre
Du bien que Dieu dedans toy fait descendre.

XXIII.
Sur le chant du Pseaume LXII.

C'EST maintenant que ie me sens
Deliure des maux oppressans
Sans cesse & rudement mon ame.
  Car de Iesus Christ la clairté
A mes tenebres escarté
M'eschaufant de sa viue flamme.
  2 Peché m'ayant tenu captif,
Dans moy gist en estat chetif
Lié des chaines de iustice.
  S'il tire, gronde, ou hurle haut,
La main de Dieu ne me defaut,
Et tousiours ie le sen propice.
  3 Christ m'a rendu l'entendement,
Et sa crainte pareillement
Dont mon ame estoit despourueue.
  De mon bourbier m'a sousleué,

Et de dessus mes yeux leué
Le bandeau larron de ma veue.

   4. Ha, ie l'apperçoy clairement,
Ie voy le mal que longuement
I'ay cheri d'ignorance folle,
   Las ! que mon cœur estoit troublé !
Helas ! que i'estois aueuglé
Quand pour Dieu i'adorois l'idole !

   5 Ainsi qu'vn forsaire attaché
Saute & chante, estant destaché:
Ou comme apres vn rude orage,
   Le Nocher qui cerche le port
Crie de ioye estant a bord
Sauué des pattes du naufrage:

   6 Ayant aussi long temps esté
A l'orde cadene arresté
Du peché, bourreau de ma vie,
   Ie chante & rime sentant bien
Tiré de ce val terrien
Par Christ en sa gloire infinie.

   7 Ores mes erreurs i'apperçoy,
Plus moymesme ie me deçoy
Du fard que le mondain honore.
   Ie sen l'ardeur de ma fureur,
I'ay de mes souilleures horreur,
Fi de ce que la chair adore.

   8 Ie iure, ô Dieu, ie te promets
De ne croire plus desormais

L'Antechrist, la chair, ni le monde.
    Si ie le fais, ie fois batu
De tes mains, & mort abatu
En la fosse obscure & profonde.
  9 Or ie sçay que ta grand' bonté
Qui ma misere a surmonté
Et la chair ma fiere ennemie,
    Guidera sans cesse mes pas.
Beni moy iusqu'a mon trespas.
Car i'atten l'eternelle vie.

XXIIII.

Sur le chant du Pseaume CXLI.

O COMBIEN sont fortes les larmes,
O Dieu combien valent les pleurs !
Au plus espais de tes fureurs
Ils t'osent arracher les armes.
  2 A peine ay-ie-eu, tout miserable,
Desbondé l'humeur de mes yeux,
Et poussé mon cri vers tes cieux,
Que ie t'ay senti fauorable.
  3 Seigneur, i'ay veu soudain ta face,
Comme vn beau leuer de soleil,
D'vn artifice nompareil,
Peinte de douceur & de grace.
  4 I'ay veu la nuict de ma tristesse,
Viste s'enfuir de deuant,

Ainsi que du Soleil leuant
La nuict ombreusement espaisse.

5 Ceste bande desesperee
Qui me guerroyoit a la fois,
De crainte, de soin, & d'effrois,
Comme vn songe s'est retiree.

6 Brief tous mes maux ont prins la fuite,
Et moy i'ay saisi le repos,
Auecque ce ferme propos
D'estre pour iamais de ta suite.

7 I'ay dit que le vice execrable,
Et que le peché traine-esmoy,
Ne me trouueroyent plus chez moy,
A leurs appetis fauorable.

8 Que iamais leur langue affettee
Ne piperoit ma liberté,
Et que i'aurois ma volonté
Tousiours à la tiene arrestee.

9 Ie l'ay dit, mais, Dieu debonnaire,
Si tu ne m'aides c'est en vain :
Car au creux de ta seule main
Gist le vouloir & le parfaire.

10 Ne me laisse donc plus seduire
Par ces ennemis de mon bien.
Ay-ie pas desia veu combien,
Ils sont subtils à me destruire?

11 Leur face, ou les apasts s'estallent,
Et les attraits en cent façons,

Est pleine encore d'hameçons,
Qui iusqu'aux entrailles deualent.

12 Leur chef n'est rien que l'apparence
De mille venimeux esbats.
Leurs pieds ne sont rien que trespas,
Et que remords de conscience.

13 Leur pance ouuertement couuerte
De gaillardise & de beau sang,
Ne couue rien dedans son flanc,
Que la mort, l'enfer, & la perte.

14 Brief leur malencontreuse veue
Semble vne pucelle beauté,
Qui traine (ô grand' deformité!)
D'vn horrible serpent la queue.

15 Heureuse mille fois la plante
Qui se destourne de leurs pas,
Et qui se rit de leurs apasts,
Comme d'vne chose nuisante.

16 Heureuse mille fois encore
L'ame qui cherit ton honneur,
Qui te craint, & t'aime, Seigneur,
Et qui les vicieux abhorre.

17 Seigneur, c'estoit leur fausse trace,
Qui m'auoit ci deuant ietté
Dans le precipice ardanté
De ton ire & de ta disgrace.

18 C'estoit vrayement leur compagnie
Qui me causoit tant de douleurs,

Et qui

LIVRE I. 65

Et qui bien toſt de mes malheurs
Euſt fait vne bande infinie.

19 Ores ie te ren mille & mille,
Mille graces, & ſi ie puis,
Pour m'auoir tiré de ce puits
Ie t'en veux rendre encore mille.

20 Reçoy les donc, Dieu venerable,
En ton nom meſmes, & par toy,
En faueur de ton fils, mon Roy,
Mon Preſtre & Docteur veritable.

XXV.

Sur le chant du Pſeaume LXXXVII.

Muse, fuyuons la cadance des Anges
Chantons a Dieu, ne nous laſſons iamais:
Aimons ſon nom, & fuyons deſormais,
Mieux enſeignez, ces foibles dieux eſtranges.

2 Fuyons peché dont les carrieres folles
Gardent au bout vn abiſme deſclos.
Verſons l'ardeur qui nous boult dans les os
Sur les hauts faits de l'ouurier des deux poles.

3 De iour en iour ie ſen force nouuelles
S'adioindre à moy, ſe rendre dans mes nerfs,
De iour en iour le Roy de l'vniuers
M'offre, benin, ſes faueurs immortelles.

4 Ie ſemble vn feu, dont les flammes auides
Bruſlent ſelon qu'elles trouuent du bois,

e

Et vont croissans leurs affamez abois,
Plus on fournit à leurs bouches arides.

5 Plus pour louer le Seigneur des armees
Vn argument est diffus & diuers,
Plus ie grossis la veine de mes vers,
Et plus au bien i'ay les mains animees.

6 Vous qui puisez dans les sources sacrees,
Esprits heureux sur les autres esprits,
Voudriez vous bien embarquer vos escrits
Sur les fureurs de l'enfer desancrees?

7 Ce n'est pas vous, ames doctes & belles,
(Ames, l'honneur de France & de ce temps)
Qui odorans tant de lis doux-sentans,
Sur les chardons puans baissez les ailes.

8 Ce sont, ce sont des troupes caressees
De vanité, qui pleines de beaux traits
Se laissent, las, enchanter des attraits
Du monde fol, qui les fait insensees.

9 O quel malheur, que ces fontaines hautes,
Dont pouuoit sourdre vn monde de ruisseaux
Coulent en boue, & profanent leurs eaux!
Le monde en rit, mais ie pleure leurs fautes.

10 Muse, retourne au pas de tes brisees,
Fui leurs chemins, & ne t'aproche d'eux:
Tu es entree au sentier bien heureux
D'ou nous voyons leurs traces abusees.

11 Ton chemin est tout parsemé d'estoilles
Qui ont bien loin le Monde vain dessous,

D'vn lieu si sainct contemple moy ces fouls,
Et le danger qui menace leurs voiles.
12 Courage donc, & de tes leures sainctes
Enfante moy de l'Eternel le los.
Quand l'vniuers deuiendroit vn Chaos,
Si ne seront ces louanges esteintes.

SECOND LIVRE
DV MESLANGE OV
nouueau recueil
DE
CHANSONS SPIRITVELLES
& chrestiennes.

I. CHANSON.

Sur le chant du Pseaume CIIII.

O Y Tout puissant, ô Pere plein de bien,
Dont la sagesse a tout creé de rien:
Qui toute chose en tes mains tiens en-
commencement & fin de toute chose: (close,
L'no np reil en grandeur & bonté,
muurent sage & plein de bonté,

e 2

Qui sur les cieux as demeure asseuree:
Heureux d'vn heur d'eternelle duree.

2   Mon cœur qui tend a te voir de si loin,
De la fureur d'Apollon n'a besoin,
Ni des neuf sœurs, ni de l'eau menteresse
Que va beuuant des Poetes la presse,

Pour nous chanter d'vn son vainement doux
Leurs vanitez, qui repaissent les fouls,
Ie cerche bien vne faueur plus grande,
Et mon ardeur autres liqueurs demande.

3   A toy ie tends, à toy seul i'ay recours,
En t'inuoquant, ô Seigneur, mon secours:
Ta grand' bonté sur moy vueilles estendre:
Beni, mon Dieu, ce que i'ose entreprendre.

De ton esprit sainctement inspiré,
I'entre au pourpris de ton palais sacré,
Pour voir ta gloire, afin de la redire
A tous humains sur les nerfs de ma lyre.

II.

Sur le chant du Pseaume CIII.

Seigneur, alors qu'vne pesante angoisse
De cent fleaux nous meurtrit & nous froisse,
Il semble, helas! que tu ne nous voids point,
    Que nostre voix soit de toy reiettee,
Et ta faueur loin de nous escartee,
Quand de plus pres l'affliction nous poinct.

2 Il semble à ceux qui nous voyent en peine,
Que nul pour nous la cause n'entreprene,
Vœufs de confort, de soulas, & d'apui.
   Ou est ce Dieu, disent ils, a toute heure,
Ce Dieu le fort ou leur espoir s'asseure.
Que maintenant n'ont ils recours à lui?

3 Mais las! ô Dieu, ô Seigneur debonnaire,
Si vois-tu bien pourtant nostre misere,
Si prestes-tu ton oreille a nos cris,
   Car ta parole est tousiours veritable:
Bien que tu sois & grand & redoutable,
Si n'as-tu point les pauures à mespris.

4 Bien que tu sois en honneur & en gloire,
Si ne perds tu pour cela la memoire
De ceux qui sont en tristesse & en dueil.
   Tu te tiens pres de leur ame affligee,
Bien qu'elle fust de la mort assiegee,
Viure la fais au milieu du cercueil.

5 Bien que tu sois vne immortelle essence,
Tu as des yeux pour voir nostre souffrance,
Et ton oreille, hostesse de pitié,
   Prompte s'esueille au bruit de mes prieres,
Quand assaillis par mille mains meurtrieres
Tu nous fais voir quelle est ton amitié.

6 Tu as les mains de ta force puissante,
Pour nous garder de la main menassante.
Tu as des pieds pour descendre soudain:
   Et ces pieds sont ceste grande vistesse

De ton secours, qui promptement s'abaisse.
Vien donc, Seigneur, nous en auons besoin.

III.

Sur le chant du Pseaume CX.

L'HOMME animé de la flamme celeste
Est excellent sur tout cest vniuers,
Et neantmoins la terre le moleste,
Et le tient clos sous mille maux diuers.

2 Il dresse donc en vain au ciel la teste,
Ayant moins d'heur que les vils animaux,
Qui reposans dessous ce nom de beste,
Sont sans raison, mais sentent moins de maux.

3 Ils viuent francs de la peine ordinaire
Dont le souci va nos cœurs punissant :
Soit que le temps leur soit doux ou contraire,
Ils n'ont souci sinon que du present.

4 L'homme est chargé d'vn soin qui le rudoy
Et l'auenir lui fait poursuiure en vain :
S'il est par fois enuironné de ioye,
Douleur suruient qui l'accable soudain.

5 Tous-iours la mort est meslee en sa vie,
Il sent l'ennui durant l'aduersité,
La peur qu'il a que son sort ne varie,
Le rend chetif en sa felicité.

6 Car le cours vain des choses de ce mond
Poussé des mains du peché mensonger,

Nous fait tourner comme vne boule ronde,
Et tous les iours changer & rechanger.

7 Les grand's citez superbement construites,
Touchans du front le haut plancher des cieux,
A la parfin piteusement destruites,
Vont esgalant la poudre des bas lieux.

8 Principautez, Royaumes, Monarchies
Ne gardent pas leur estat arresté:
En peu de temps elles sont enrichies,
Et tost aussi basses de pauureté.

9 Ne t'esbahi si l'homme, dont la vie
N'est rien qu'vn vent qui fuit legerement,
Du monde sent la course entresuiuie,
Qui se maintient par son seul changement.

10 Nostre chair dit que Dieu tant fauorable
N'a deu donner à l'homme aucun plaisir,
Puis qu'il s'en trouue en fin plus miserable,
Quand dueil apres ioye le vient saisir.

11 Mais si la vie estoit de souci plaine
N'ayant plaisir il n'en conoistroit rien.
Le bien est bien qui vient apres la peine,
Le mal est mal qui vient apres le bien.

12 Si Iob n'eust sceu le grand soulas que donne
De voir aux champs des troupeaux plus espais
Qu'entre les mois de l'hiuer & d'Autonne
On ne voit choir de fueilles par les bois,

13 Et voir des siens la troupe genereuse
Croistre en honneur dans sa riche maison,

Comme des lis vne suite odoreuse
Croist es vergers en la gaye saison:
 14 Il n'eust gousté combien grãd dueil apporte
Des biens la perte, & sust mort malheureux
Sous la douleur que telle perte aporte,
Non pour regret de n'estre plus heureux.
 15 Voila commét Dieu, dont peuple nous som-
Qui fait de nous selon son bon vouloir, (mes,
Pour esprouuer diuersement les hommes,
Or' les fait rire, ores les fait douloir.
 16 Mais qui ses maux supporte en patience,
Comme en ses biens il estoit moderé,
Pour le doux fruict de sa saincte prudence
De ses maux tire vn bien tresasseuré.

IIII.

Sur le chant du Pseaume VI.

QVI se confie aux hommes,
 Nais de terre, ou nous sommes,
Vit incertainement:
 Au lieu de bonne argile
 Vn sable mol-fragile
Lui plait pour fondement.
 2 Vn tel semble l'araigne,
Qui dans son ret dedaigne
Le roide effort du vent.
 Il semble la nuee

Qui trop moite esleuee,
Bien tost se va creuant.

   3 L'homme n'est qu'inconstance,
Il n'est rien qu'impuissance,
Ce n'est qu'abusement.
   De parole indiscrette,
(Comme dit le Prophete)
Il vse vainement.

   4 Ains que ta voix sacree
Fust à mon ame ancree,
Pere de l'vniuers,
   Et que la flamme belle
De ta grace immortelle
Eust mes esprits ouuerts:

   5 Vuide de conoissance
En l'ombre d'ignorance,
Ie n'auois nul repos:
   De folle fantaisie
Mon ame estoit saisie,
Vain estoit mon propos.

   6 Sur vne mer d'enuies,
Et telles maladies,
Sur des tristes proiets
   En cent façons peruerses
Ie guettois les richesses
Du monde & ses suiets.

   7 Mon nuicteux exercice,
Couroit dedans la lice

D'vn vain auancement,
  Pour l'atteindre,volage,
De maint grand personnage
Faisois mon estay'ment.
  8 Que i'estois miserable,
Et de vie damnable,
Quand en l'obscurité
  D'vn si profond abisme
Ie pensois voir la cime
De ma felicité.
  9 Bien que mon esperance
Ne vist la recompense
Dresser vers moy ses pas:
  Mes pauures yeux farouches
Estoyent, helas, si louches,
Que ne me voyois pas.
  10 Loin de la vraye aurore
Ie bastissois encore
Dessous Nembrot, Babel.
  Auec les fils du monde,
Race ou tout vice abonde,
Ie fuiois l'Eternel.
  11 D'vne façon brutale,
Qui son ordure estale,
Mon tout à mal couroit.
  Aux tables d'Epicure,
Ma peruerse nature
Hazardeuse aspiroit.

12 O Dieu, que ie reclame,
Mon ame n'estoit ame,
Ni ma raison raison.
   C'estoit vne matiere
En ce tas de poussiere,
Me seruant de poison.
  13 Mais si tost que ta grace
Baissa dessus ma face
Ton regard alme-doux:
   Soudainement ma vie,
De ce lustre rauie,
Print autre forme & pouls.
  14 Ne plus ne moins qu'à l'homme,
Qui reuient d'vn dur somme,
Mes sens rentrez en moy,
   Et r'ouurans ma paupiere
Par ta saincte lumiere,
M'ont monstré mon esmoy.
  15 Ils m'ont fait veritables
Voir les perilleux sables
Des mers ou ie voguois:
   Les fallacieux songes,
Les faux bruits, les mensonges
Du monde ou ie dormois.
  16 Lors ie vis que le monde
Est vne mer profonde
De malheureux ennuis:
   Vne nuict dont le somme

Guide à la parfin l'homme
Es eternelles nuicts.

17 I'apperceu que les gloires,
Les grandeurs, les victoires
Qu'on cerche en ceste mer
　Sont des vaines conquestes,
Que cent & cent tempestes
Peuuent tost abismer.

18 I'y apperceus encore,
O Seigneur, que i'adore,
Que le mondain effort,
　L'homme mesme & nature
Ne sont rien que pasture
Au ventre de la mort.

19 Ie vis, comme à l'encontre
(O heureuse rencontre)
Que le bien d'ici bas
　Gist à fuyr ceste onde,
Cest ombrage, ce monde
Plein de tristes esbats.

20 Qu'il gist à te conoistre,
Grand Dieu, souuerain maistre
De la terre & des cieux,
　Dont les hautes merueilles
Immenses, nompareilles
Paroissent aux saincts yeux.

21 Que nous ton cher ouurage
Au terrestre heritage

Subsistons seulement,
 Pour y voir ta puissance,
Et rendre obeissance
A ton commandement.
 22 Pour t'y honorer, pere,
Tant en iour de misere
Que de prosperité.
 Car l'vn & l'autre glisse
De ta saincte iustice
Et sage volonté.
 23 O haute prouidence,
Ceste reconoissance
Et ce guide Chrestien
 Descouure au cœur fidele
Que ta grace immortelle
A fait tout pour son bien.
 24 Qui tiendra le pied ferme
Sur ce celeste terme,
Comme vn roc bien planté
 Ne craindra les orages,
Ni les sanglans outrages
De la mondanité.
 25 Il esclaire sa trace
De la benigne grace
D'vn inuincible Roy,
 Il fait iour à son ame
Auec l'heureuse flamme
Qui chasse tout esmoy.

26 Il resemble la plante
Qui de face constante
Se rit des Aquilons,
 Et en belle verdure,
Maugré toute froidure,
Garde ses cheueux longs.

27 Vn tel resemble encore
L'arbre beau qui decore
Le bord d'vne belle eau,
 Et par l'humeur flottante
Maintient viue sa plante
L'honneur de ce ruisseau.

28 Lors que par mainte annee
Sa force est estonnee,
Et poudroye son corps,
 Son ame fraische & belle
Vest la paix immortelle,
Loin loin du bruit des morts.

29 L'ame fidele atteinte
De la louable crainte
Du Seigneur nostre Dieu,
 Si sagement honteuse
Se peut nommer heureuse
En tout temps & tout lieu.

30 C'est la marque certaine
Que la bonté hautaine
L'aime de son costé.
 Que c'est sa fille sage,

Qui aura son partage
Dans la saincte Cité.

31 O Cité triomphante,
Ierusalem luisante,
Au pur sang de l'aigneau !
   O espouse fidele,
De mille beautez belle,
En vn monde nouueau !

32 Les bourgeois qu'elle enserre
N'ont (libres de la terre)
Faim, soif, ni froid, ni chaut.
   Dieu est leur saincte enuie,
L'aigneau leur donne vie
Ou rien ne leur defaut.

33 O Seigneur debonnaire,
Sainct Espoux, ô bon pere
De la vierge Cité,
   Fay, de ta pure grace,
Que i'y trouue ma place,
Tout net d'iniquité.

34 Que la lepre cruelle
Du mal qui me bourrelle,
Telle que vermillon,
   Semble laine blanchie,
Puis au liure de vie
Fay moy lire mon nom.

35 Et tandis qu'en la terre
Ma chair me fera guerre,

Auec le Roy de mort,
Fay qu'en moy soit empreinte
Ton amour & ta crainte,
Pour rompre leur effort.

V.

Sur le chant du Pseaume XXVII.

DE nuict, de iour, ie sens en ma pensee
Vne douleur qui rudement m'assaut,
Me proposant toute ma vie passee,
Dont ie ne sens le malheureux defaut.
Ie conçoi lors tel despit contre moy,
Que ie me pers seulement y pensant,
Et plus mon mal dessous sa dure loy
Va ma raison fierement efforçant.

2 Au Seigneur Dieu cent & cent fois des
I'ay demandé, deuant lui lamentant:
A celle fin que par le vol d'icelles
Mon foible esprit s'en volast tout content
Iusques au ciel, tout libre s'esleuant.
Mais nonobstant mes prieres & pleurs,
Et mes souspirs roides comme le vent,
Ie sens tousiours acroistre mes douleurs.

3 En cest estat (recognoistre ie l'ose)
Ie suis reduit, mais c'est tresiustement,
Quoy qu'en mon mal n'y ait aucune pose,
Pour adoucir la rigueur du tourment.

C'est bien raison que qui peut se tenir
Dessus ses pieds, se precipitant bas,
Demeure en terre, & que, pour le punir,
De son bourbier on ne le leue pas.

  4 Mais ie sen bien que la bonté Diuine
Acourt à moy, tendant ses bras ouuerts,
Pour me tirer haut hors de la ruine
De tant d'ennuis & pensemens diuers.

  Qui me retient, ô Seigneur, de courir
Vers ta merci? c'est vne froide peur,
Car ie me sens tresdigne de perir,
Et n'aime point ce bienheureux labeur.

  5 O Eternel, resueille ma pauure ame,
Dechasse au loin tout Satanide effroy,
De ton amour ton sainct Esprit l'enflamme,
Et tous mes sens esleue iusqu'à toy.

  En ta bonté consiste mon salut,
N'ayes esgard à mon sale peché,
Qui nonobstant mes cris & mon rebut
Incessamment a mon cœur alleché.

  6 O Seigneur Dieu, medecin de mes plaintes,
Ie te supplie, enten de ton palais
Ces miens regrets & ces larmes non feintes,
Me deschargeant de mon penible faix:

  Soulage, guide, & pousse mon penser,
Et desormais me conseille si bien,
Que ton sainct Nom ie ne puisse offenser,
Ains en viuant & mourant ie sois tien.

VI.

Sur le chant du Pseaume CXXX.

QVe sert la medecine
A mon dueil forcené?
Car il a prins racine
Dans mon cœur obstiné.
 C'est vn feu qui s'irrite,
Quand on veut l'apaiser:
Vne eau qui se despite
S'on veut la maistriser.

2 Du ciel, ô Dieu, regarde
Le tourment où ie vis,
Oy, Seigneur, & me garde
Du mal où me suis mis.
 Ma raison imparfaite
Soit rangee par toy,
Ta volonté soit faite,
Non le desir de moy.

3 Pleurant la nuict ie veille,
Inuoquant ton secours:
Encline ton oreille,
Puis qu'à toy i'ay recours.
 O mon Dieu, ie t'appelle
Mon immuable appuy:
A toy seul ie decele
Ma peine & mon ennuy.

4 Ie condamne moymesme,
D'auoir vn si long temps
Perdu (qui me rend blesme)
Fleur & fruict de mes ans.
 Helas, ie te reclame
En mon obscurité.
Attire, ô Dieu, mon ame
Apres ta verité.
 5 Monstre-moy la lumiere
Apres l'obscure nuict,
Et la sale fondriere
Où le mensonge bruit.
 Maudite Babylonne
Es-tu tousiours ici?
Ton bruuage empoisonne,
Enyure & charme aussi.
 6 Pourquoy, Dieu debonnaire,
Me fais-tu desirer
D'estre en ton sanctuaire,
Si ne veux m'y tirer?
 Tu donnes aux iniques
Main pour me retenir,
Et mes maux domestiques
Ne veulent me bannir:
 7 Me bannir, pour te suyure,
Ains me tienent toutiour
Es lieux où ne puis viure
Ni faire aucun seiour.

f 2

Or quoy que desespere
Ie n'ay perdu l'espoir:
Le grain mort en jachere
Vif en Aoust se fait voir.
   8 Voy mon cœur qui lamente
Dedans plus qu'au dehors,
Et le mal qui tourmente
Mon esprit & mon corps.
   O Seigneur, ne sommeille,
Oy ma piteuse voix.
Que ton sainct œil s'esueille
Pour mon bien ceste fois.

VII.

Sur le chant du Pseaume XXXVIII.

AVECQVES raisons biens grandes
    Tu commandes
Qu'ayons l'orgueil en horreur:
Car qu'est, ô Dieu, le superbe?
    C'est de l'herbe
Retranchee en ta fureur.
   2 Qui sommes-nous? qu'est-ce en somme
    Que de l'homme,
Si tu ne le fais valoir?
Quoy qu'il entreprene ou face,
    Sans ta grace
Ridicule est son pouuoir.

3 S'il cerche auec fiere mine
    L'origine
De soy, des siens, pour brauer,
Il la trouue dans la boue,
    Et auoue
Qu'ailleurs ne peut la trouuer.
4 Son logis s'il considere,
    La misere
Il void sur terre marcher.
Sans toy, toute creature
    De mort dure
On entend le menacer.
5 Si sa fin triste on regarde,
    Quoy qu'il tarde
Son corps doit paistre les vers,
Tous les beaux iours de sa vie,
    Tost rauie,
D'vn tombeau seront couuerts.
6 Sa gloire il void consumee
    En fumee:
Tous ses passetemps bornez
Dessous le faix d'vne pierre,
    Et dans terre
Ses heurs en rien retournez.
7 Ceste pauure creature
    De nature
Porte la mort en tout lieu,
Mais tu lui as de ta grace

Donné place
Pres de toy son Seigneur Dieu.
  8 Combien grande est ta louange,
    Que de fange
Ta sage main ait basti
C'est homme, à qui dauantage,
    Pour partage,
Tu as tout assuietti.
  9 Il en eut des sa naissance
    Iouissance:
Pour lui tu mis dans les cieux
Ce beau double luminaire,
    Qui esclaire
Tout l'vniuers spacieux.
  10 Ce que l'air & l'onde enserre,
    Et la terre
Furent sa possession:
Et de ta saincte presence,
    O clemence!
Il auoit fruition.
  11 Afin que tes benefices,
    Loin de vices
Et de profanes plaisirs
Il rapportast à ta gloire,
    Et memoire
De toy eust en ses desirs.
  12 Mais le pauure miserable,
    Execrable,

Au lieu de faire deuoir
Et plier deuant ta face,
  Plein d'audace,
Tel que toy s'est voulu voir.
 13 Ayant mis en oubliance
  Sa naissance,
Et l'heur dont tu fus l'autheur,
Osoit, au lieu de descendre,
  Entreprendre
De se ioindre à ta hauteur.
 14 Foulant d'arrogance folle
  Ta parole,
Et par Satan incité,
Pensoit auoir rencontree
  Toute entree
Aux secrets d'eternité.
 15 Lui qui n'estoit que de l'herbe,
  Fait superbe,
Pretendit à trop haut lieu.
Grauissant par vne sente
  Tresmeschante
Contre le throne de Dieu.
 16 Honnissant sa conscience,
  De science
Il gouste vn fruict defendu.
Et d'entier & parfait homme
  Deuient (somme)
Pecheur maudit & perdu.

f 4

17 Alors il est miserable,
   D'honnorable
Qu'il estoit auparauant.
D'homme il deuient presque beste:
   C'est son reste,
Et meurt pour estre sçauant.
18 Que nul ne s'en esbahisse:
   Ta malice,
Homme, t'a fait trebuscher.
Qui dans soy l'audace couue
   En fin trouue
Le mal qu'il alloit cercher.
19 En vain l'homme se lamente
   Et tourmente
Quand au lieu de l'honnorer
L'eau, le feu, l'air & la terre
   Lui font guerre,
Et taschent le deuorer.
20 Tu ne le laisse en son vice,
   Dieu propice,
Ains en sa redemption
Tu lui es (cas admirable!)
   Fauorable,
Plus qu'en sa creation.
21 De son thrône magnifique
   Ton vnique
Est en terre descendu,
Prenant, de charité pure,

La nature
De l'homme en pechez perdu.
  21 D'Adam la faute peruerse
       Nous renuerse,
Et fait enfans reprouuez.
O Christ, par ton benefice,
       Trespropice,
Nous auons esté sauuez.
  22 Seigneur, qu'est-ce que des hommes,
       Que tu nommes
Tiens, & membres de ton Fils?
Heureux, quand sur ceste image,
       O Tout sage,
O Tout bon, tu nous refis!
  23 Nonobstant sa forfaiture
       Ta facture
Par vn prix si precieux
Est de la mort retiree,
       Et tiree
Dans le royaume des cieux.

VIII.

Sur le chant du Pseaume XCI.

QVAND ie voy les flots escumeux
       De Neptun plein de rage,
Vomir d'effort impetueux
       Leur cholere au riuage:

Quand ie voy qu'ils vont tapiſſant
  D'eſcume & vile mouſſe
Et de coquilles empliſſant
  Le bord, qu'vn vent y pouſſe:
2 Et cependant vn dur rocher
  Fait telle reſiſtance,
Que le flot ne peut l'arracher,
  Choquant contre a outrance,
Voyant des vents en grand eſmoy
  Et des flots la furie,
Alors le vif tableau ie voy
  De noſtre pauure vie.
3 Si de la mer le ſel la rend
  Au gouſt aſpre & amere.
De la vie auſſi le courant
  N'eſt que ſel & miſere.
Les flots & vents de tous coſtez
  Dont la vie eſt troublee
Sont les maux & aduerſitez
  Dont on la void comblee.
4 Si lon void au printemps plaiſant
  Les prez ſans fleurs diuerſes,
Lors auſſi le monde preſent
  Se verra ſans trauerſes.
Si ſans chaleur le feu bruſlant
  Et l'eau n'eſt plus mouillante,
I'auou'ray que l'homme eſt exemt
  De peine violente.

5 Quand les espines en douceur
    Changeront leur pointure,
Ie signeray que de douleur
    La vie humaine est pure.
Car les maux ainsi que chaisnons
    S'entr'embrassent, de sorte
Que si de l'vn à bout venons,
    L'autre la guerre apporte.
6 Soudain qu'vn mal est expiré,
    Vn autre entre en sa place,
Cestui par vn autre est tiré,
    Que le suyuant embrasse.
Le premier mal sert au second
    Qui sous vn autre plie,
Et ce troisieme est si fecond
    Qu'en mille il multiplie.
7 Et si de quelque passion
    Lon fuit la seruitude,
Vne nouuelle affliction
    Suruient beaucoup plus rude.
Comme apres le iour vient la nuict,
    Apres serain nuage,
L'aduersité l'homme poursuit
    Iusqu'au bout de son aage.
8 Ainsi que sans aucun labeur
    Le menu coquillage
Est ietté par l'aspre fureur
    Des flots sur le riuage:

Ainsi sont emportez soudain
   Au temps de rude espreuue
Ceux qui n'ont qu'vn desir mondain
   Où Dieu point ne se treuue.
9 Car ils s'en vont tous à val l'eau
   Si tost que la tourmente
Agite leur foible cerueau,
   Qui de rien s'espouuante.
Ce malheur vient ouuertement
   Pour estre de foy vuides,
Et n'auoir Christ pour fondement,
   Qui rend les cœurs solides.
10 Mais le cœur braue & genereux
   Qui en Dieu seul se fonde,
Ne peut deuenir langoureux
   Pour orage du monde.
Ferme comme vn roc il se tient
   Contre toute tempeste:
Si la vague de mort suruient,
   Immuable il fait teste.
11 Ayant pour consolation
   Le bien qui tousiours dure,
En temps de desolation
   Il espere, il endure.
Il s'engraisse parmi les maux,
   Il en recueille force,
Comme le roy des animaux
   Es combats se renforce.

LIVRE II.

12   Il ressemble l'arbre tondu
        Qu'on void lors plus s'estendre.
Tel sous la croix il est rendu
        Qu'au feu la Salemandre.
Il vit au feu comme elle fait,
        Et n'en reçoit dommage,
Il n'en est gasté ni desfait,
        Ains en vaut dauantage.

13   Auec la palme, pour certain,
        Il a quelque semblance,
Esleuant son cœur plus hautain
        Plus baisser on le pense.
Il conoit que l'aduersité
        Est son droit exercice,
Tant s'en faut que sa charité
        Pour cela refroidisse.

14   Comme l'on void des animaux
        Viure es eaux & sur terre:
Il cueille fruict des biens & maux,
        Et de paix & de guerre.
Le penser rompre par tourment,
        Et de chaines l'estreindre,
C'est vouloir vn feu vainement
        D'vn verre d'eau esteindre.

15   Plus le guerrier de coups reçoit,
        De fatigue & d'outrage,
Et plus grand desir il conçoit
        D'en souffrir dauantage.

Le iuste en tribulation
  Son feu d'amour excite,
Et plus pour le Dieu de Sion
  A souffrir il s'incite.
  16. Car Christ aussi ne sent iamais
  Si doux au cœur fidele,
Que quand l'homme dessous le faix
  Gemit de mort cruelle.
Lors du corps l'ardante douleur
  A l'esprit est vn gage,
Qu'à lui comme fils du Seigneur
  Apartient l'heritage.
  17 Lors frere vrai'ment il se sent
  De Christ qui lui fait boire
Du hanap dont il fait present.
  Aux heritiers de gloire.
Heureux, trois-quatre fois heureux,
  Cil qui suyuant la trace,
De Christ, par tourmens douloureux
  En paradis a place.

IX.

Sur le chant du Pseaume XCV.

QVi ne craint Dieu, tous les grands biens
  Du monde ne sont que liens
Pour lui tenir son ame en serre.
  Quiconque cerche vn heur fatal

Dans le passé ou iaune metal,
Cerche le ciel dedans la terre.

2 Toy, qui n'eus onc deuant tes yeux
Que l'or & l'argent pour tes Dieux,
Serf de conuoitise importune,
Tu ne comptes que par milliers,
Et tes profits particuliers
Sortent de la perte commune.

3 Tu perds l'ame, & vses ton corps,
Pour entasser des vains thresors,
Qui sont dediez à la rouille.
Ton ame au lyon rugissant:
Quant au corps, tantost pourrissant,
Les vers en auront la despouille.

4 Nul gain ne te peut contenter,
Nul pain ne te peut sustenter,
Tes chagrins te rendent hectique.
Le monde est trop peu pour ta main,
Insatiable on void ta faim,
Tu as la soif d'vn hydropique.

5 Auare d'or pernicieux,
Ennemi du thresor des cieux,
Dont il ne te reste vne maille:
Tu prens le terrestre element,
Laissant l'eternel firmament.
Tu quittes le grain pour la paille.

6 O fol, ceste vie t'endort:
Tu fais (sans penser à la mort)

A petit oiseau grande cage.
  N'ois-tu Christ qui vient t'esueiller,
Disant, faut-il appareiller
Grands frais pour si petit voyage?
  7 La vie des hommes s'enfuit
Deuant la mort qui la poursuit,
Non point pour en auoir la bourse.
  La mort n'a que faire d'argent:
Mais son marcher est diligent,
Pour mettre fin à nostre course.
  8 En vain ton courage bruslant
Va l'or aueugle amoncelant,
Qui ne se trouue qu'à grand' peine,
  Ne se garde qu'en lieu secret,
Ne se laisse qu'auec regret,
Et en tourmens son maistre meine.
  9 Pour neant aussi les seigneurs
Montent au sommet des honneurs
Par les degrez de leurs vaillances:
  Car ils seront poussez à bas
Par mort, qui ne redoute pas
Ni leurs espees ni leurs lances.
  10 Des Rois, que tout le monde creint,
Le pouuoir meurt, le nom s'esteint:
Ils tombent des sieges supremes.
  La mort qui les va combatant
En ses trophees va portant
Leurs sceptres & leurs diademes.

Contre l'ambition.

Où

11 Où sont ces Princes glorieux
De la terre victorieux?
Où sont ces nouueaux Alexandres?
   Que sont-ils ores deuenus?
Nous auons leurs noms retenus,
La terre en a humé les cendres.

12 Si leur grand lustre est obscurci,
Si tels rois sont peris ainsi,
Bien sont pleins de sotte arrogance
   Tous ceux qui d'eux-mesme font cas,
Et ne firent iamais vn pas
Aux sentiers de vraye excellence.

13 Quand les bucherons sont apres
Pour raser les hautes forests
Auec leurs tranchantes coignees:
   S'ils coupent les plus gros ormeaux,
Pensez si les menus rameaux
Et ronces seront espargnees.

14 Puis donc que les grands & petis
A la mort sont assuiettis,
D'honneurs mondains n'ayons enuie
   Aux vanitez fermons les yeux:
Christ nous apreste dans les cieux
L'honneur d'vne immortelle vie.

15 Or purge nostre affection
D'auarice & d'ambition,
Seigneur, maistre de nos courages:
   Tant que nos iours soyent defaillis,

g

Et qu'au ciel soyons recueillis,
Pour chanter ta gloire en tous aages.

X.

Sur le chant du Pseaume LIX.

EMpesche que la gourmandise,
Et que le vin ne me maistrise,
O Dieu, que, par trop soucieux
De moy, ie n'oublie les cieux.

Contre l'yurongnerie et gourmãdise.

 Quiconque de vin & viande
Veut combler sa bouche gourmande,
Et cerche en cela tout son bien,
Vn tel monstre qu'il ne vaut rien.
 2 Il n'y a chose plus vilaine,
Ni plus contraire à vie humaine.
Les bestes sont faites de Dieu
Pour s'engraisser en ce bas lieu:
 Mais l'homme y est mis pour conoistre
Qu'il a Dieu pour Sauueur & maistre,
Pour procurer de Dieu l'honneur,
Et du monde estre gouuerneur.
 3 Ceux qui en gourmandise viuent,
Et les plaisirs du ventre suyuent,
Perdent les sens & la raison,
Ne sçauent que c'est d'oraison.
 La repentance ne les touche,
Ils n'ont qu'ordure dans la bouche,

Leur cœur, d'atheisme infecté,
Ne vomit que meschanceté.

4 L'yurongnerie abrutit l'ame,
Elle est la conseillere infame
De tous execrables exces,
Et leur donne en l'yurongne acces.

Elle le change d'homme en beste,
Fait qu'il n'a iambe, main, ni teste,
Qui auec droite intention
Chemine en sa vocation.

5 Combien de maux ceste furie,
De l'esprit immonde nourrie,
A causé parmi tous estats!
Vn liure ne les diroit pas.

Combien de maladies sales,
Et de forfaitures brutales!
Elle a plus de gens abatus
Que le fer n'en a combatus.

6 Seigneur, qui me fais ici viure,
Ne permets qu'oncque ie m'enyure,
Ou que mon corps endommager
I'entreprene par trop manger.

Que mon ame soit abruuee,
Et comble de boisson sacree
Que presente ton verbe sainct
A la personne qui te craint.

7 Iesus soit le pain de ma vie,
Qui sans cesse au ciel me conuie,

Ou en heur du tout acompli
De toy ie me verray rempli.

 O Pere, fay-moy ceste grace,
Qu'vn iour ie boyue à pleine tasse
En ton conuiue supernel
Le vin de salut eternel.

XI.

Sur le chant du Pseaume CXIII.

SEIGNEVR Dieu, depuis que tu m'as
Emmiellé des doux apasts
De ta diuine conoissance,
 Et que les tressainctes liqueurs
De tant de diuines douceurs
Ont arrousé ma conscience:

 2. Depuis aussi, Seigneur mon Dieu,
Que m'as retiré du milieu
De mon spirituel naufrage,
 Depuis que ta benigne main,
Auec vn chastiment humain,
M'a fait redeuenir plus sage,

 3. Certainement i'ay bien senti,
Apres que me suis repenti
De tant de folies passees,
 Qu'il n'y a point d'autre repos
Que d'inuoquer à tous propos
Ta saincte grace en nos pensees.

4 Mon Dieu, i'ay conu par effect,
Qu'vn cœur n'est iamais satisfait,
Quoy qu'il entreprene ou qu'il face,
 Si du tout, ferme, il ne s'attend
(Afin d'estre heureux & content)
Aux faueurs de ta saincte face.

5 Et ie me suis bien apperceu
Combien, helas, i'estois deceu,
Mettant ma confiance aux hommes:
 L'homme n'est rien qu'infirmité,
Ce n'est que pure vanité,
Et tous rien que rien nous ne sommes.

6 Tout homme, certes, est menteur,
Mais toy, Dieu nostre Createur,
Tu es sans cesse veritable:
 Et de ta parole l'effect
Oncques ne se vid imparfait,
Mais tresseur & indubitable.

7 De tes hauts cieux & du Soleil
Le branle ferme & nompareil
Verra finalement son terme.
 Mais ta parole, ô Dieu, viura
Eternelle, & se maintiendra
A tousiours inuincible & ferme.

8 Or ceste parole promet
Que toute personne qui met
En toy tout seul son asseurance,
 Esperant que tu auras soin

g 3

D'elle en son affaire & besoin,
Sentira ta seure assistance.

9 Aussi, Seigneur Dieu, i'ay trouué,
Et par vrais effects esprouué
Que qui t'inuoque & te supplie
Au iour de tribulation,
Il reçoit consolation
Qui est de tous poincts acomplie.

10 Car aussi tost que la douleur
Vint s'eslancer dedans mon cœur,
Et que pour ma certaine adresse
Vers ta main ie leuay les yeux,
Tout soudain mon mal ennuyeux
Ie vis se changer en liesse.

11 Depuis ie n'ay senti ces maux,
Ni tous ces penibles trauaux,
Qui ont maistrisé ma pensee.
Ta puissance les a domptez,
Dedans moy les a surmontez,
Et leur violence abaissee.

12 O Seigneur, ta seule vertu
A tous mes malheurs abatu:
(Tousiours elle soit adoree!)
Mon cœur, de tous maux affligé,
Ne fut oncques tant soulagé,
Qu'apres l'auoir bien imploree.

13 Vn desir d'humaine grandeur,
Qui iadis me rongeoit le cœur,

A present en rien ne me force:
  Car la conoissance que i'ay
De toy,l'a tellement rangé,
Qu'il en a perdu toute force.
  14 La faueur & l'ambition,
Conseillers de ma passion,
Fauteurs de mon impatience,
  Ne molestent plus mon repos,
Pource qu'ay changé de propos,
Mettant en toy ma confiance.
  15 Lors que i'ay quelque afaire en main,
Dont ie desire voir la fin,
Et que toute telle elle auiene
  Comme ie l'ay sçeu desirer,
Mon cœur ne cesse d'admirer
La grand' douceur & bonté tiene.
  16 Tout de mesme,si mon souhait
N'a point peu sortir son effet,
Ains m'est auenu le contraire,
  Ce m'est tout vn,mon Dieu:ie croy
Que tu as conu mieux que moy
Cela qui m'estoit necessaire.
  17 C'est,Seigneur,la perfection
Où tend ma resolution,
Voila l'excellente recepte
  Que i'ay contre tous les combats
De tant d'accidens d'ici bas,
Voila le but où ie m'arreste.

g 4

18 Ie ne suis plus ambitieux
Sinon de la gloire des cieux,
C'est l'vnique bien où i'aspire:
 C'est le but de tous mes desseins,
Tous autres me semblent tres-vains,
A ce blanc dont mon ame tire.

19 Mon vaisseau ie vois aresté,
Ie ne me sens plus agité
Par la tempeste & par l'orage.
 Mon pied ne va plus chancelant
Dans ma nef poussee du vent,
Loin loin du desiré riuage.

20 Car, ô Seigneur, tu m'as conduit
Et guidé par ton sainct Esprit
Dedans le haure de ta grace.
 Tu m'as fait donner droit au but
Où consiste tout mon salut,
Par le vif serein de ta face.

21 La sacree anchre de ton Fils,
A qui aresté ie me suis,
M'a preserué de ce naufrage:
 C'est la raison pourquoy ie veux,
Alaigre lui rendre mes vœux
Promptement dessus le riuage.

22 Et vous, mon esprit, & ma voix,
Et vous, ma guiterre, & mes doigts,
Sus, que maintenant on s'accorde,
 Sus qu'on s'accorde desormais,

Pour resonner mieux que iamais
Du Seigneur la misericorde.

23 I'allois flo-flottant dessus l'eau
Dedans vn fragile vaisseau,
A l'abandon de tous les vices.
　I'estois en poinct d'aller au fond
De l'abysme le plus profond,
Dans qui nous plongent les delices.

24 Desia ma nef entroit dedans
Dix mille gouffres euidens,
Desquels iamais on ne retourne,
　La où toute meschanceté
Obtient vn logis arresté,
L'au sein des enfers seiourne.

25 Ia desia l'importable faix
De mes offenses & mesfaits
Me rouloit en ce precipice.
　Ia desia ie sentois l'effort
Des dangereux traits de la mort,
Sans voir aucun secours propice:

26 Lors que toy, mon souuerain Roy,
Baissant la veue dessus moy,
Apperceus ma perte euidente,
　Et lors, en me tendant la main,
Par vn secours plus grand qu'humain,
Me mis bien loin de la tourmente.

27 O mon charitable Sauueur!
O sempiternelle faueur!

O grace! ô grace incomparable!
　Ô la pitoyable bonté!
O la celeste charité!
O la clemence inenarrable!
　28　D'auoir daigné, Seigneur mon Dieu,
Tirer mon ame du milieu
Des enfers remplis de souffrances,
　Et sauué tant & tant de fois
Moy qui trop volontaire auois
Outrepassé tes ordonnances.
　29　O que bien heureux sont mes ans,
D'estre paruenus en vn temps
Où ta grace & force est conue
　Trop plus qu'elle ne fut iamais,
Et où lon verra desormais
La fureur de Satan vaincue.

XII.

Sur le chant du Pseaume XXXII.

O Seigneur Dieu, mon rempar, ma fiance,
Rempare-moy du fort de patience
Contre l'effort du corps iniurieux,
Qui veut forcer l'esprit victorieux.
　L'ardeur du mal, dont ma chair est atteint
Me fait gemir d'vne eternelle plainte,
Moins pour l'ennui de ne pouuoir guerir,
Que pour le mal de ne pouuoir mourir.

2 Certes, Seigneur, ie sen bien que ma faute
Me rend coulpable à ta maiesté haute.
Mais si de toy vers toy ie n'ay secours,
Ailleurs en vain ie cerche mon recours.
 Car ta main seule, inuinciblement forte,
Peut des enfers briser l'auare porte,
Et me tirer aux rayons du beau iour
Qui luit au ciel, ton eternel seiour.
 3 Si ie ne suis que vile pourriture,
Tel que ie suis, ie suis ta creature,
N'est-ce pas toy, dont la diuine main
Forma le monde, & puis le genre humain?
 Fendis-tu pas l'obscurité profonde,
Pour en tirer la lumiere du monde?
N'est-ce pas toy qui formas la rondeur
De l'vniuers, tesmoin de ta grandeur?
 4 Au ciel tu mis du iour la lampe claire,
Et le flambeau qui à la nuict esclaire.
N'est-ce pas toy qui as prefix le tour
De l'Ocean qui nous baigne à l'entour?
 Et toutesfois tes grand's œuures parfaites,
Que ta main saincte heureusement a faites,
Doyuent vn iour leurs mouuemens cesser,
Changer, vieillir, se corrompre, & passer.
 5 Ta verité, Seigneur, demeure ferme,
Sans iamais voir d'ans ni de iours le terme.
Ceste parole auertit les esleus,
Dont les saincts noms en ton liure sont leus,

Qu'ennui, trauail, seruitude moleste,
Est le chemin de ton regne celeste,
Au bout duquel se trouuent les loyers
Que Christ reserue aux fideles guerriers.

6 Vn iour Adam, par trop vouloir conoistre,
Fit le peché dans le monde aparoistre,
Et trop ingrat, & trop ambitieux
Se souleua contre le Roy des cieux :
Il attira du centre de la terre
La mort, ayant à sa suite la guerre,
La faim, la peste, & cent mille douleurs,
Pour chastiment de ses folles fureurs.

7 Depuis ce temps d'vn tel pere la race,
Pour la plus part, suit de vice la trace,
Et les peruers, d'arrogance empeschez,
Furent captifs de leurs propres pechez,
De qui l'horreur sur tant d'ames immondes
Fit desborder la vengeance des ondes, *Le Di-*
Dieu moissonnant d'vn clin d'œil seulement *luge.*
En son courroux la terre esgalement.

8 Il ne sauua de tant de milliers d'hommes
Q'vne famille en ces lieux où nous sommes.
O bien heureux & trois & quatre fois
Qui a gousté les douceurs de ta voix,
Et dont la foy, qui le peché desfie,
En ton effort sa force fortifie !
Certes celui qui tel bien a receu,
De son espoir ne se verra deceu.

9 Par foy Noé fut sauué dedans l'arche,
Du second monde excellent patriarche.
A Abraham fidele, ô Dieu, tu fis
Multiplier le nombre de ses fils.

Plus qu'on ne void d'estoilles flamboyantes,
Ou de sablon es plaines ondoyantes,
Plus ton pouuoir & contract solennel
Fit foisonner les enfans d'Israel.

10 Estant captif, ton regard fauorable
Lui fit sentir ton pouuoir secourable.
Egypte alors ta valeur esprouua,
Et Israel secours vers toy trouua.

Il vid en mer loin derriere sa fuite
Roulante es flots l'Egyptienne suite,
Et sauf des mains de Pharao puissant,
Pour tes faueurs alla te benissant.

11 Dans les deserts, par vingt & vingt annees
Furent par toy ces bandes gouuernees:
Par le milieu des trauaux & dangers
Tu les guidas aux peuples estrangers.

Tu fis du ciel, par ta main plantureuse,
Neiger sur eux la manne sauoureuse,
Et, par pitié, pour leur soif amortir,
Des rochers fis les fontaines sortir.

12 Ce peuple ingrat, te crachant au visage,
Se souhaitoit de l'Egypte au riuage,
Par son audace & despit murmurant
Coup dessus coup ta fureur attirant.

Combien qu'il fuſt en paiſible franchiſe
Sous ta faueur, les guidant par Moyſe,
Il pourſuiuit tellement ſes propos,
Qu'il n'entra point de Chanan au repos.

    13 Mais ta bonté, qui nos fautes ſurmonte,
De ton accord authentique fit conte,
Au temps prefix ce peuple belliquèux,
Guidé par toy, ſubiugua ſes haineux.

Peuples & Rois il fit tomber par terre
Sous les efforts d'vne terrible guerre,
Puis Ioſué le pays partagea,
Et à t'aimer chaſcun accouragea.

    14 Dirai-ie ici les braues entrepriſes
Des ſages chefs que tant tu fauoriſes?
Combien de fois ce peuple a toy ſoumis
S'eſt veu vainqueur de ſes fiers ennemis?

Par viue foy, Seigneur, tes Capitaines
Des grands Rois ont fait les empriſes vaines,
Et par priere ils ont plus abatu
De fiers geans, que par autre vertu.

    15 Que n'eſt, helas, plus adroite ma lyre!
I'entreprendrois encor de faire bruire
Les hauts exploits de ce berger hebrieu,
Qui s'oppoſa pour le peuple de Dieu:

Les ſaincts accords de ſa harpe faconde,
Le certain coup de ſa fidele fonde,
Auec l'honneur de ſon premier butin
Sur Goliath ſuperbe philiſtin.

16 Ie chanteroy' par combien de trauerses
Il eschappa des embusches diuerses
De ses haineux, auant que d'estre assis
Pour commander au peuple circoncis.

Heureux vraiment, si l'œil de Bethsabee
Sa liberté n'eust oncques desrobee,
Et s'il n'eust mis en proye a l'estranger
Celui qui fut de sa mort messager.

17 Quel siecle encor ne porte tesmoignage
Du Roy conu par le surnom de sage?
Ce n'est ici que descrire ie veux
De ses vieux ans les illicites feux.

Taison des siens la grand' troupe lasciue,
Ses vanitez, & sa pompe excessiue,
Pour ses faux dieux le vray Dieu mesprisé,
Et de son fils le sceptre diuisé.

18 Vous qui lisez d'Israel la malice,
Fuyez peché, cherissez la iustice,
Si de Dieu quelque peur vous auez
Ierusalem en vos cœurs engrauez,

Souuenez-vous de la serue couronne
Des Rois puissans, captifs en Babylone.
Pensez, helas, aux saincts murs demolis,
Et aux enfans d'Israel abolis.

19 Quand vous voyez, d'autre part, que la face
De nostre Dieu fait a Israel grace,
Que de Babel, en son mal perissant,
Retira son peuple languissant:

Confiez-vous en la misericorde
De nostre Dieu, qui tousiours se recorde
Des affligez, & qui donne secours
A ceux qui ont vers sa force recours.
 20 Puis qu'il nous a donné son fils vnique,
Pour redempteur, puis que sa voix cœlique
D'heur eternel nous monstre le sentier,
En son Eglise ayons le cœur entier.
 Que sa bonté renforce nos courages,
Pout aspirer parmi tous ces orages
Au sainct repos, asseurément promis
A ses esleus & fideles amis.

XIII.

Sur le chant du Pseaume XIII.

LA fleur de mes ans se desteint,
I'ai l'œil caue & pasle le teint,
Ma prunelle est toute esblouye,
Ie n'ay plus si bonne l'ouye,
Et de gris ma teste se peint.
 2 Ma vigueur peu a peu se fond,
Maint sillon replisse mon front,
Le sang ne boult plus dans mes veines,
Ie suis tout accablé de peines,
Mes iours comme vn ombre s'en vont.
 3 Ie quitte donc tous vains discours,
Mon ame regrette les iours

Et les

Et les nuicts en peché passees,
J'abhorre mes folles pensees,
Et de ma chair tous les faux tours.

4 Conoissant ce qu'à Dieu ie doy,
Ie veux suiure sa saincte Loy,
Qui soulagera ma tristesse.
Voy, Seigneur, le mal qui me presse,
Et le relegue loin de moy.

5 Loin, bien loin, plaisir deceuant,
Arriere, espoir conceu de vent,
Qui seruois d'attiser ma flamme:
Christ habite ores en mon ame,
Par son sainct Esprit l'instruisant.

6 Las! tandis que ie parle ainsi,
Mon cœur, rempli de vain souci,
Ne peut de peché se defendre,
Ie sen bien qu'il cerche à se rendre,
Et sans combat crie merci.

7 O Dieu, qui vois mon desconfort,
Que peché ne soit le plus fort.
Il me surmonte en ton absence:
Or vueilles donc par ta presence
Briser en moy tout son effort.

8 Alors de tes bontez sonneur,
I'iray publiant ton honneur.
Des ceste heure a toy ie me voue.
O Dieu, si ta grace m'auoue,
Touche au but de mon bon heur.

h

9 Face Satan ce qu'il pourra,
Ta faueur, qui m'assistera,
M'ayant preserué de ruine,
De ta vie & gloire diuine
Au ciel iouyssant me fera.

XIIII.
Sur le chant du Pseaume III.

EST-ce donc ceste fois
Que tu n'orras la voix
De cil qui te reclame?
Est-ce donc à ce coup
Que ma foy prendra coup,
Et que mourra mon ame?

    Faudra-il que mon cœur,
Autresfois le vainqueur
De soy, par soy perisse?
Cherrai-ie iusqu'au fond
De l'abysme profond,
O Dieu, de ta iustice?

2 Au lieu de respirer,
Faut il me desperer,
Laissant Dieu que i'adore?
Où sera le serment,
Dont vient allegement
A celui qui l'implore?

    Te caches tu de moy
Pour iamais, ô mon Roy?

Fais tu la sourde oreille?
Ton œil n'est obscurci,
Ton bras n'est racourci,
Il peut faire merueille.

3 O Dieu, ne vois-tu point
Le mal dont suis espoinct,
Qui brusle mes entrailles,
Qui mon sang hume & cuit,
Qui combat mon esprit
En cent mille batailles?

Souuien toy que ces maux
Ont rompu mon repos,
Vaincu ma patience,
Forcé mon tendre flanc,
Mis a feu & à sang
Ma pauure conscience.

4 Sauue moy du danger:
Ie ne suis estranger,
Ains de ta Republique.
Ie ne suis Philistin,
Baissant d'vn bras mutin
Contre ton nom la picque.

A toy ie suis acquis
Du pur sang de ton fils,
De la maison du Prince
Qui renuersa, vaillant,
Goliath assaillant
D'Israel la prouince.

5 Mais, à vray confesser,
Si tu veux balancer
Moy & mon demerite,
Ie confesse, Seigneur,
Qu'au pris de mon erreur
Ma peine est bien petite.
Helas, i'ai merité,
Pour vne iniquité,
Cent fois plus que n'endure.
Vn acte vicieux
Par sentence des cieux
Maint malheur nous procure.

6 Ie sçay que les pechez
Dont sommes entachez
Font que tu nous chasties,
Et que ce chastiment
Est l'aduertissement
Dont tu nous humilies.
Ta benediction
Fait que l'affliction
Rabat l'ame trop haute.
Ton bras apesanti
Sur vn cœur abruti
Lui descouure sa faute.

7 Dedans ton cabinet
Tes sergens font le guet,
Ont toutes sortes d'armes,
Ausquelles nul ne peut

Resister, s'il ne veut
Combatre auecques larmes.

 La mer & les torrens,
Les orages, les vens,
La fouldre, le tonnerre,
Les vers, les hanetons,
Sont les fermes bastons
Dont tu nous fais la guerre.

 8 Mille & mille douleurs,
Mille & mille langueurs,
Peste, guerre, famine
Sont aux iniquitez
Les bourreaux redoutez
De ton ire diuine.

 De ces fleaux tu bas,
En tes rudes combats
Ceux qui sur toy s'esleuent,
Qui de vices pollus
Honnissent, dissolus,
Le respect qu'ils te doyuent.

 9 Tant de princes hautains,
Tant de peuples mutins
Dressans au ciel les crestes
Par tes sergens surpris
Ont à leur honte apris
Que tes armes sont prestes.

 Ceux qu'Israel dompta,
Les Rois qu'il surmonta,

Les nations rebelles
L'infame Amorrheen,
L'Heuien, l'Etheen,
Et autres infideles:
   10 Celui qui du charroy   *Saul.*
Fut prins pour estre Roy,
En sa verde ieunesse:
Qui frustré de secours,
Infidele eut recours
A vne enchanteresse:
   Celui qui criminel   *Absa-*
A son sang paternel   *lon.*
Fit guerre coniuree,
Qui prins en son effort
Fuyant porta la mort
En sa tresse doree:
   11 Celui qui trop soudain   *Iero-*
Voulant auec la main   *boam.*
Attraper ton Prophete,   1. *Rois.*
Eut par ton iugement   13.
A l'heure chastiment,
En sa dextre retraite:
   Cil qu'Israel desfit   *Bena-*
Es monts, qui par despit   *dab.*
Te dit Dieu des montagnes,
Qui depuis combatu
Rompu fut & batu
Au milieu des campagnes.

12 Cil qui, les espargnant,   *Achab.*
Esmeut, te desdaignant,   1. *Rois*
Tes fureurs allumees.   20 &
Qui pour se desguiser   22.
Pensoit bien abuser
Le grand Dieu des armees:
 Ceux qui t'ont irrité,
D'vn courage indompté
Dressans vers toy les crestes:
Cil qui de toy receut   *Nebu-*
Le sceptre, & puis vescut   *cadne-*
Sept ans parmi les bestes: *Zar.*
13 Cil qui vid au festin   *Dan. 4.*
Sur la paroy la main   *Belsa-*
Predisant sa ruine,   *sar.*
Qui fut en mesme nuict   *Dan. 5.*
Au sepulchre conduit
Par ceste main diuine:
 Tous ont senti l'horreur
De ta iuste fureur
En leurs vaines emprises,
Et que contre ta main
N'y a point de demain,
Excuses, ni franchises.
 14 Car quand Dieu tire hors
De ses amples thresors
Les armes de son ire,
Et que d'vn œil ardant,

h 4

Sur les Rois se bandant,
Il pretend les destruire:
 Y a-il si hardi,
Qui s'ose prendre à lui?
Qui l'ose en camp attendre?
Qui, peur de le fascher,
Ne cerche à se cacher,
Plustost qu'à se defendre?

 15 S'il fait sauter les monts,
Si les gouffres profonds
A son regard tarissent,
Si tous les elemens,
Des cieux les mouuemens
Oyans sa voix fremissent:
 Ou est le ferme cœur
Qui ne fondra de peur
Au bruit de sa menace?
Qui se presentera,
Et qui subsistera,
Quand Dieu paroit en place?

 16 Sauuons nous sur les eaux,
Il rompra nos vaisseaux:
Assemblons quelque bande,
Il nous prend au milieu:
Barrons nous en fort lieu,
La vient sa fureur grande.

Nous voulons nous cacher?
Son œil nous vient cercher
En nos chambres secrettes.
Ses sergens ont le nez
Dans les lieux destournez
De nos fines cachettes.

17 Pour fuir vn destour,
Rien ne sert vn long tour
Et faire deux voyages
Car tousiours ses sergens,
Plus prompts & diligens,
Nous prenent aux passages.

Las! iay bien esprouué,
T'ayant en front trouué,
Que sans huis de derriere
On tombe entre leurs mains,
Que tous effors sont vains,
Fors vne humble priere.

18 Par les larmes il faut
Soustenir leur assaut.
Vne ame repentie,
Vn cœur humilié,
Rendent ton bras plié,
Et ton ire alentie.

Pour surmonter le Roy
Regnant deuant la Loy,
O Prince Israelite
Tu n'eus autre baston:

Ton pleur ton oraison
Vainquit l'Amalecite.

19 Par les puissans efforts
De ces glaiues tresforts
Iosue mit par terre
Le mur Iericoen,
Donta l'Amorrheen,
D'Israel forte guerre.

De ces glaiues tranchans,
Supplices des meschans,
Helie osta la teste
A cinq & cinq fois dix,
Et des foudres hardis
Leur esmut la tempeste.

20 Par ces armes, de nuict
Fut le grand camp destruit
Du fier roy d'Assyrie:
Son orgueil indompté
Tout a coup surmonté
Sentit lors ta furie.

D'vn cœur tresgenereux,
A l'aide de ces deux
Iudit les cœurs gouuerne,
D'vn tranchant coustelas
Hardie elle mit bas
La teste a Holoferne.

21 Ton peuple circoncis
Fut tout prest d'estre occis

Par la ligue superbe
Du tygre courtisan,
Voulant d'vn bras tyran
Les faucher comme l'herbe:
 Lors ces gens esperdus,
Les bras au ciel tendus,
S'armerent de priere,
Et la mouillant de pleurs
Demeurerent vainqueurs
De la ligue meurtriere.
 22 Ceux de Niniue aussi,
Pour trouuer ta merci,
Eurent recours aux larmes,
A la cendre & aux cris,
Et soudain tu remis
En leur estuy tes armes.
 Mais a tous il n'est pas
Permis en ces combats,
Que ta gauche nous liure,
De recourir aux pleurs,
Moyens certes tresseurs
Que tous ne peuuent suyure.
 23 Pharaon incité
Par mainte aduersité,
(Puissant Roy) n'a puissance
D'auoir le sentiment
De son durcissement:
Il ne plaint son offense.

Ce n'est à qui se deult,
A qui court, ou qui veut,
Que vray pleur tu accordes.
Ains à cil seulement
Qui gratuitement
Sent tes misericordes.
24 Inutiles à bien,
De nous, ne pouuons rien,
Ta grace est necessaire:
Car en nostre desir
Tu fais à ton plaisir
Le vouloir & le faire.
Or puis qu'estre ne puis
Sinon tel que ie suis,
Et puis que de moy mesmes
Ne puis vn pleur tirer,
Bon Dieu, fay moy pleurer,
Et monstre que tu m'aimes.
25 Cree en moy pleur nouueau
Poussant des sources d'eau
De vrais pleurs composee,
Si qu'arrousant l'ardeur
De ta iuste fureur,
Elle en soit appaisee.
O Dieu, fai que mes cris
De ce feu soyent espris
Qui saisit tes Prophetes,
Qui pour rendre appaisé

Ton courroux embrasé
Firent de pleurs receptes.
  26 Mesle vn peu les ardeurs
De Moyse en mes pleurs,
De Samuel, d'Helie,
D'Ezechie & Iudit.
Donne leur vn credit
Qui preserue ma vie.
  Forme en moy le vouloir
Parfaisant le pouuoir
Par ta faueur propice.
Ia tu fais que ie veux,
Mais, Seigneur, ie ne peux:
Fai doncques que ie puisse.
  27 Ie ne puis rien sans toy,
Ie ne puis, ô mon Roy
Verser ces sainctes larmes
Qui brident ton courroux,
Qui rabatent tes coups,
Et font teste à tes armes.
  Donne m'en, car tu fais
Que ie porte le faix
D'vn ennuyeux martyre:
Ton indignation
Double ma passion,
Et ma langueur empire.
  28 Que n'ay-ie donc ces pleurs
Qui serrent tes fureurs

Auec leur abondance?
Puisse-ie tant pleurer
Que mon pleur moderer
Puisse, ô Dieu, ta vengeance.

 Helas, ie n'en puis plus,
Ie suis comme perclus
Estendu sur la couche.
O mon sauueur, ie suis
Si matté que ne puis
Toucher des mains ma bouche.

29 I'ai des feux dans mes os
Me bruslans sans repos,
Et rongeans mes mouelles.
Las! de quelque costé
Que ie cerche santé,
Leurs flammes sont cruelles.

 En feu durant la nuict
Tout mon corps se reduit.
Puis quand la nuict fait place
Au iour tant attendu,
Mon mal pire est rendu
Par ta forte menace.

30 Ma peine auec le iour
Commence sans seiour.
Plus le Soleil s'esleue,
Plus mes feux sont ardans.
I'ai dehors & dedans
Guerre sans nulle treue.

Dans ces feux ennemis
Vn seul de mes amis
Secours ne me presente.
Et de là s'apperçoy
Qu'attendre autre que toy
C'est vne vaine attente.

31 Puis qu'il te plait ainsi,
Qu'à l'humaine merci
Ne sois, Dieu que s'adore:
Sois mon fort eternel,
Car ton bras supernel
Aide au cœur qui l'implore.

Seigneur, qui n'esconduis
Vn cœur pressé d'ennuis,
Quand deuot il t'appelle:
Enten mon oraison,
Et en ceste saison
Ta voix me soit fidele.

32 Comme le cerf chassé,
Et des chiens harassé
Va cerchant les fontaines:
Mon cœur tout languissant,
Lassé va pourchassant
Tes riues souueraines.

O Seigneur, vn peu d'eau
Qui m'arrouse la peau.
Que i'ay l'ame alteree!
Donne vn petit glaçon

Abruuant le frisson
De ma foy desperee.
 33 Tes eaux sont restaurans
A ces feux violants
Bruslans ma conscience,
A ce soulfre animé
Qui par moy rallumé
Sur moy sa fouldre eslance.
 Fay a ton patient
Vn lac viuifiant
Qui dedans moy s'espande.
Que ton arc compassé
Ayant l'eau amassé
Dessus moy se desbande.
 34 Le peuple tien marchant
Au desert, se faschant
D'estre sans eau, murmure:
Lors, pour ne lui faillir,
D'vn roc tu fis saillir
La belle eau toute pure:
 Pour resiouyr ma chair
Tire l'eau d'vn rocher
Au desert où me treuue
En la necessité
Ta liberalité
Enuers les tiens s'espreuue.
 35 Celui qui vigoureux
Eut sa force es cheueux,

Qui

Qui de la gent profane
Des cruels Philiſtins
Tua mille mutins
D'vne maſchoire d'aſne,
 Ayant à terre mis
Tel nombre d'ennemis
Ioyeux de ſa victoire,
L'eſtomach halettant,
Ça & la va iettant
Les yeux cerchans à boire.

36 Pour noyer ſes trauaux
Il deſire des eaux.
D'vne dent macheliere
Tu tires quand & quand
Bruuage a l'inuoquant,
Vray fruict de ſa priere.
 Ayant auſſi battu,
Par ta grande vertu,
Les efforts de ma fieure,
Les ayant repouſſez
Et mille fois froiſſez
Sur le bord de ma leure:

37 O Seigneur, leue toy,
Du baſton de ma foy
Fay ſourdre vne fontaine
Qui ſeche mes ardeurs,
Et qui par ſes froideurs
Donne trefue à ma peine.

Secour moy par la main
De l'Ange souuerain,
Lequel emmi la braise
De glaçante froideur
Attemperoit l'ardeur
De l'hideuse fournaise.

38   Du lion rugissant
Sauue moy, Tout puissant,
Et de ceste amertume
Qui nourrit mes douleurs
Tires-en des douceurs,
En fuyant ta coustume.

De pleurs tu fais le ris,
De haine les amis,
De disette affluence,
D'vn peruers vn Chrestien,
Du mal tirant le bien,
Du despit l'esperance.

39   Permets que puisse auoir
Mon tour en ce lauoir
Ou l'Ange trouble l'onde,
Si que l'humidité
Par sa frigidité
Mes grand's flammes morfonde.

O Dieu, que de combats,
Ces eaux ne pourront pas
Noyer ma soif extreme,
I'ai cerché le hazard,

Et dessus vne part
Est cheut ton courroux mesme.

40 Mes fontaines & puits
Sont de fiel tout remplis,
L eau de toute riuiere
Dans mes marests coulant,
Par ton ire à l'instant
Est deuenue amere.

Les secours terriens,
Les terrestres moyens
Sont cisternes taries,
Sources qui n'ont point d'eau,
Des vents en vn tonneau,
Et des plantes flestries.

41 Ces eaux me seruent peu.
Contre mon ardent feu,
Il faut de l'eau plus forte,
De plus grande action,
A l'alteration
Me cuisant en la sorte.

Pour auoir ce qu'il faut
Je regarde plus haut,
D'où tout bon heur m'arriue.
A Christ i'ay mon recours
De qui i'attens secours.
C'est ma source d'eau viue.

42 Si d'vn œil plus qu'humain,
De diuine main,

Si d'infinie grace
Tu ne me viens guerir,
Las, ie m'en vai mourir!
O Dieu, monstre ta face.
 Seigneur, ie n'en puis plus,
Mes membres sont perclus
Tant ceste ardeur m'affolle.
Grace, grace, Seigneur.
Ie sens que la douleur
Coupe ici ma parole.

X V.

Sur le chant du Pseaume IIII.

QVe la faueur fut magnifique,
O Dieu, qu'à mon ame tu fis,
Lors que de la main tyrannique
Tu l'arrachas, & que l'inique,
Pour me sauuer, tu desconfis.

 Tu t'escrias, sus! qu'on relasche
Ce prisonnier, car il est mien.
Lors combien que Satan se fasche,
Tout soudain ta voix me détasche,
Brise & iette au loin mon lien.

 2 Tu me tiras en ta presence,
Tu me lauas, tu me vestis
De l'immaculee innocence
Et tresparfaite obeissance

De Iesus ton bien-aime fils.

 Que ceste rencontre premiere
De toy, mon Dieu, m'apporta d'heur!
Depuis en diuerse maniere
Ta dextre t'ay veu coustumiere
D'esleuer ton serf en honneur.

 3 Le temps passé ie souloy' viure
Es mondains & mortels biens.
Mais maintenant ie te veux suyure,
Puis que me mettant a deliure
Tu m'enrichis de tant de biens.

 Volontaire est la seruitude
Qui me fait ranger dessous toy.
Or dompte ceste ingratitude
Ennemie de mon estude,
Et qui veut abolir ma foy.

 4 Emmi mon desespoir i'espere,
En pleurant ie ris, & mon mal
Me fait iouir d'estat prospere,
Et de mon extreme misere
I'eschappe le dur fortunal.

 Ma chair, la maudite sorciere,
Veut dedans ses eaux m'enfanger,
Et d'vne caresse premiere,
Haut, & bas, deuant & derriere,
Vient au pres de moy se loger.

 5 O Dieu, si tant heureux i'estoye,
Que peusse bien ta face voir!

Ceste infame, qui me costoye,
Ne pourroit oncques, pour sa proye,
Non pas vn poil de moy r'auoir.
 Si n'est pas encores changee
Ton acoustumee bonté,
Et mon ame n'est estrangee
De ta faueur, ains est rangee
Sous les pieds de ta volonté.

 6 Gardes moy donques en franchise
Au couuert de tes fortes mains.
Si ma pauure ame y est comprise,
Lors ie despite l'entreprise
De mes ennemis inhumains.
 Quoy que ie dise & que ie face,
Tout le discours de ma raison
Ne sera sinon de ta grace:
Baisse doncques sur moy ta face,
Et me conserue en ta maison.

XVI.

Sur le chant du Pseaume LXVI.

TV m'as, Seigneur, des ma ieunesse,
 Descouuert ton nom precieux,
De ta parole la richesse,
La graue douceur de tes yeux.
 Or mon cœur ta grace n'admire,
Ni n'est a ton vueil arresté.

Mais ne me chastie en ton ire,
Puis que j'inuoque ta bonté.

2 Ie condamne mon ignorance,
Et mon penser audacieux,
Qui foulant aux pieds l'abondance,
Helas, me destourne des cieux.
Ne dois-ie pas ma chair maudire,
Qui me rauit ma liberté ?
O Seigneur, acoise ton ire,
Puis que j'inuoque ta bonté.

3 Ton Sainct esprit, qui me commande,
Est l'arrhe de ton amitié.
Craindrai-ie Satan & sa bande,
Et du monde l'inimitié?
La douleur qui mon chef deschire,
Chastie ma desloyauté.
Mais destourne de moy ton ire,
Puis que j'inuoque ta bonté.

4 O Dieu, je li dessus ta face
Des graces en perfections:
Ta douceur en peu d'heure efface
Des tiens toutes les passions.
Mon cœur outré gemit, souspire,
De pechez, de maux tourmenté.
Las! ne me chastie en ton ire,
Puis que j'inuoque ta bonté.

5 Chetif, ou auois-ie la veue,
La voix, l'ouir, le sentiment,

Que ce mal qui ores me tue
Ie n'ay peu preuoir seulement,
   Afin de preuenir ton ire
Sous qui ie demeure donté?
Mais tu donteras mon martyre,
Puis que i'inuoque ta bonté.

6 Si lon guerit par son contraire,
Au lieu d'estre sourd a ta voix
Ie veux d'orenauant me taire,
Et subir le ioug de tes loix.
   De moy vers toy ie me retire,
Et t'ayant ma douleur conté,
I'atten soulas à mon martyre,
Puis que i'inuoque ta bonté.

XVII.
Sur le chant du Pseaume CXLVII.

VEvx-tu, pecheur, voir la peinture
  Et la malheureuse nature
Du vice, & cela qu'il desire
Li ces vers, ie vai le descrire.
   C'est vn plaisir plein de tristesse,
Vn tourment enduit de liesse,
Vn espoir qui se desespere,
Vn heur tout comble de misere.

2 Vn maistre de vie perdue,
Comme poudre aux vents espandue,

Vn docteur de science infame,
Vn autheur de honte & de blasme,
Vn feint ris, vne douleur vraye,
Vn somme ayant au cœur la playe,
Vn fol valet qui fait du maistre,
Vn mourir pour à mort renaistre.

3 Peche ferme aux amis la porte,
A ses pieds pieté gist morte,
Saincteté lui est ennemie,
Iniustice est sa grande amie.
Du monde il cerche la caresse,
La chair est sa dame & maistresse,
De trauers le ciel il regarde,
Et fuit de Dieu la sauuegarde.

4 C'est vn brasier couuert de glace,
C'est vn ieu rempli de fallace,
C'est vne bataille sans trefue,
Vn repos qui trouble & qui greue.
C'est vne tenebreuse ioye
Dans qui le cœur plongé larmoye,
C'est vn mal qui fait qu'on desire
Languir en ce plaisant martyre.

5 C'est vne paix qui n'a duree,
C'est guerre au combat asseuree,
Ou honte & mort suyuent la gloire
Du pecheur chantant sa victoire.
C'est vne fureur qui plus prise
L'orde prison que la franchise,

C'est vn penser qui ne repose,
Qu'aupres d'vne damnable chose.
  6 C'est vne impure fantaisie,
Vne fieure auec frenaisie,
Brief plus grand mal ne sçauroit estre
Qu'auoir le peché pour son maistre.
  O Dieu, puis que ie te reclame,
De peché preserue mon ame,
Ton esprit me donne courage
De tendre à ton sainct heritage.

XVIII.

Sur le chant du Pseaume LXV.

Blessé de ma chair inhumaine,
    Priué d'humain secours
Ie m'auance à ma mort prochaine
    Plein d'ennuis & de iours.
Peché qui me brusle en sa glace
    Ennemi de mon bien,
Void la mort qui ia me menace,
    Et feint de n'en voir rien.
  2 Cmme vn roc à l'onde marine,
    La mort, dure à mes pleurs,
Clost, de peur de m'estre benine,
    L'oreille à mes douleurs.
Mal à moymesme ie procure,
    Et faignant cercher l'heur,

LIVRE II.

Ie souille mes pieds en l'ordure
  D'iniustice & d'erreur.
3 Ma chair ne cerche que ma vie,
  De douleurs la payant.
Or quoy qu'elle soit ennemie,
  Ie la sers la hayant.
Las, que ne puis-ie me distraire
  De ce terrible ioug !
Sentirai-ie, ô chair aduersaire,
  Tousiours ton rude coup?
4 Ainsi qu'au clair d'vne chandelle,
  La mouche voletant
Perd auec le bout de son aile
  La vie en s'esbattant:
Ainsi le monde qui m'affolle
  Et me charme les yeux,
Fait helas, qu'aueugle ie volle
  Dans vn feu vicieux.
5 O Seigneur, si tu veux esteindre
  Les flammes de ma chair,
Ie veux te conoistre, te craindre,
  Et des cieux m'approcher.
Ie veux magnifier ta gloire
  Et dire tes bontez,
Qui ont en ce bas territoire
  Tous mes haineux domptez.

XIX.
Sur le chant du Pseaume LXXIIII.

Lors qu'au matin le grãd flambeau des cieux
Pere du iour, commence sa carriere,
Lors que la nuict s'enuole, & la lumiere
Mille tresors ouure deuant nos yeux:

2 Ie voy mon Christ tous mes sens esclairant,
Ie sen son feu viuifier mon ame:
Ie voy peché, dont la nuict me diffame,
Au creux enfer viste se retirant.

3 Quand le Soleil commence à s'auancer
Sur le midi, la chaleur se renforce:
Plus ie subsiste & plus ie sens ta force,
O mon sauueur, mon malheur repousser.

4 Les feux, espris par ta grace en mon cœur,
Aux premiers iours ont vne flamme lente,
Mais a la fin leur force est si puissante
Qu'elle desfait mon ennemi vaincueur.

5 L'obscure nuict à son tour commandant
Par sa fraischeur esteint l'ardeur cuisante,
Couure de noir toute chose plaisante,
Et le sommeil va sur nous respandant:

6 Ainsi la mort la fureur esteindra
Du monde vain & de ma chair cruelle,
Qui seront clos d'vne nuict eternelle,
Et le peché plus à moy ne viendra.

7 D'eternité le Soleil gracieux
Aparoissant, m'ostera de la poudre,
Lors tout meschef ie verray se dissouldre,
Et iouiray de tout heur sur les cieux.

8 Quand paroistra ceste saincte splendeur?
Quand me verrai-ie en ton regne de gloire?
Quand en ta coupe, ô Christ, irai-ie boire?
Quand, sans peché lou'rai-ie ta grandeur?

9 Puis que ce iour est en ta sage main
De moy des tiens, tant que voudras, la vie,
A ton vouloir demeure assuiettie,
Pour cinq cens ans, pour vn, ou pour demain.

10 Tandis la foy nos ames soustiendra,
L'espoir, l'amour de ta grace diuine,
Prendra vigueur dedans nostre poitrine,
Et sous le ioug de ta loy nous tiendra.

11 Soit que mourions, soit que soyons viuans,
Conserue nous sous l'ombre de ta grace,
Esclaire nous des rayons de ta face,
Et nous retien pour tes humbles seruans.

XX.   *Sur le chant du Pseaume.* LXI.

QVI chantera tes merueilles
Nompareilles
O Prince de l'vniuers?
  Qui dira ta sapience,
Ta puissance,
Et tes iugemens diuers?

2 Quelle chanson, quelle lyre
Pourront dire
Suffisamment ta grandeur?
 Qui peut de tes faits comprendre
Et entendre
L'admirable profondeur?
 3 Par ton essence, presence,
Et puissance,
Tu viens à remplir tous lieux.
 Par ta grandeur infinie
Toute vnie
Tu comprens terres & cieux.
 4 Les cieux ton Esprit pourmeine,
Et sans peine
Soustient les quatre elemens.
 Ton effect suit tes paroles
Iusqu'aux poles,
Au son de tes mandemens.
 5 Si les bienheureux deuisent,
Ils ne disent
Ceci, cela se fera;
 Il fut, sera telle chose.
Tout repose
Chez toy, qui fut & sera.
 6 Du passé ie n'ay memoire:
Puis-ie croire
Ce qui me doit auenir?
 Mais toy, Dieu, qui le regardes

LIVRE II.

Et le gardes,
Tien-le dans ton souuenir.
   7 En toy l'essence infinie
Est vnie
Et en partie & en tout.
   Tu n'as, Maiesté diuine,
Origine,
Ni aucun milieu ni bout.
   8 Tu fais tout par tout estendre,
Et comprendre
On ne te peut nullement.
   A tout tu assignes place,
Et ta face
N'est suiette à changement.
   9 Tu es incomprehensible,
Inuincible,
Partie tu n'as en toy
   Qui dedans toy ne responde,
Roy du monde
De toymesmes es la loy.
   10 Tu es en toy tout extreme,
Et toymesme
Te soustiens sans autre apuy.
   Tu n'as aucune mesure.
Ta nature
N'est comparable à nullui.
   11 Qui dira donc tes merueilles
Nompareilles,

O Prince de l'vniuers?
　Qui chantera ta prudence,
Ta puiſſance,
Et tes iugemens diuers?
　12 Ie ſacre mon luth d'yuoire
A ta gloire:
Et,tel qu'il eſt,deſormais,
　Sans ceſſe il faut qu'il te loue.
Ie le voue
A ton honneur à iamais.

XXI.

Sur le chant du Pſeaume CXXIX.

TOy,que ſatan,le monde,& tant de maux
　Vont menaçant de honte & de ruine,
Aſpire à Dieu,ſupporte les trauaux,
Penſe à la mort qui tes maux extermine.
　2 Si tu es or,ne crain qu'endommager
Te puiſſe en rien l'ardeur de ſept fournaiſes,
La flamme aura vertu de te purger,
Afin que plus à ton maiſtre tu plaiſes.
　3 Si tu es arche,au pris que s'augmenter
Tu vois les eaux,& des maux l'abondance,
Autant il faut que vienes à monter
En bien,briſant du vice la puiſſance.
　4 Sois ſimple & doux,quand pour te repoſer
Nul lieu n'aurois,durant le grand deluge.

Tu as

Tu as vne arche, ou il te faut poser,
De Christ l'Eglise, aux simples le refuge.

5 Auec Sara si moites sont tes yeux,
Pour les propos de la rogue seruante,
Le pere haut, habitant sur les cieux,
Consolera ton ame languissante.

6 Es-tu Ioseph? ne crain point la prison,
Ains t'esiouis, & de cœur te surhausse,
Car Iesus Christ en ta triste saison
T'accompagner verras dedans la fosse.

7 Dire pourras en ton plus grand esmoy
Ce qu'il disoit a sa troupe craintiue:
Seul ie ne suis, Dieu est auecques moy,
Craindre ne faut que mal aucun m'arriue.

8 Le mal qui vient nostre corps affliger
Cause grand fruict: car dedans il resserre
L'esprit trop gay, trop volage & leger,
Et les pensers trop espars sur la terre.

9 Non autrement que la grande froideur
D'vn aspre hiuer fait que soit ramassee
En l'estomach nostre ardante chaleur,
Qui parauant estoit trop dispersee.

10 Si que l'esprit estant à soy rendu,
Et retiré des pensers de ce monde,
Par saincts desirs puis apres estendu
Se ioint à Christ, en qui tout heur abonde.

11 Vn fleuue y a, qui coule sous la mer
Et d'vn long cours en son lict se va rendre,

Sans que pourtant il sente rien d'amer.
C'est vn secret qu'on ne sçauroit comprendre.

12 L'amour diuin au cœur humain ardant
Fait au trauers de la misere amere
Passer les bons, qui en eux vont gardant
Parmi les flots leur douceur coustumiere.

13 Quand le temps vient que l'enfant grandelet
Nourrir il faut plus fort que de coustume,
La mere alors pour lui oster le laict
A sa mammelle attache l'amertume.

14 Ainsi pour l'homme augmēter en vigueur,
Dieu maint trauail lui donne & peine dure,
Lui eschangeant en gros pain de douleur
Le laict du monde ou plaisir qui peu dure.

15 Et tout ainsi qu'en vn quadran marin,
Si l'aiguille est d'aimant au bout frotee,
Quoy qu'elle bransle aux flots, tousiours en fin
Droit sur le Nord on la void arrestee :

16 Non autrement le Chrestien genereux,
En tout assaut & fascheuse trauerse,
Tend au Seigneur tousiours, & droit aux cieux,
Sans qu'autre part il s'encline ou renuerse.

17 Si ton plaisir il conuient mettre à mort,
Et qu'immoler Isaac Dieu commande,
Ne tarde point, obeis de cœur fort,
Quoy que ta chair d'obeir te defende.

18 Pren bon courage, & me chasse bien loin
De ton esprit toute doute couarde,

Point ne mourra ton Isac, n'en ais soin,
Ains le mouton, qui ton salut retarde.

19 Isac sera lié dessus le bois
Comme estant prest d'en faire vn sacrifice:
Mais c'est afin que saches qu'en la croix
De Christ ficher faut ta gloire & iustice.

20 Lois au plus fort de dure aduersité,
Mourant la chair à l'esprit trop rebelle,
L'esprit vainqueur aura d'autre costé
Contentement qui tout plaisir excelle.

21 Si de richesse & grand' prosperité
Tombé te vois soudain en indigence,
Monstrer tu peux en ceste pauureté
Ta preudhommie aussi bien qu'en cheuance.

22 Vn sage ouurier, quand l'or lui vient man-
L'argent, l'iuoire, ou telle autre matiere, (quer,
Son art peut bien sur l'airain pratiquer,
Ou sur le fer & matiere grossiere.

23 Cóme lon peut autant, & beaucoup mieux,
Ouurer en bois auec vne coignee
De fer aigu, que si d'or precieux
Ou d'argent fin elle estoit façonnee:

24 Ainsi peut-on, autant commodement
Voire trop mieux, tendre à vie eternelle,
En pauureté viuant estroitement.
Qu'auec les biens que le monde amoncelle.

25 Si de douleurs ton corps est abatu,
Tant que tirer n'en puisses nul seruice,

K 2

Fai que soulas t'apporte ta vertu,
Et qu'a part soy ton esprit s'esiouïsse.

26 Fai comme cil qui dessus l'instrument,
Qu'il tient en main, quelque chanson accorde,
Vient à chanter de voix tant seulement,
S'il a rompu d'auanture vne corde.

27 Qui de vertu le tiltre veut auoir,
Ne doit iamais ressembler à la cire,
Qu'on void en soy le pourtrait receuoir,
De son cachet, qu'en soy elle retire:

28 Ains à l'aneau garni de diamant,
Qui demeurant tousiours entier & ferme,
Sçait conformer a soy tout d'vn moment
Ce que sous lui pour grauer on enferme.

27 Quand l'Eternel nous void estre restifs
A tendre au bien, dont les siens il guerdonne,
Lors pour nous rendre a cheminer hastifs
De diuers maux il nous picque & talonne.

30 Pour nous presser d'entrer au grand festin,
Ou l'on iouyt d'eternelle liesse,
Apres auoir crié soir & matin
Il vient vser de tresiuste rudesse.

31 A l'vn il rompt vn bras, à l'autre vn pié,
L'vn il rend sourd, l'autre il priue de veue,
Cestui gouteux, cest autre estropié,
Ou rend de biens sa maison despourueue.

32 Tout enuiron des sentiers vicieux,
Ou de marcher nous faisons ordinaire,

LIVRE II. 149

Ronces il met & bastons espineux,
Pour nostre cœur dextrement en distraire.
33 Il veut alors nos pensees forcer
Par vne heureuse & saincte violence,
A desloger dehors de nostre chair,
Et à cercher l'heureuse demeurance.

XXII.
Sur le chant du Pseaume CXV.

O COMBIEN est douce l'affliction
Des habitans de la saincte Syon !
    L'agreable amertume,
Pour verité de se voir en tourment !
Heureux celui, qui souffrir constamment
    Pour elle s'acoustume !
2 Car quand le corps, soustenu par la foy,
Se sent, ô Dieu, mettre en pieces pour toy,
    Nous ressentons en l'ame
D'vn bras puissant le secret reconfort,
Qui desrobant nos trauaux à la mort
    A souffrir nous enflamme.
3 Nous ressentons vne secrette main
Qui adoucit par moyen non humain
    Le mal qui nous tourmente,
Et qui nous vient d'vn muet reconfort
Fermer le cœur pour combatre la mort
    Qui rude se presente.

K 3

Le corps pour toy ſerré de cent liens
Rencontre au mal mille ſorte de biens:
    Le mal meſme ſe tourne,
Et prenant lors vne autre qualité
Se change en bien, veſt vne fermeté
    Qui du mal nous deſtourne.

5 Ce mal en bien eſt ſi toſt conſommé,
Que ie l'ay mal(l'appellant mal)nommé,
    Eſtant bien ſi extreme,
Que lon ne doit de rien tant faire cas
Que de pouuoir par tel mal au treſpas
    Acheminer ſoymeſme.

6 Auſſi ta main ne donne pas à tous
D'eſtre outragé d'vn mal qui ſoit ſi doux,
    Chaſcun n'en eſt capable.
Vouloir le bien tout le monde le peut:
Vouloir ce mal celui la ſeul le veut
    Qui de mal n'eſt coulpable.

7 Auoir l'honneur de ſouffrir pour ton nom,
Grand Dieu viuant, il n'apartient ſinon
    Qu'à ceux qui t'apartienent,
Qui plus ton Chriſt que le monde eſtimans,
De patience arment leurs ſentimens
    Es trauaux qu'ils ſouſtienent.

8 Pour toy le mal leur eſt ſouuerain bien,
Pour toy la mort leur ſemble moins que rien,
    L'affliction ſoufferte
Pour ton nom ſainct eſt leur proſperité:

Car ce que Christ pour nous a merité
    Change en gain nostre perte.
 9 Ceux qui ne sont de ton amour touchez,
Ceux qui ne sont en ton estat couchez,
    Les enfans de ce monde,
Estans priuez d'vn sentiment si doux,
Fuyent ce mal, ne voyans au dessous
    Le bien qui en redonde.
10 Ils voyét bien les tourmés qu'on nous fait,
Ne pouuans voir de leur œil imparfait
    Nos onctions secrettes,
Et nos ennuis sucrez & sauoureux,
Nous esleuans au seiour bienheureux
    Des ioyes tout-parfaites.
11 Ces onctions sont ces douces liqueurs,
Qui distillans des salutaires fleurs
    De ta saincte montagne   *Daniel*
Dedans la flamme arrousoyent les enfans, 3.
Qui de la mort furent lors triomphans
    Par ta grace compagne.
12 Telles douceurs tu tires de l'amer,
Dont en la mort tu viens nous ranimer
    Au beau milieu des flammes:
Quand nostre foy tous les deux surmontant,
Les desespoirs de la mort va domptant,
    Et guide au ciel nos ames.
13 C'est donc vn bien, qu'on ne peut estimer,
Que de souffrir du tourment pour t'aimer:

    Noſtre heur, noſtre victoire,
Eſt de porter apres toy noſtre croix:
Souffrir pour toy nous fait deuenir Rois,
    Couronnez de ta gloire.
  14 Mais quād, helas ! toymeſme en tō courroux
Eſtens ta main, & lors que deſſus nous
    Elle eſt apeſantie
Pour la grandeur de noſtre iniquité,
Quand tu nous es (iuſtement irrité)
    Comme aduerſe partie:
  15 Helas ! c'eſt bien le comble de malheur,
Helas ! c'eſt bien vne extreme douleur.
    O que c'eſt choſe horrible
Que de tomber, en iuſtice arriuant,
Entre les mains de toy, grand Dieu viuant,
    Iuge iuſte & terrible !
  16 O quels bourreaux, quels aſpres aiguillons,
Percent nos cœurs ! que de remords felons !
    O que d'impatiences !
Combien d'enfers ſentons nous au dedans
Qui par l'effroy de tes courroux ardans
    Troublent nos conſciences !
  17 Or donc, Seigneur, afin qu'à l'auenir
Tes iugemens nous puiſſions preuenir,
    Fay nous peſer l'exemple
De la cité qui ſur toutes eſtoit
Le lieu plaiſant ou ta grace habitoit,
    Ou fut baſti ton temple.

18 Ierusalem estoit ton cher souci,
O Dieu, c'estoit ton heritage aussi:
　　　Mais si tost qu'adultere
Elle eut vers toy commis desloyauté,
De florissante & supreme en beauté
　　　Tu la fis solitaire:
19　Au lieu, Seigneur, que par affection
Tu l'auois prinse en ta protection,
　　　Et fait ton heritage,
Ou tu auois tant de biens departis,
Elle deuint la proye des Gentils,
　　　Qui en firent partage.
20　Que le peché nous doit estre en horreur!
Puis qu'il nous fait encourir ta fureur,
　　　Qui tes foudres eslance.
Le peché seul allumant ton courroux
Te met en main les armes contre nous,
　　　Punis à toute outrance.
21　Garde nous donc, Seigneur, par ta vertu,
Brise du monde, en nos cœurs abatu,
　　　Les trames inconues.
Conuerti nous en nos affections,
Si que te rendre à la fin nous puissions
　　　Nos ames impollues.
22　Ne permets point, ô Dieu, que nos esprits
Soyent orgueilleux, pour les dons de grand pris
　　　Que ta main liberale
Nous a voulu de grace departir.

Nostre vouloir, quand il faudra partir,
 A ton vouloir s'esgale.
23 Car trop plus grand sera le chastiment
De ceux qui ont de ton nom sentiment
  De ton Christ conoissance,
Qui ont apris & sçauent ton vouloir,
Et le sachant n'en font point leur deuoir,
 Que des fils d'ignorance.

XXIII.

Sur le chant du Cantique de Simeon,
Or laisse Createur, &c.

PLvs ie vay en auant,
Plus le grand Dieu viuant
Son œil me fait paroistre:
Et plus i'ay mon recours
A son ferme secours,
Plus ie sen ma foy croistre.
 2 Auant qu'auoir cest heur
De lui vouer mon cœur,
I'estois tousiours en peine.
Tousiours vn mal nouueau
Me brouilloit le cerueau
D'esperance incertaine.
 3 Lors qu'vne affliction
Poussoit ma passion,
La brusque impatience
Troubloit à tout propos

Mes sens & mon repos
Par ma propre inconstance.

4 Las! j'estois tourmenté,
Comme vn esquif porté
Sur vn ondeux orage,
Ou sans cesse branslant
Il court au gré du vent
Loin de l'aimé riuage.

5 Le vain desir, l'honneur,
Ambition, faueur,
Me courtisoit sans cesse:
Si l'vne me laissoit
L'autre tost me poussoit,
M'accusant de paresse.

6 Ie n'estois point content,
Ains tel qu'vn qui pretend
Tousiours à neufue chose:
Si tost qu'vne a pris fin
L'autre venant soudain
Nouueau trauail propose:

7 Le moindre vueil des miens
Estoit de tendre aux biens
Que paradis enserre.
Ie mettois en oubli
Mon Sauueur, plus en lui
Ne pensant, mais en terre.

8 Mon espoir i'auoy mis
Par trop en mes amis

Plus m'estoit le visage
D'vn prince, ou d'vn seigneur,
Que de Dieu la faueur,
Ou du ciel l'heritage.

9 Et bien que m'eust le temps
Aprins à mes despens,
De penser le contraire
Las! i'estois tellement
Perclus d'entendement
Que n'en pouuois rien croire.

10 Si quelque mien dessein
N'auoit heureuse fin
I'estois en dueil extreme:
I'en accusois mon sort,
Ou s'en donnois le tort
Au temps & à moy mesme:

11 Tenant pour asseuré
Qu'vn qui m'auoit iuré
D'auancer mon afaire,
Ne romproit point sa foy,
Ni ne voudroit sur moy
Machiner le contraire.

12 Tandis ie m'apperceu
Combien i'estois deceu
Par sa pipeuse ruse,
Et qu'vn fin courtisan
De semblans artisan
Les plus accorts abuse.

13 I'eus ce nouueau tourment
Dedans l'entendement,
De voir vn personnage
Me tromper pour le gain,
N'auoir que fraude en main,
Et vertu qu'au visage.

14 De tout cela le pis
Estoit que mes amis
Pris de ceste erreur vaine,
Tout autant qu'ils estoyent,
Comme moy s'arrestoyent,
A la faueur mondaine.

15 Leur ioye, leur bon heur
Estoit l'œil d'vn seigneur,
Ie ne sçai quelle rage
D'vn desir de grandeurs,
De victoires, d'honneurs,
Enflammoit leurs courages.

16 Par ainsi leur parler
Ne pouuoit me saouler,
Et ne pouuois entendre
Leur consolation:
De mesme infection
Leur cœur se laissoit prendre.

17 Ie sentois toutesfois
Des aiguillons par fois
Pressans ma conscience,
Qui me monstrans l'horreur

De l'ire du Seigneur
Crioyent repentance.

18 Mais quoy? c'estoit en vain:
Car i'estois si mondain
Que ma fauce nature
Ces remords desdaignoit,
Et mon cœur esteignoit
Toute saincte poincture.

19 Ton immense bonté
Ma malice a dompté,
Ton sainct Esprit m'enseigne,
En mon cœur engrauant
Tes loix, ô Dieu viuant,
Afin que ie te craigne.

20 Sois donc, ô Dieu des Dieux,
Misericordieux
A celui qui t'inuoque:
Ne permets que ma chair
Poursuiue à me fascher
Et de ton nom se mocque,

21 Fai que dessous la croix,
Affermi par ta voix,
Ie surmonte le monde,
Et deliure de moy
I'obtiene aupres de toy
Vne vie seconde.

XXIIII.
Sur le chant du Pseaume CIII.

O SEIGNEVR Dieu, ceste terrestre vie,
Pleine de maux & de langueurs m'ennuye,
Il m'est bien grief viure si longuement.
   Que dis-ie vie? Ah ! elle est incertaine,
Laborieuse, immonde, vile, & vaine,
Et en tous maux croissant abondamment.

2 Des orgueilleux elle est la Roine & dame,
Pleine d'erreurs, de misere, & diffame.
L'appeller vie on ne peut proprement,
   Ains plustost mort, pourautāt qu'a toute heure
Diuersement il conuient que l'on meure,
Et que la mort nous suit incessamment.

3 Peut donc la vie estre vie appellee,
En qui la mort sans cesse est recellee?
C'est vne mort : car si nous regardons
   D'vn œil ouuert quelles sont ses miseres,
Nous les verrons d'infinies manieres.
Et les voyant nous les detesterons.

4 Nous la verrons par les humeurs enflee,
Par les douleurs extremement troublee,
Par les ardeurs en pouldre dessecher,
   Par le manger estre subiecte à graisse.
Par le iusner l'embonpoinct la delaisse.
Elle est malade au moindre mauuais air.

5 Par les plaisirs on la rend dissolue,
Par les langueurs elle se diminue,
Le soin l'estraint, la seureté lui nuist,
　Par la richesse elle est faite orgueilleuse,
La pauureté la rend vile & honteuse,
La maladie en danger la reduit.

6 Par la ieunesse elle est haut esleuee
Par la vieillesse elle deuient courbee,
Par les ennuis l'esprit est tourmenté.
　En fin la mort a tous ces maux succede,
Et de sa fin vn auis nous procede,
Que n'estans plus, onc nous n'ayons esté.

7 Et toutesfois ceste mortelle vie,
De tant de maux & de langueurs suiuie
Deçoit les fols par ses allechemens.
　Elle ensorcelle (ô malheur pitoyable)
Des reprouuez la bande abominable,
Et meine a mort tout vn monde de gens.

8 Quoy qu'elle soit deceuante & maline,
Vn miel fielleux, vne douceur d'alluyne,
Et que son mal ne se puisse celer
　A ses amans qui ont l'ame aueuglee,
Ne conoissans sa façon desreiglee,
Elle ne laisse a les ensorceler.

9 De la poison qu'en sa coupe elle porte
Elle empoisonne vne grande cohorte
D'hommes mondains, lesquels non seulement
　Sont abruuez de sa liqueur mortelle,

Ains les enyure, & trouble leur ceruelle,
En leur faisant perdre l'entendement.

10 Bienheureux ceux qui ne s'acostent d'elle,
Et qui ne sont de sa triste sequelle,
Qui prudemment mesprisent ses faueurs,
De peur qu'vn iour ceste grande trompeuse,
Ne leur apporte vne fin douloureuse
Les abysmant au fond de tous malheurs.

11 Mais ceste vie, ô Dieu, qu'as preparee
A ceux qui ont ta grandeur reueree,
Et qui de cœur vont ton Nom cherissant,
Est vne vie aimable & bienheuree,
Viuifiante, excellente, asseuree,
Et qui ne craint le rauage des ans.

12 C'est vne vie à la mort inconue,
Et que iamais son œil affreux n'a veue,
Elle ne sçait que c'est de la douleur.
C'est vne vie exempte de macule,
Corruption en son endroit est nulle,
Le changement ne lui peut faire peur.

13 De dignité elle est toute remplie,
Elle apparoit en tout heur acomplie,
Sans mal, sans dueil, & sans perplexité.
Aucun haineux contre elle ne se bande,
Allechement de peché n'y commande,
Ce n'est qu'exquise & parfaite beauté.

14 Le pur amour tousiours reluit en elle,
Tousiours y est la lumiere eternelle,

l

Ta crainte n'a sur elle aucun pouuoir,
Vn mesme esprit les siens en elle enlace,
On y contemple & void Dieu face à face,
Heur le plus grand que l'ame peut auoir.

15 L'ame s'y paist de celeste viande,
Et autre mets ne veut ni ne demande,
Car le repas en est tressauoureux.
   Rien ne s'y void qui ne soit agreable,
Rien ne s'y oit qui ne soit delectable,
Rien n'y a lieu qui ne soit tresheureux.

16 C'est vers toy vie, ô vie esmerueillable,
Vie qui es de course perdurable,
Ou ie veux tendre, esperer, aspirer.
   Mon esprit est infiniment auide
De paruenir à ta gloire solide.
Nul autre bien ie ne veux desirer.

17 Et dautant plus qu'en moy ie considere
De tes beautez la nombreuse lumiere,
Plus ie languis de ta saincte amitié.
   Ie suis ioyeux du desir qui me tente
De paruenir à ta gloire excellente,
Ou me semond ta diuine pitié.

18 C'est mon souhait, ô vie immaculee,
De t'adresser les traits de ma pensee,
Et te vouer la miene affection.
   A toy ie veux conformer mon courage,
Ma volonté te demourra pour gage
Que deuers toy gist ma dilection.

19 Ce m'est, ô vie, vne tresgrande ioye
Que de tes biens quelque peu parler i'oye,
Voila les dits que i'entens escouter.
Ie veux ton los & ta louange dire,
Tes raretez & tes vertus escrire,
Puis dedans moy souuent les mediter.

20 Ce m'est plaisir faire souuent lecture
Et de marquer en la saincte Escriture
Tes ornemens & tes felicitez.
A celle fin que le diuin Zephire
Que le doux air de ta bouche souspire
Me refraischisse en mes anxietez.

21 Sous ta faueur fai que passer ie puisse
Les grands dangers, l'horrible precipice,
Et les sueurs & les perplexitez
De cette vie estrange & miserable,
Qui est d'vn bout a l'autre perissable,
Et qui n'a rien fors incommoditez.

22 A ce qu'allant iusqu'a ton sein paisible,
A moy pecheur me puisse estre loisible
Y reposer mon chef attenué
Du grand trauail qui sans cesse me presse,
Et me sauuer de la mortelle oppresse
Qui m'a du tout de forces desnué.

23 Pour y venir, ô Maiesté diuine,
Par ton Esprit mon esprit s'achemine
Es beaux iardins des celestes escrits,
Qu cultiuant les immortelles plantes

l 2

De ce pourpris, & les fleurs elegantes
Des doux bouquets seront par moy cueillis.

24 Ces bouquets sont, des sentences tresbelles,
Bouquets qui ont les odeurs eternelles.
Fay puis apres, que les ayant cueillis
 Ie les enserre au sein de ma memoire.
Par leur douceur tout-doux ie puisse boire.
Et digerer mes terrestres ennuis.

25 Tu es la vie, heureuse & tresheureuse,
Regne rempli de ioye plantureuse
Vie que mort ne mord aucunement,
 Vie sans fin, vie de temps sans nombre,
Vie d'vn iour qui n'a ni nuict ni ombre,
Vie où clairté reluit incessamment.

26 La le gendarme ayant eu la victoire
Sur les assaux du monde transitoire,
Tout triomphant void son chef couronner
 D'honneur, de grace & de gloire eternelle
Acompagné de la bande immortelle
Des Anges saincts, pour honneur lui donner.

27 En ceste belle & saincte compagnie
L'homme sauué sans cesse psalmodie
L'hymne sacré de la haute Sion.
 O vie saincte! ô vie deifique!
Infiniment plaisante & magnifique,
Ou Dieu depart sa benediction.

28 Plaise à mon Dieu, que, mon ame purgée
De tous pechez, & du corps deschargee,

Ie puisse entrer en sa saincte Cité,
  Pour y gouster ses douceurs indicibles,
Pour y bien voir ses beautez incredibles,
Et y iouir de sa felicité.
  29 Octroye moy, mon Sauueur, la Couronne,
Dont ta vertu les fideles guerdonne,
Fay qu'aye place entre les saincts Esprits
  Pour contempler auec eux l'excellence
De ta grandeur & ta magnificence,
Et de ta grace, ainsi qu'eux, estre espris.
  30 Puisse-ie voir ceste lumiere belle
Inenarrable, inscrutable, immortelle,
Ostant du cœur la crainte de mourir.
  Tousiours, Seigneur, resiouir ie me puisse
De ce beau don d'eternelle iustice,
Et a iamais de ta gloire iouir.

XXV.

Sur le chant du Pseaume CXI.

O Tout bon, ô Tout-puissant Dieu,
O Sainct esprit, qui en tout lieu
Peux soulager la conscience
  De qui tu daignes approcher,
Toy qui fais tout malheur cacher,
Fay moy iouir de ta presence.
  2 Approche, ô bien seul desiré:
As tu si long temps demeuré

Pour vaincre mon orde paresse?
 Si ie dors, ne t'attendant pas,
Ne peux-tu pourtant faire vn pas
A trauers la nuict qui m'oppresse?

3 Ouure mes yeux, fay moy veiller,
Ay-ie bien peu tant sommeiller
Au bourbier fangeux de mes fautes?
 Oui, mon Dieu, i'y serois encor
Si ta clairté ne monstroit or'
De son feu les lumieres hautes.

4 Haste toy doncques de venir.
Mais qui te peut tant retenir?
Le ciel ta course ne retarde,
 Satan ton œil ne peut porter,
Ma chair n'oseroit m'acoster
Lors que ta vertu me regarde.

5 Le monde s'enfuit à ta voix,
Tout confus mon peché tu vois,
Si ta presence m'enuironne.
 Mais, helas! que suis-ie sans toy?
Satan, la chair en veut à moy,
Et dans le monde m'emprisonne.

6 Que feray-ie en ce changement,
Si ie n'ay quelque allegement
Par le sainct effort de ta grace?
 Ores ie contemple en maints lieux
L'effect des rayons de tes yeux,
Et que l'heur gist dedans ta face.

7 Tu peux, s'il te vient à desir,
Combler mon ame de plaisir,
Et dompter toute ma tristesse.
　Sus donc, demonstre ton pouuoir:
Fay moy quelque soulas auoir
Dessous le fardeau qui me blesse.

8 Tu peux de malheur m'exempter,
Tu peux à mon cœur presenter
Le bien qu'ardamment il desire:
　Tu peux combler tous mes souhaits.
Si tes ouurages sont parfaits,
Mets quelque fin à mon martyre.

9 Que ie contemple, ô sainct Esprit
La beauté de mon Iesus Christ,
Sa gloire & sa maiesté saincte:
　Que i'entende vn peu ses propos
Qui tienent mon ame en repos
Rauie en esperante crainte.

10 Le bien de le voir par tes yeux
M'est vn thresor tresprecieux
Emmi la pauureté du monde:
　Mon peché s'oppose à ce bien,
Si tu ne fais sentir combien
Ta main peut sur le vice immonde.

11 Quand tu voudras le surmonter,
Lors au ciel ie pourray monter,
Pour y voir & rauoir ma vie.
　Haste toy donc pour mon support,

I 4

Tire moy de l'ombre de mort
Qui ta splendeur m'auoit rauie.

12 Tandis que ie vay t'appellant,
Vn feu ie sens,estincellant
Au fond de mon ame angoissee,
　Sa chaleur penetre mon tout,
I'ay de tes faueurs vn tel goust
Qu'au ciel s'enuole ma pensee.

13　Par toy i'embrasse mon Sauueur,
Par toy ie gouste la saueur
Enclose en sa vertu diuine.
　Tu es l'Esprit de mes esprits,
Tu es le feu qui as espris
D'vn sainct feu toute ma poictrine.

14　Par toy, d'homme en peché conceu,
Ie me suis ores apperceu
Conioint à Christ: ie sen sa grace.
　Par toy ie vaincs mes ennemis,
Par toy (comme il le m'a promis)
Mon Dieu me descouure sa face.

15　Ie suis à toy tout arresté,
Tu es ma seule liberté,
Mon heur, ma vie, ma lumiere.
　Fay moy conoistre ma prison,
Mon malheur, ma mort, ma raison
Tenebreuse en toute maniere.

16　Afin qu'ores & tous les iours
Mon ame ait sans cesse recours

A ton bras,à ta saincte face,
 A tes effects miraculeux,
Guidans mes pas, ouurans mes yeux,
Et au ciel me designans place.
 17 Là, de tous dangers deliuré,
De plaisirs seray enyuré,
Triomphant en gloire indicible.
 Paracheue, & me fay sentir
Tousiours vn amer repentir
De peché qui m'est si nuisible.

TROISIEME LIVRE
DV MESLANGE OV
nouueau recueil
DE
CHANSONS SPIRITVELLES
& chrestiennes.

I. CHANSON.
Sur le chant du Pseaume XCVIII.

IE porte la mort au visage,
 A deux guerriers ie suis submis,
 De leurs debats i'ai le dommage,
Contraires & grands ennemis.

Combat de la chair & de l'esprit.

En moy sans cesse ils s'entr'assaillent,
L'vn contre l'autre tempestant,
Pour me trauailler ils trauaillent,
L'vn malheur, l'autre heur apportant.

2 L'ennemi cruel & horrible,
Ne cessant de me bourreller,
Me lance vn estoc inuisible,
S'efforce de m'ensorceller,
 Il veut stupefier mon ame
Ou l'enyure d'vn doux amer
Ou d'vn trait venimeux l'entame,
Sans que i'aye dequoy l'armer.

3 Pour vn vent, pour vne fumee,
Dont il paist les esclaues siens
A sa façon acoustumee,
Pour des iouets, pour des faux biens,
 Pour vne promesse friuole,
Pour vn forfait, pour vn erreur,
Pour vne attente qui s'enuole
Il se rend maistre de mon cœur.

4 Des le iour que dedans la couche
Ie fus par ma mere posé,
Et que de laict t'emplis ma bouche
Il s'est en mon sein reposé.
 Comme ie prenois ma substance,
Petit à petit par le temps,
Nourri d'vne mesme pitance
Se fit compagnon de mes ans.

5 Ie preuoy qu'vne mesme tombe,
Vn iour nous receura tous deux.
Quand ie suis debout ie retombe
Dedans ses liens dangereux,
   Qui de si pres à lui me pressent,
Que ie l'aurai tousiours ami,
Iusqu'à ce que les vers me laissent,
Despouillé de chair à demi.
  6 De maint emmiellé langage
Cest ennemi par trop rusé
M'a fait choir dedans le cordage
Ou mon espoir s'est abusé.
   Mais l'autre soigneux de ma vie,
Me desgageant de tant de nouds,
A sauué mon ame asseruie
Sous ma chair & ses rudes coups.
  7 L'esprit me crie, hola, forsaire,
O miserable ambitieux,
Veux-tu tremper en ta misere?
Leue le bandeau de tes yeux.
   Regarde vn peu le viste coche
Du grand flambeau sur l'horizon.
N'ois tu point le son de la cloche.
Vois-tu point ton chef mi-grison?
  8 Despouille donc la vieille robe
Comme le serpent en esté
Qui au vif soleil se desrobe,
Et change son habit gasté.

Ne scais tu pas bien que nostre aage,
Est semblable aux fueilles des bois,
Et qu'il faut ce pelerinage
Passer vistement vne fois?

9 L'honneur de ceste terre basse,
Et l'or qui te tient acroché,
Comme vne escume d'eau se passe,
Et se repent qui l'a cerché.

Le bien du monde est vne trappe,
Et son honneur est vne glus
Qui l'aile des ames attrappe,
Les gardant de voler la sus.

10 L'honneur mondain semble à la goutte
Qui flotte ronde en vn canal,
Quand le ciel dessus nous degoutte
Les eaux de son ample boucal.

Ce n'est qu'vn fantosme nocturne:
Et le monde, ou nous viuons tous
N'est proprement qu'vne grand' vrne
Ou lon met les cendres des souls.

11 C'est moy, quelque chose qu'on die,
Qui souleue l'homme la haut,
Et si n'ay peur qu'il me maudie
Monté sur ce grand eschafaut:

Car ie le porte dans le temple,
Ou de la saincte Deité
Toute l'excellence il contemple
Reposante en Eternité.

12　Iamais l'ame n'est offensee
Par les effects de mon penser.
Celle la se monstre insensee
Qui veut superbe me tanser.

　Quoy que i'entreprene ou ie face,
La fin en est pleine d'honneur,
La ioye est peinte sur ma face,
Mes pas sont suiuis de bon heur.

13　Quand ie fais en vn cœur entree,
S'il me veut, humble, receuoir,
Ma force hautement demonstree,
Ie lui fais à sa gloire voir.

　I'en chasse soudain la tristesse,
Les voluptez, l'ambition,
L auarice, cruelle hostesse,
Les frayeurs & la fiction.

14　Ie monstre le port de la vie,
Sans moy lon n'y sçauroit entrer,
I'apren les arts, & la partie
Qu'il faut tenir ie sçai monstrer.

　Des biens caducs ie ne fai conte.
Mon bien est vn espoir ailé:
Et ceste aile tres viste & prompte
Court par le grand cercle estoilé.

15　Par moy les rois deuienent iustes,
Par moy loyal est l'artisan,
Ie change les iuges iniustes
Et le simulé courtisan.

Par moy les femmes sont honnestes,
Et soigneuses de l'honneur beau,
Si que iamais dessus leurs testes
Lon ne void l'infame chapeau.

16 I'oste les subsides des villes,
Ie fay marcher en liberté
Les pauures personnes seruiles,
Domptant le mensonge effronté.

Ie fay mespriser les alarmes,
Les cruautez & la fureur.
Ie donne le ris pour les larmes,
Et la verité pour l'erreur.

17 Garde toy donc, si tu es sage,
De ietter au monde tes yeux,
Il te rendra soudain volage,
Et te tirera loin des cieux.

Le plaisir du monde s'auale,
Doux & sans se faire sentir,
Mais dedans bien peu d'interualle
On n'est pas sans s'en repentir.

18 C'est l'acquisition de l'homme
Que le trauail & le souci,
Qui l'homme reserre & consomme
Dedans vn sepulchre noirci.

C'est chose du tout asseuree,
Son corps s'y doit vn iour semer,
Sa pompe est leans emmuree.
Fol est qui Dieu ne veut aimer.

19 Il semble à la pluspart du monde
Que le plaisir gist seulement
Dans la volupté vagabonde,
Dont lon tire le sentiment.

Cela qui est fresle & sensible
N'a point de pas bien arresté.
Le vray bien demeure inflexible,
Et repose en l'Eternité.

20 Homme, laisse ces maniacles
Veautrez dans la fange en pourceaux,
Les voluptez leur sont obstacles
Pour voler dessus les cerceaux,

Ou toute ame, saincte & purgee
Du limon de corruption,
Nette & belle se void logee,
Franche d'impure passion.

21 Fui loin de ceste sensuelle,
Insolente, impudique chair:
Son but est la geine cruelle.
Qui y vise est chetif archer.

Las! ne descoche plus à gauche,
Souvien toy que les pieds feutrez
De la mort, qui tout homme fauche,
Sont ia dans tes chambres entrez.

22 Qui a veu tour à tour, en chaire,
Long temps deux orateurs assis,
Et au peuple qui dedans l'aire
Beant les oit de sens rassis,

L'vn faire croire par sa langue
Tout ce qu'il veut, & de ce pas
Par vne contraire harangue
L'autre faire qu'on n'y croid pas:
 23 Il a veu ces deux aduersaires
(Comme deux vens qui font trembler
Vn pin par secousses contraires)
Mon esprit bien fort esbranler.
 Lequel de ces deux dois-ie suiure?
O Dieu, fai moy fuir ma chair.
Et selon l'Esprit me fai viure,
Pour ta grace en tes cieux cercher.

II.
Sur le chant du Pseaume XII.

SEIGNEVR, pourueu que ta bonté consente
Que mon esprit n'ait esgard qu'à ta loy,
Fai que mes yeux ne suyuent autre sente
Que celle la qui nous guide vers toy.
 2 Romps les filets & ces puissans cordages,
Pieges au fol de tes cieux desuoyé,
Chasse Satan qui vomit tant de rages,
Puis que Sauueur tu nous fus enuoyé.
 3 Fay (tu le peux) qu'en vain ie ne labeure,
J'ay beau guetter, faire de grands discours,
Mon ennemi fera dans moy demeure,
Si pour mon bien tu ne veilles tousiours.

4 Que puis-je seul? je ne suis qu'vne mesche
Vuide d'humeur, je ne suis rien que vent,
Ou qu'vne fleur que la bise desseche :
Mais fay fleurir, ô Seigneur, ton seruant.

5 Par toy je suis à toute chose adextre,
Et comme Roy je commande au Soleil,
Le fier lion se courbe sous ma dextre,
De toy guidé je n'ay point de pareil.

6 O mon support, ô lumiere eternelle,
De tes statuts fai qu'aille deuisant,
Qu'en foy je viue, & que meure en icelle,
Fuyant, Seigneur, le vice seduisant.

7 Baisse les cieux, & contemple ton œuure,
Voy ce chetif que ta main façonna,
Pour s'en voler vers toy son aile s'œuure,
Mais pour neant, si ta grace elle n'a.

8 Mon cœur te fuit, & trompé se propose
Qu'il cerchera du monde l'amitié :
Corrige le, faisant qu'il se dispose
A recourir tousiours vers ta pitié.

9 Lors que tu es assis dedans mon ame,
Ie ne suis plus comme vn autre mortel,
Vn sainct espoir, vne diuine flamme
M'esleue aux cieux, & me rend immortel.

10 Rendu tout tien, je deuien solitaire,
Ie me repai d'vn manger sauoureux :
A ta grandeur je me rends tributaire,
Et de tes loix je deuien studieux.

m

11 Mon cœur iadis ressemblant vne souche
Se sent dispost, & mon œil aueuglé
Void le Soleil, le miel sort de ma bouche,
Mon pas espars ne va plus que reiglé.

12 I'ay maintenant des richesses trouuees,
Ie ne crain plus disette de moissons,
I'ay vent en pouppe, & mes voiles leuees
Touchent au port de tes saincts nourrissons.

13 Ce n'est donc pas ietter sa graine en l'onde,
Que te seruir, i'en tesmoignerai bien.
Mais le pecheur qui en vices se fonde
Demeure es laqs du serpent terrien.

14 Il nous retient, il nous succe les veines,
Il se repaist & de sang & de chair.
Mais tes biens sont, Seigneur, auec tes peines,
Pour nous induire à tousiours te cercher.

15 Tire moy donc vers ton throne de grace,
Et guerissant les playes de peché
Rassasie moy du regard de ta face,
Maugré ma chair, dont ie sois despesché.

III.

Sur le chant du Pseaume XLII.

PArle à moy, mon Dieu, mon pere,
Parle à ton humble seruant,
Bien qu'il ne soit que misere,
Et que des fueilles au vent.

Ne m'oste le doux repos
Que causent tes saincts propos,
Ains du vif son de ta bouche
Mon ame amortie touche.

  2 Comme la terre alteree
Ouure son sein creuassé
Dessous la flamme-ætheree
Qui cuit son front menacé,

    Flambé du feu de mes maux,
Tout pouldroyé de trauaux,
I'ouure la bouche & l'oreille,
Afin que ta voix m'esueille.

  3 Israel n'auoit enuie
De deuiser auec toy,
De peur de perdre la vie,
Quand tu lui donnas ta loy.

    Ta forte voix l'estonnoit,
Car au cœur elle tonnoit,
Prononçant vne sentence
Sur la desobeissance.

  4 Moy, qui n'ay peur de ta face,
Ie te recerche de pres,
Afin que ton œil me face
Beau du beau iour de tes rais.

    Si ie suis endoctriné,
Et de ta grace enseigné,
Ie puis tes reigles entendre
Et ta sagesse comprendre.

5 On me peut doctement dire
Et prononcer de beaux mots:
Mais qui me sçauroit escrire
Dedans le cœur tes propos?
   L'homme resueille nos sens,
Mais pour entendre le sens,
Enuelopé dans la lettre,
Tu dois de ce t'entremettre.

6 L'homme frappe nostre oreille
Et parle à l'exterieur:
Mais, pour monstrer ta merueille,
Tu touches l'interieur.
   Ie suis vne fueille au vent,
Si suis-ie, ô Dieu ton seruant.
Donques maugré ma misere,
Parle à moy, mon Dieu, mon pere.

IIII.

Sur le chant du Pseaume LXXII.

SEIGNEVR, te voyant sur la terre,
   En la creche couché
Comme vn homme à qui font la guerre
   Disette, honte, peché.
T'oserai-ie nommer la gloire
   De la terre & des cieux,
Et dire que tu as victoire
   Sur tous nos enuieux?

2 Qui diroit, lors qu'es en l'estable,
   De drapelets couuert,
Tu dois de vie perdurable
   Le palais rendre ouuert?
Que par toy tant d'hommes fideles
   Y entreront hardis,
Sans craindre les peines mortelles,
   Nees d'Adam iadis?
3 Qui te prendroit pour Capitaine,
   Et pour si grand vainqueur?
Qui te prendroit pour la fontaine
   Viuifiant le cœur,
Quand on void tes deux leures prendre
   Le tetin vermeillet,
Qui doucement laisse respandre
   En ta bouche son laict?
4 Qui te diroit maistre d'eschole,
   Sans qui lon ne sçait rien,
Te voyant porter sans parole
   Loin chez l'Egyptien?
Qui diroit que ta main qu'on guide
   A le monde tourné,
Et mis au ciel la lune humide
   Au grand front escorné?
5 Qui diroit que tu es viande,
   Et peux saouler de pain,
Te voyant, & des tiens la bande,
   Quasi languir de faim?

m 3

Qui diroit qu'en la maladie,
  Tu nous peux secourir?
Qui diroit que tu es la vie,
  En te voyant mourir?
 6 En tout cela, nostre sainct frere,
  Reluit ta charité,
Quand pour nous tirer de misere
  As ta gloire quitté.
Pour nous la mort sur toy s'aggraue,
  Et semble triompher,
Tu descens iusques en sa caue,
  Voire iusqu'en enfer.
 7 Iusqu'en extreme ignominie
  Pour nous tu descendis,
Puis montas en gloire infinie
  Pour nous en paradis.
Tu y domines à la dextre
  Du Pere Toutpuissant:
Sois en ton Eglise le maistre,
  Tes esleus benissant.

V.

Sur le chant du Pseaume LXXXVI.

VOici l'esté qui commence,
 Voici la belle semence
Que l'on void ia verdoyer,
Et sur la terre ondoyer.

Voici le mollet Zephire
Qui doucettement souspire,
Poussant mille oiseaux diuers
Dessus les branchages verds.
 2 Voyez de Dieu la merueille
Dessus ceste fleur vermeille,
Qui sort comme d'vn tombeau,
Peinte d'vn esmail si beau.
 N'aguere il sembloit que morte
Fust la plante qui la porte:
Son chef estoit mal pigné
Et son beau front rechigné.
 3 Mais le Soleil renouuelle
Ores sa tresse tant belle,
Et redonne à toute fleur
Nouuelle grace & vigueur.
 Ceste ci se recolore,
Vne brodure lui dore
Son beau corset fleuronné,
Et son beau crin couronné.
 4 Voyez, qu'elle se fait belle,
Par ceste frange nouuelle!
Voyez ces bois & ces eaux,
Oyez ces chantres oiseaux
 Iargonnans dessus les branches,
Voyez ces tourtres si blanches,
Gayes de voir & sentir
La terre se reuestir.

Soit qu'elle prene sa robe,
Soit que retourne son globe
Dans les cornes du toreau,
Elle n'a rien que de beau.

 Elle est tresfertile en somme,
Pour l'heur & plaisir de l'homme,
Ses thresors & les atours
Sont à l'homme tous les iours.

 6 Mais escoutez ie vous prie,
Au bord de ceste prairie,
Pres d'vn ruisseau doux-coulant,
Vn chardonneret volant.

 Il nous dit en son ramage,
En assez disert langage,
Comme nous deuons Chrestiens
Honorer Dieu de ses biens.

 7 Allons sous ceste colline
Qu'vn verd bocage auoisine,
Pour louer Dieu, nous assoir,
Chantons son nom iusqu'au soir.

 Ne souffrons pas ceste honte,
Puis que Dieu tient de nous conte,
Que ce bocager pinçon
Nous monstre nostre leçon.

 8 Nous auons la belle eschole
De la celeste parole,
Ou Dieu mesme nous prescrit
Ses louanges par escrit.

Celebrons doncques sans cesse
Les bontez de sa hautesse,
Paroissante en l'vniuers
En tant d'ouurages diuers.
 9 Mais magnisions la grace
Qui toute autre grace passe,
Qu'il daigne nous pardonner,
Voire son fils nous donner:
 Qu'il nous donne pour partage
Son eternel heritage,
Ou sa gloire nous verrons
Et bien heureux nous viurons.
 10 Soit donc ta maiesté saincte,
O Seigneur, en gloire ceinte
De tes Anges glorieux,
Et de tes esleus heureux:
 Au ciel vn mesme cantique,
Auec accord magnifique
Celebre eternellement
Vn seul Dieu iuste & clement.

V I.

Sur le chant du Pseaume XXV.

O DIEV, quel aise me touche!
Quelle liesse me poingt
Quand, loin du peuple farouche,
L'esclaue ie ne suis point

De l'appetit vicieux,
Qui nuict & iour se renforce
Pour me destourner des cieux,
Et me plonger en sa fosse.

   2 L'homme tresmalin de race
Se charge d'vn lourd fardeau,
Puis il se couure la face
D'vn sale & sombre rideau.

   Lui mesme dans le filé
D'eternelle mort se iette,
Et d'arrogance voilé
Lui mesme sa tombe apreste.

   3 Son ame tousiours charmee
Cuide que tout son bon heur
Gise a estre chef d'armee,
Chef de conseil, grand seigneur,

   Mignon de princes & Rois,
Pour estre tousiours en peine,
Ou estre en la vie humaine
Loin du ioug des sainctes loix.

   4 Sachez de ce phrenetique,
Que vaut vn sceptre doré?
Que c'est qu'vn terme Dorique
D'histoires elabouré?

   Que vaut le futile los
Que l'homme curieux porte?
C'est vn drap que sur son dos
Apres sa mort il emporte.

5 Ses grands trauaux, ses sciences,
Ses thresors, ses dignitez,
Sont les mauuaises semences
De promptes calamitez.
  Son cœur plein d'impieté,
Plein de fard & de diffame,
De vices sollicité,
Dans son propre feu s'enflamme.
 6 Que te seruent sur ta table
Quarante sorte de mets?
Que te seruent dans l'estable
Trente coursiers? & tu mets
  Le lendemain dans vn creux,
Las! ta charongne puante,
Où tu pourris malheureux,
Sans que la mort t'en exempte.
 7 L'homme sensuel ressemble
A celui qui dort la nuict,
Et dans des paniers assemble
De maint bel arbre le fruict:
  Puis quand dessus les humains
Le iour sa lumiere allonge
Il trouue vuides ses mains,
Et void l'erreur de ce songe.
 8 Vn portique, vne grand' sale,
Vn lambris, vn daix frangé,
Vne niche, vne medale,
Vn grand parterre arrengé,

Vont ton œil esblouissans,
Et au miroir de l'enuie
Font esgarer tous les sens,
Et sont sorciers de ta vie.
  9 Le champ ou croissent les gerbes
N'a tant de grains aux chaleurs
Que ces beaux poiles superbes
Vont produisant de malheurs.
    La tressaincte Deité
Sent de ton cœur la morsure,
Lequel demeure enchanté
Sous la mondaine peinture.
  10 Quand tu serois à l'espreuue
De mort qui tue chascun:
(Ce qui n'est: nul ne se treuue
Exempt de ce mal commun)
    L'homme à tous maux endurci
Ne courberoit dauantage
Son dos dessous le souci
Que toy serf de ton courage.
  11 Mais si lon s'affectionne
A ce qui doit estre cher,
Et qui ne nous passionne
Sollicitez de la chair:
    Monstre nous, si ta raison
N'est entierement esteinte,
Si tu sçais vne maison
Mieux que celle de Dieu peinte.

12 Qu'à ce but ton ame vise:
Vers ce blanc faut descocher
Vn trait que la mort ne brise,
Ains qu'on peut ferme ficher.

Tout ce monde spacieux
N'est qu'vne bute mortelle.
Le ciel est plus precieux
Que la terre, quoy que belle.

13 Le sage qui d'vn pied viste,
Et d'vn iarret disposé
Court au ciel son dernier giste,
A l'esprit bien composé.

Il secoue au loin l'erreur
Qui retarde sa carriere,
Et la mondaine fureur
Il laisse & iette derriere.

14 Il fuit des fouls les brauades,
Leurs cabinets tapissez,
Et les fantasques parades
De leurs banquets espicez.

Son temps n'est point racourci
Par trop delicate chere:
De friand vin n'a souci,
Content d'eau claire & legere.

15 Parmi les vagues mondaines,
Comme vn pilote asseuré,
Il fuit des fausses sirenes
Le chant pipeur & rusé.

Il cingle vers le beau port
A trauers toute tempeste,
Et sans redouter la mort
Au ciel il leue la teste.

16 O Dieu, garde que la carte
De mon voyage douteux,
Dedans la mer ne m'escarte
De ce fol monde venteux.

Fay que d'vn cours temperé
Touſiours ie suyue la coste,
Et que mon heur esperé
Nulle tempeste ne m'oste.

17 Et les rois, & leurs delices,
Et leurs festins tant vantez,
Et leurs dons, & leurs offices,
Et leurs palais argentez,

Sont rien à comparaison
Du plaisir que tu me donnes
En ta fidele maison,
Ou de tout heur me couronnes.

VII.

Sur le chant du Pseaume XLV.

SVs, sus mon cœur, d'vne voix agreable,
Chante au Seigneur qui m'est si pitoyable,
Sur haussons nous, & d'vn son esclatant
Louons celui lequel nous aime tant.

De tant de biens dont il nous fait largesse,
Contons en six, tesmoins de sa sagesse,
De sa puissance & de sa charité,
De sa iustice, & de sa verité.

2 Quand il lui pleut sortir de ce beau temple
Ou des tout temps son essence il contemple,
Et que sortant, de gloire reuestu,
Voulut monstrer a l'homme sa vertu:

Dedans six iours les hauts cieux & la terre
Et tout cela que l'vniuers enserre
Furent creez par son vouloir puissant,
Sur son ouurage insigne paroissant.

3 Lors ta sagesse, ô Seigneur, en toy close
Auparauant, fut à nos yeux desclose,
Tu engrauas en terre & dans les cieux
Infinis traits de ton nom precieux.

Tout ce qu'enclost ceste ronde machine
Nous va preschant ta maiesté diuine,
Monstre le soin paternel que tu eus
Ains que fussions en nos meres conceus.

4 Côme la femme enceinte on void soigneuse
A preparer de main industrieuse
Ce qui sera propre pour son enfant,
Quoy qu'il ne soit visiblement viuant:

Ainsi, Seigneur, auant que creer l'homme,
Tu lui pourueus, sagement, & en somme,
e tous les biens vtiles & diuers
our son seiour dedans cest vniuers.

5 Mais ta bonté se demonstrant supreme
L'homme tu fis au patron de roymesme,
De saincteté, de iustice l'ornant,
Et de ce Tout prince le couronnant.
 Son ame estoit le palais de ta gloire,
Son corps rendoit ta puissance notoire.
De ta grandeur, de la terre, & des cieux,
L'homme estoit lors le pourtrait precieux.

6 Mais deuenu superbe en son courage,
Il fit de soy & de tes biens hommage
A l'ennemi de ton nom, quittant l'heur
Qu'il receuoit de toy Pere & Seigneur.
 Lors ton image en lui fut effacee,
Sa liberté tant puissante cassee,
Son ame fut vn gouffre de peché
A mille maux son corps fut attaché.

7 Satan, la mort, tous maux lui firent guerre,
Il deuint lors miserable en la terre,
L'erreur brouilla sans cesse sa raison,
Sa chair le tint en cruelle prison.
 Voulant sans toy se garnir de science,
Il fut couuert de maligne ignorance.
Tout son sçauoir fut qu'il s'estoit perdu,
Et en la mort eternelle fondu.

8 En cest estat neantmoins ta puissance
Le garantit, lui donnant conoissance
De maints secrets, ton nom glorifiant,
Quand le mortel tu vas viuifiant.

Le reprouué forclos de ceste grace
Qu'à tes esleus veut demonstrer ta face,
Ne laisse pas (quoy qu'à mort reserué)
D'estre par toy puissamment preserué.

9 Mais combien est sage la sauuegarde
Dont ta bonté l'homme fidele garde?
Quel soin as-tu tant es villes qu'es champs,
Le nuict & iour, de tes pauures enfans?
  En l'aage tendre, en la gaye ieunesse,
En l'aage meur, en la blanche vieillesse,
Nous ressentons la force de tes mains
Pour le support de nous pauures humains.

10 D'ou vient, Seigneur, que ceste felonnie
D'Adam & d'Eue, ayans de compagnie
Auec Satan contre toy conspiré,
N'a point pourtant ta grace deschiré?
  C'est de toy mesme, en bontez indicible,
Que proceda l'ordonnance paisible,
Que l'homme mort seroit resuscité
Par le Sauueur parauant suscité.

11 Car parauant que tu fisses le monde,
En ton conseil ta charité profonde,
Esleut en Christ le nombre des sauuez,
Auecques qui n'ont part les reprouuez.
  Pour descouurir ta grace & ta iustice,
Adam fait sainct, puis gasté par son vice,
Auecques soy ses enfans condamna,
Et aux enfers quand & soy les damna.

n

12 Les vns laissez par ta haute iustice
En leurs pechez, ne te sentent propice,
Les autres ont ton fils pour leur Saueur,
En lui, par lui, sentans ta grand' faueur.
 O grands thresors, ô profonde richesse
De ta iustice & secrette sagesse !
Tes saincts arrests qui comprendre pourra,
Et tes chemins merueilleux trouuera?

13 Quand ie pourrois representer le nombr
De tant de feux paroissans en nuict sombre
Dans les planchers du monde spacieux,
Et les bourgeois de la terre & des cieux:
 Si ne pourrois-ie exprimer les souffrances
De Christ Saueur, dire nos deliurances,
Conter comment la mort il a batu
Et le pouuoir des enfers abatu.

14 En sa naissance, en sa tressaincte vie,
En sa prison de dure mort suiuie,
En son sepulchre & passage es enfers,
En son angoisse, en ses terribles fers,
 En sa vertu, le iour qu'il resuscite,
Ie voy Satan, la mort prendre la fuite.
Ie voy sa grace & sa grand' charité,
D'Adam, de moy, ie voy l'iniquité.

15 Sa pureté me purge de l'ordure,
Ou plongé suis, helas, de ma nature.
Sa saincte vie en ce terrestre lieu
Iuste me rend au tribunal de Dieu.

Sa mort, sa croix, & sa dure souffrance
Ont mis ma mort & Satan à outrance,
Mon peché m'est sur ceste croix cloué,
En ses liens des miens suis desnoué.

16 Dans son tombeau ma mort est escachee,
Et dans les cieux i'ai ma vie cachee,
Lors que de mort vif il resuscita,
Et sur les cieux tost apres il monta.
En ame & corps i'aurai part a sa gloire.
Sa verité me le fait ainsi croire,
Et son Esprit tesmoigne a mon esprit,
Que des esleus au liure suis escrit.

17 La foy en Christ deuant Dieu iustifie
L'homme croyant qui en lui se confie,
Et pour l'amour de ce fils bien aimé
Deuant mon Dieu ie suis iuste estimé.
O combien plein de tout heur ie repute
L'homme à qui Dieu ceste iustice impute
De Iesus Christ, duquel la passion
Est des pecheurs la satisfaction.

18 Sa saincteté, source de tout bon œuure,
Fait que mon Dieu mes infirmitez cœuure,
Et pour l'amour de ce seul Sainct des saincts
Comoy Dieu, ie l'honore & le crains.
La Repentance en mon cœur il a mise,
Il m'a conioint au corps de son Eglise,
Que tous des thresors précieux
Buttenans aux combourgeois des cieux.

19 Le bon desir qui s'augmente en mon ame,
Par les rayons de sa celeste flamme,
Iusqu'au trespas acroissement prendra,
Et tout parfait dans le ciel se rendra.

Ie suis ça bas meslé parmi la guerre:
L'esprit, la chair, le ciel, l'enfer, i'enferre:
Peché, la mort, iustice, vie, en moy,
Iusqu'au depart de ce monde, ie voy.

20 Mais ta puissance, ô Saueur fauorable,
En mes combats me sera secourable.
Chair, mort, enfer, peché ie verrai bas:
Lors que vers toy i'iray par le trespas.

Ie combatray tandis en asseurance,
De ta victoire ayant la souuenance:
Et le doux fruict en mon ame caché
Amortira le venin de peché.

21 Or quand les yeux de mon esprit s'esleue
Ou ton Esprit iusqu'a toy me soulleue,
Me souuenant de tes signes sacrez
Et d'autres tels mes celestes degrez,

Ie voy desia ceste vie eternelle
Ou tout mon Tout aura liesse telle,
Qu'il vaut trop mieux d'humble cœur y penser,
Que par propos indignes t'offenser.

22 Car ou est l'œil qui pourroit voir ta face
Qui les beautez de l'vniuers efface?
Pourroit l'oreille humaine t'escouter,
Et tes propos la langue raconter?

Puis que mon cœur ne peut çà bas comprendre
Les biens que veux à ton Eglise rendre
Vn iour au ciel, mon chant l'arreste ici,
Me reposant, Seigneur, sur ta merci.

VIII.

Sur le chant du Pseaume CXXVIII.

DEs clefs de ta clemence
Ouure mon cœur, ô Dieu,
Et dedans pren seance
Comme seigneur du lieu.

Pour parure immortelle
I'y tendray tous nouueaux
De ta grace eternelle
Quelques exquis tableaux.

2 Ie suis homme fragile,
Et mon indignité
Me fait estre inhabile
A voir ta Deité.

Si suis-ie ton partage,
Et ne dois, par raison,
Desdaigner l'heritage
Ou tu as ta maison.

3 Tu ne cerches le marbre,
Ni le cuiure doré,
'azur, ni le cinabre,
 le temple honoré

De parfums ou d'idoles,
(Ouurage d'vn sculpteur)
Ou de quelques gens folles.
Tu te loges au cœur.

4 Ie te pri' que ta flamme
Premier viene purger
Ce palais ou mon ame
Desire te loger.

Pieté tout y pare,
La iustice t'attend,
Charité se prepare,
Et les deux bras t'estend.

5 Comme par la verriere
Passe sans la casser
Du soleil la lumiere,
Ainsi sans m'offenser

Penetre, grace saincte,
Tout a trauers l'espais
De mon ame contrainte
De ceder à tes rais.

6 Elle est sombrement noire,
Voire plus que la nuict,
Mais en voyant ta gloire
La lumiere qui luit

Ne sera pas si claire:
Et faudra (tu le peux)
Dans son cercle ordinaire
Qu'elle cache ses feux.

7 Le Prince, à son entree,
Deliure les captifs:
Ton amour rencontree
Garantit les chetifs.

Le Prince donne grace
Et sauue du cousteau:
Et l'homme qui trespasse
Par toy sort du tombeau.

8 Le Roy par ses richesses
Guerit la pauureté,
Et toy de tes liesses
Emplis l'aduersité.

Le Roy sauue des flammes
Le brigand criminel:
Toy, tu sauues nos ames
Du brasier eternel.

9 L'homme n'est qu'vne souche,
Sans ton benin support:
Si ta main ne le touche,
C'est vn arbre tout-mort.

L'eau n'est pas si duisante
Aux terroirs alterez
Que ta grace est plaisante
Aux pecheurs esgarez.

10 La faueur que tu donnes
Est forte à proietter.
Toutes sainctes personnes
Se la sentent ietter,

D'vne main liberale,
Iusqu'au profond du cœur,
La ou plus ne deuale
Peché cruel vainqueur.

11   Que sert d'auoir en grange
Tant de bleds surannez,
Et d'vn pays estrange
Les presens amenez?
Si tout est perissable,
Et si l'homme de vent
Lors que la mort l'accable
On cache au monument.

12   Des clefs de ta Clemence,
Ouure ô Dieu mon esprit.
Dedans ma conscience
Ton honneur soit escrit.
Qui ta maiesté loge,
Se peut nommer heureux,
Car son peché desloge,
Et tu le meine aux cieux.

IX.

Sur le chant du Pseaume XXXVII.

TV sçais, Seigneur, que mon cœur solitaire
Aspire à toy, que mon desir n'a rien
Qui condescende au desir du vulgaire.
Tu sçais qu'en toy reside tout mon bien,

Qu'en ta faueur ie cerche renommee,
Et qu'a ton vueil se conforme le mien.

2 Au monde vain l'ignorance est aimee,
Et de tous temps ta saincte verité
Aux pieds d'erreur gist presques assommee.

On ne se plait qu'en fauce volupté,
L'on court apres: l'ame au vice est suiette:
On cerche l'heur en infelicité.

3 La pieté, qui de mort nous rachete,
Est comme enclose en eternelle nuict,
Et vit en soy sourde, aueugle & muette.

Celui encor plus ceste vertu fuit
Qui feint la suiure, & masque son visage
D'vne couleur qui a son ame nuit.

4 L'homme insensé se fait appeller sage
Par les flatteurs, mais il semble au poisson
Qui prend l'amorce & la mort au riuage.

Les malviuans se repaissent d'vn son,
D'vn songe mort, & cependant dementent
La verité par leur folle chanson.

5 Les orgueilleux a ta voix ne consentent,
Ains estendans leurs mains a la fureur,
Eux les premiers, puis chascun, ils tourmentent.

Le vrai sçauoir s'en va loger ailleurs,
L'iniquité se transforme en nature,
Le plus peruers est du rang des meilleurs.

6 Qui vit Chrestien maint outrage il endure,
Nul ne s'eschaufe à l'aimer, ni aider,

Ains de l'ennui sans cesse on lui procure.
　　Lors que tu viens, ô Dieu, nous commander,
Nous mesprisons ta voix, ta recompense,
Et ne voulons pardon te demander.
　　7 Dresse mon cœur en ta saincte presence,
Ne me condamne, ains iustifie moy,
Qui de ton fils t'offre l'obeissance.
　　Combien de fois ay-ie parlé de toy
Sans ce respect & ceste reuerence
Que requeroit ta tresparfaite Loy?
　　8 I'en suis dolent, ie pleure mon offence,
Mais i'ay recours à ta benignité
Qui me benit trop plus que ie ne pense.
　　Verité, paix, seure felicité
Sont à ta dextre, afin que tout fidele
Y ait sa part en ton eternité.
　　9 Mon ame donc esleuee sur l'aile
De viue foy, d'espoir, de sainct amour,
Tende au palais de gloire supernelle,
　　Ou pour iamais ie face heureux seiour,
Ou tes bontez alaigrement ie chante:
Mais quand viendra cest agreable iour!
　　10 Lors que ma chair qui tãt de fois m'enchâte
Aura rendu sous l'esprit les abois,
Quand plus n'auray de pensee meschante.
　　Adresse moy selon tes sainctes loix,
De te seruir donne moy le courage,
Et pour louer tes graces quelque voix.

11 Tu vois, Seigneur, les enuieuses rages
Des reprouuez qui ont tant combatu,
Et qui aux tiens ont fait cent mil outrages:
  Mais si iadis tu as par ta vertu
Dompté l'effort de toute leur sequelle,
O nostre Dieu, maintenant que fais-tu?

12 Reuenge nous, acour, pren la querelle
De ton nom sainct, reprime le meschant
Qui se confie en meurtriere cautelle.
  Et tes esleus sous ton aile cachant,
Maintien ta grace en leurs cœurs auancee,
Du ioug de mort leurs ames destachant.

13 La pieté n'est point recompensee
Que de ta main, & le ferme loyer
Des vrais Chrestiens c'est ta grace annoncee.
  Pour vn tel bien ie preten m'employer
Deusse ie choir dans vn feu, dans vn fleuue,
Ou voir mon corps mille fois pouldroyer.

14 Or fay, Seigneur, que ta bonté s'espreuue,
Que de tes loix ne puisse desuoyer.
Et que mon bien dedans toy seul ie treuue.
  Que dans ma chair ne puisse me noyer,
Qu'en Iesus Christ ta clemence m'appreuue.
Vueilles ce bien, (ie t'en pri') m'octroyer.

X.

Sur le chant du Pseaume LXVIII.

DE iour en iour ie m'apperçoy
Que vaine & trop fresle de soy
Est la force de l'homme:
Et qu'en brief espace de iours,
Au beau milieu de ses discours,
Son lustre se consomme.

Mille fois dedans moy i'ay dit,
Plus vers moy n'aura de credit
Ni la chair ni le vice:
Et ie suis recheu toutesfois
(Apres l'auoir dit mille fois)
En ma mesme malice.

2 Ainsi lors qu'en la haute mer,
Quelque marchant void abismer
Sa nauire chargee,
Et que les vents tumultueux
Choquent d'effort impetueux
Mainte vague enragee,

Il promet, il iure, il fait vœu,
Que iamais il ne sera veu,
S'il peut gaigner la terre,
Se mettre à la merci du vent,
Quand bien il deuroit du Leuant
L'or & l'argent acquerre.

3 Il le promet,mais tost apres,
Bien qu'il ait fait serment expres,
Son orde conuoitise
L'induit à changer de propos,
A quitter repas & repos,
Pour faire neuue emprise.

C'est en mesme estat que ie suis.
Car lors que ie sen les ennuis
Qui le foye me rongent,
Et qui par le trop pesant faix
De mes accusables mesfaits
Iusqu'aux enfers me plongent:

4 Lors ie m'escrie,ô Seigneur Dieu,
Si ie puis trouuer quelque lieu
Vers ta misericorde,
Si tu m'aides ceste fois ci,
Et si de mon col ta merci
Me destache la corde;

I'ay conclu,tant que ie viuray,
Autre voye ie n'ensuiuray
Que de tes loix tressages:
Ie fuiray les mauuais desirs
Et du monde les vains plaisirs,
Comme mortels bruuages.

5 Tout ceci vray'ment dis-ie bien,
Voire & ie sens en moins de rien
Ta main propice,Sire.
Ie voy que ta compassion

Repousse au loin l'affliction,
Qui causoit ce martyre.
   Que ne puis-je a l'heure mourir,
Afin de jamais n'encourir
Ton courroux redoutable!
Que ne me retires-tu lors
De l'infecte prison du corps
En vie perdurable?

   6 Car si tost que ma fauce chair
Acourt & reuient m'allecher,
Quelque vœu que je face,
O moy des chetifs le chetif,
Ne fais nullement le restif
A rentrer en sa nasse.
   Ha, mon createur, & mon Roy,
Que sera-ce doncques de moy?
Que feray-je, execrable?
Auray-je vne place entre ceux
Qui sentiront es enfers creux
Vn tourment effroyable?

   7 A qui, las! dois-je recourir?
Et qui pourra me secourir,
Ou voudra l'entreprendre?
O Iesus, du Pere seul fils,
Qui pour moy homme vray te fis
Vueilles en charge prendre.
   A toy tout seul j'ay mon recours,
D'autre je n'atten le secours,

A toy seul ie m'arreste.
C'est toy qui as voulu t'offrir
A ton Pere, & la mort souffrir
Pour acquiter ma debte.
 8 Ton pur sang laue le peché
Duquel ie suis tout entaché,
Et me vest d'innocence.
Ie suis en toy iustifié,
Vn iour viuray glorifié
La sus en ta presence.
 Or soit le nom du fils de Dieu
Celebré tousiours en tout lieu,
Par tout sexe & tout aage,
Et sans cesser croisse en nos cœurs
La foy qui nous rende vainqueurs
Du monde & de sa rage.

XI.
Sur le chant du Pseaume XXVIII.

VIEN, Seigneur, vien que ie ne meure,
 Et ne fais plus longue demeure.
Helas, le desespoir me force,
Si ta vertu ne me renforce.
O Pere, haste viste ton cours:
Car tu es le Dieu de secours.
 2 Contre tant de poinctes cruelles
De tant d'ennemis infideles,

Seigneur, ie n'ay qu'vne esperance,
C'est que tu seras ma defence,
Et mon seur garand tous les iours :
Car tu es le Dieu de secours.

3 Lors que leur bouche enuenimee
Se veut prendre a ma renommee,
Seigneur, pour tout ie leur oppose,
Que tu n'as point l'oreille close,
Et que tu rompras leurs discours :
Car tu es le Dieu de secours.

4 Puis quand derechef ils m'assaillent
Qu'ils me geinent, qu'ils me trauaillent,
Ie pleins, ie souspire en moy mesme,
Attendant ton aide supreme
Contre ces tygres & ces ours :
Car tu es le Dieu de secours.

5 Que ta bonté donc me subuiene,
Que ta main, mon Dieu, me retiene,
Fay tost que mon ame eschappee,
Espreuue en sa foy non trompee,
Maugré leurs cauteleux destours,
Que tu es le Dieu de secours.

6 Ie sçay bien, mon Seigneur & pere,
Que i'ay prouoqué ta colere :
Mais ie sçay qu'a ceux qui lamentent,
Et qui gemissans se repentent
De leurs mauuais & lasches tours,
Tu te monstres Dieu de secours.

7 Tu

7 Tu regardes d'œil secourable
L'homme fidele miserable,
Et le deschainant de ses peines
De bon heur tu combles ses veines,
Soudain qu'il a vers toy recours:
Car tu es le Dieu de secours.

8 Ie sçay que les rais de ta grace
Font de nos cœurs fondre la glace,
Ie sçay qu'au tomber de nos larmes
Pour nous aider soudain tu t'armes,
Et domtes les maux plus rebours:
Car tu es le Dieu de secours.

9 Ie sçay bien qu'au fort des afaires,
Au plus espais de nos miseres,
Tu viens tout chargé d'allegeance,
Et que tu monstres ta puissance
Lors que tous moyens nous sont courts;
Car tu es le Dieu de secours.

10 Ie sçay par mille preuues belles
Qu'ouuertes sont tes deux prunelles,
Que le mal qui les tiens empestre
N'est sinon pour faire conoistre
Que pour eux tu veilles tousiours:
Car tu es le Dieu de secours.

11 La lune forte ou decroissante
Donne & oste force a la plante.
Aussi ta main pesante ou douce,
L'affliction tire ou repousse,

O

Monstrant en ce cours & decours,
Que tu es le Dieu de secours.

12 Tous tes effects sont admirables,
Bien qu'ils paroissent dissemblables.
Ta saincte voix qui tous conuie,
A l'vn est mort, a l'autre est vie.
Or dans ces profonds carrefours
Aux tiens tu es Dieu de secours.

13 Nostre chair sans cesse labeure,
Et sur nous sa marque demeure,
Mais toy tout bon, tout sainct, tout sage,
Ayes pitié de ton image;
Renouuelle en nous tes amours,
Et te monstre Dieu de secours.

14 Tes enfans, affligez de guerres,
Bannis & priuez de leurs terres,
Sentent, ô grand Dieu des armees,
Maugré les fureurs allumees
Des meschans, iniques & lourds,
Que tu es le Dieu de secours.

15 Si sainctement tu les inspires,
Dans la presse de leurs martyres,
Que mesprisans l'aise du monde
Leur ioye en ta gloire se fonde,
Et vont au ciel faire seiours:
Car tu es le Dieu de secours.

16 Mais les meschans tout au contraire,
Sentans quelque cas aduersaire,

Se prenent au mal qui les donte,
Et ne mettent iamais en conte,
Tant ils sont aueugles & sourds,
Que tu sois le Dieu de secours.
 17 Ils ressemblent à la mastine
Qui va brutalement mutine
Mordre au milieu de quelque rue
Vne pierre que lon lui rue.
Eux aussi ignorent tousiours,
Que tu es le Dieu de secours.
 18 Seigneur, tien le frein de ma vie,
Ne me laisse bouffir d'enuie,
Donne moy plustost que, sans cesse,
En ton Christ ie te reconoisse,
Eslongné des moindaines cours,
Pour le vray Dieu de mon secours.

XII.

Sur le chant du Pseaume CXIIII.

TON sainct Esprit, ô Dieu, me fait sentir
De ma ieunesse vn amer repentir,
  Qui me cachoit ta face.
Ores encor ie me sens accusé
D'auoir ainsi de mes iours abusé,
  Foulant aux pieds ta grace.
 2 I'estois contant au milieu de malheur,
Sautelois es prisons de douleur,

La mort n'apperceuoye,
La vanité l'estimoy' mon vray bien,
Ie l'embrassois, ignorant lors combien
  Seure & pure est ta voye.
 3 Mais maintenant que tu me fais iouir
De ta faueur, il me faut esiouir.
  Car ta main secourable,
En me tirant des prisons de peché,
Descloit mes yeux, pour voir le mal caché
  Sous volupté damnable.
 4 Ie bastissois en ma ceruelle vn fort
Pour resister encontre ton effort,
  En moy i'auois fiance:
A moy tout seul ie disoy' mes secrets,
Nul que mon cœur n'entendoit mes regrets,
  I'estois mon esperance.
 5 Or mieux apris, ie me sens remonté
Sur ton pouuoir, & dessus ta bonté
  Ma fiance ie pose.
De mes secrets le fond ie veux t'ouurir,
Tous mes regrets ie te vien descouurir,
  En toy ie me repose.
 6 Puis qu'il te plait penser à moy, Seigneur,
Et par ta voix estre mon enseigneur,
  Fauorise ma plume:
Fay que mon cœur s'esleue sur les cieux,
Pour mieux sentir ce feu si gracieux
  Dont ton esprit l'allume.

7 Le gay Zephire auecques ses douceurs
Ne va semant au printemps tant de fleurs
    Sur le sein de la terre,
Diuersement sa robe tapissant,
Que de plaisirs le Seigneur Toutpuissant
    En mon esprit enserre.

8 Si quelqu'vn peut de la profonde mer
Nombrer les flots, les estoilles nommer,
    Conter les grains de sable,
Que toy, grand monde, en ta rondeur contiens,
Il contera les graces que i'obtiens
    De mon Dieu secourable.

9 Heureux conseil du Seigneur Eternel
Qui de son vueil celeste-paternel
    Me donne conoissance !
Benit cent fois le iour que ie nasquis,
Et l'autre iour, ou tresheureux i'acquis
    Le don de renaissance !

10 Car lors en moy la vie s'auança,
Et quand ta voix ô Christ, paix m'annonça,
    Peché, mort, l'enfer mesme
Ie n'apperceus, ni ne vois maintenant
Qu'vne figure, encore perissant
    Sous ta force supreme.

11 Ie veux sans plus penser à l'auenir,
Et du passé pleurer le souuenir,
    Raye-le sur ton liure.
Seigneur, tu m'as viuifié ça bas:

Beni mes iours iusques à mon trespas,
Puis au ciel me fay viure.

XIII.

Sur le chant du Pseaume LXXXV.

FAy de mes yeux vne mer ondoyer,
Dans qui ma chair ie voye se noyer,
Fay moy, Seigneur, en mon sens trespasser,
Et les plaisirs de la terre laisser.

O Tout puissant ie vien te reclamer,
Te suppliant vouloir me reformer,
Afin que i'aye vn tout-nouueau sentir,
Et de mon vice vn amer repentir.

2 Pensers cruels, douleurs qui me troublez,
Mauuais discours en mon ame assemblez,
Soucis cuisans, ie vous renonce tous,
Ne voulant plus estre guidé de vous.

Loin-loin de moy vain plaisir soit chassé,
Ie veux pleurer pour auoir offensé
Mon Dieu Tout-bon, ie m'en veux souuenir,
Pour en regrets mon cœur entretenir.

3 I'ay tant receu de biens non meritez,
Tu as sous moy tant de malheurs domptez,
Dans tes faueurs tu me faisois baigner,
Et me voulois, Seigneur, acompagner.

Mais le peché mon ame trauersant,
Et de tes mains viste me rauissant,

Tasche tousiours ton secours empescher,
Et en ma mort pretend de te fascher.

4 Son rude effort oppresse ta vertu,
Il veut dans moy voir ton los abbatu,
Forcer ta force a fuir & quitter
Mon foible cœur ou tu dois habiter.
 Deuant tes yeux il rit de mes douleurs,
Sur ton pourtrait il verse des couleurs
Qui gastent tout, fracasse ton tableau,
N'y laissant rien qui soit ou bon ou beau.

5 Comme vn sapin par les vens menacé,
Quoy qu'agité n'est pourtant renuersé,
Mais quand le fer vient son pied detrancher,
Il est contraint a la fin de broncher:
 Ainsi mon cœur pour vn temps resistant
A maint effort estoit tousiours constant.
Et quand vn mal le venoit esmouuoir
Pour l'empescher il faisoit son deuoir.

6 Mais vn tel coup ores le va forçant
Que pour durer il est trop impuissant.
A son malheur il se laisse emporter,
Et nul que toy ne le peut conforter.
 Donne moy donc de ta grace beaucoup
Pour soustenir & le choc & le coup
De l'ennemi, qui cerche en mon meschef
De ruiner ta gloire derechef.

7 Il me deuest de la robe d'honneur
Qu'en ta maison i'ay receu, mon seigneur.

De mon repos le maistre il s'est rendu,
Et pour neant à ma chair m'a vendu.

 Que deuiendrai-ie, eslongné de mon bien,
Helas, mon Dieu, ne feray-ie plus rien
A ton honneur? seras tu desormais
De mon esprit absent pour tout iamais?

 8 As tu voulu sur mon ame tracer
Ta saincte image, afin de l'effacer?
D'vn œil benin veux tu me regarder?
Et puis sur moy ta colere darder?

 De mes forfaits tout mon mal est venu,
Mais de ton peuple au rang ie suis tenu
Pour voir vn iour, maugré mes passions,
Ton heur, ta gloire & tes perfections.

 9 Sous ta faueur mon cœur sec refleurit,
Ma chair mé blesse, & ta chair me guerit.
Au ciel ne sont tant de flambeaux plantez,
Que luire en toy mon œil void de beautez.

 Par ta douceur ton regne tu maintiens,
Par ton pouuoir tu conserues les tiens,
Ta verité fait leurs ames iouir
D'vn seur repos qui les vient resiouir.

 10 Mais le meschant, en son mal endurci,
Et de pechez vilainement noirci,
A te seruir ne veut pas s'employer,
Et ne pretend au celeste loyer.

 Comme des mers tous fleuues ont leurs cours,
Et y reuont apres diuers destours,

D'enfer sorti son cœur y veut rentrer,
Et ne pretend qu'en ces lieux penetrer.

11 Or ta bonté, qui me veut deliurer
De ces assauts que lon me vient liurer,
A mon esprit seruira de flambeau,
Lors ie verray ton visage tant beau.

D'autre beauté ie ne suis amoureux,
D'autre thresor ie ne suis desireux,
Vers ta maison ie me sens emporté,
Et ne m'attens à rien qu'à ta bonté.

12 N'endure donc, ô Pere, ô Dieu viuant,
Que de tes biens peché m'aille priuant,
Et pour vn rien qu'il me vient presenter
Me face loin de ta grace absenter.

O fauce chair, source de mes malheurs,
De mes soucis, de mes peines & pleurs,
D'ou vient qu'ainsi ie cours te caresser,
Quand tu ne fais qu'en enfer me pousser?

13 Ce monde vain n'est qu'vne vision
Troublant nos cœurs par son illusion,
Il fait quitter verité, pour cercher
L'erreur qui fait nos ames trebuscher.

Rien ne guerit la playe de mon cœur,
Que Christ qui est de ma mort le vainqueur:
Ie n'aime rien que son commandement:
En sa vertu gist mon contentement.

14 Quand la lumiere vn passant a laissé
Dedans vn bois de buissons herissé,

Il ne sçauroit le vrai chemin choisir:
Ce qui lui plait cause son desplaisir.
    Ne voyant Christ, de mon cœur adoré,
Ie me verrai à toute heure esgaré.
Si ie n'ay part à la gloire des cieux,
De rien qui soit ie ne suis soucieux.
  15 Que dis-ie, ô Dieu, quel discours fais-ie ici
Fay moy sentir l'effect de ta merci:
Que ton esprit redresse mon penser,
Bride mes sens pour ne plus t'offenser.
    Plus i'entrepren traiter de mes forfaits
Et celebrer les biens que tu m'as faits,
Plus ie conois mon imperfection,
Et pour loyer ie crain punition.
  16 I'attendray donc ta grace, ô Dieu puissant,
Et en la foy de mon salut croissant
I'escouteray ce que ta voix dira,
Et tes edits mon cœur estudiera.
    Restaure moy par ta viue clarté
Soit de mes yeux tout brouillaz escarté,
Lors ie verray de tous maux deliuré
Christ que tu as pour mes pechez liuré.

XIIII.

Sur le chant du Pseaume CXXXIIII.

AVTRE maistre n'ay que mon Dieu,
Qui m'assiste en tout temps & lieu.

De sa grace il s'est fait seigneur
Et de ma vie, & de mon cœur.

2 D'estre a son seruice il me plait,
Mon cœur estant si bien, qu'il est
Cent fois plus doucement traité
Qu'en quelconque autre liberté.

3 Ce sage maistre que ie sers
Tesmoigne dans tout l'vniuers
Qu'il est seigneur plein de bonté
Vers ceux qui font sa volonté.

5 Arriere calomniateur,
Ne va disant au seruiteur,
Que ce maistre est trop rigoureux.
Arriere menteur malheureux.

6 Ie n'ay de Dieu qu'heur & honneur,
Plaisir, richesses, & faueur,
Tous mes maux il dechasse au loin,
Et me vient aider au besoin.

7 Il est mon maistre, & si me sert,
Il m'a ses secrets descouuert,
Son fils, son esprit m'a donné,
De sa gloire il m'a couronné.

8 Il veille tandis que ie dors,
Il garde mon ame & mon corps,
Me soulage en tous mes trauaux,
Et me garantit de tous maux.

9 Il a deffait mes ennemis,
Satan, mort, en ruine mis.

En moy, de sa grace vestu,
Il magnifie sa vertu.

10 Soit donc que ie viue ou sois mort,
Seruiteur suis de ce Dieu fort,
Qui de sa grace dans les cieux,
Me garde vn salut precieux.

11 Gloire soit en tout temps & lieu,
A ce tout-bon, tout puissant Dieu,
Le Pere, son Fils Iesus Christ
Mon Sauueur, & le sainct Esprit.

XV.

Sur le chant du Pseaume CXXXII.

EN Dieu seul gist tout mon plaisir,
Autre amour ne me peut saisir,
Et la mort n'aura le pouuoir
De changer iamais mon vouloir,
Ou me donner autre desir.

2 Mon cœur est vn roc dans la mer
Que nul flot ne peut abismer,
Il est ferme contre les vents
De tous ces cruels poursuyuans,
Que ie voy contre moy s'armer.

3 Seigneur, alors que d'vn sainct traict
Tu recommenças ton pourtrait
En moy, me rendant le vaincueur
De peché qui rongeoit mon cœur,

Je sentis un bien tresparfait.

4 Car aussi Je deuins heureux,
Et cest ennemi dangereux
Par toy sous mes pieds abatu,
Je me vis libre, & reuestu
D'habits vrayement glorieux.

5 Parauant J'estois en prison,
Priué de vrai sens & raison,
Miserable, assommé de coups,
Rongé d'vlceres & de poux,
Repeu d'ordure & de poison.

6 Au sortir de là je deuois
Estre geiné dessus la croix
D'vn supplice continuel,
Aussi estois-je vn criminel
Coulpable de mort mille fois.

7. Mais quand tu me donnas ton fils
Au terme, ô Dieu, par toy prefix,
Sa voix en mon cœur descendit,
Sa main puissante il me tendit,
Et lors ton heritier me fis.

8 Il rompit le vilain grotton
Du Satan, ce cruel luiton,
Ma conscience tourmentoit,
Et me touchant de son sainct doigt
Au ciel me haussa le menton.

9 Raison rangee il me rendit,
Pour le suyure sans contredit,

Ma misere en heur eschangea,
De ce fier bourreau me vengea,
Et mes plaintes il entendit.

10 En lui ie trouuay guerison,
Des maux que i'auois à foison.
Ma galle son sang nettoya,
Et ma vermine il y noya,
Puis me receut en sa maison.

11 La de mes haillons despouillé,
De bausme celeste mouillé
Ie fus à sa table receu
De son pain, de son vin repeu,
Arriere du monde souillé.

12 Tous les iours il laue mes piez,
Par mes ennemis espiez
A celle fin de me salir,
Et faire hors du chemin saillir
Qu'il monstre a ses sanctifiez.

13 Ie suis, (ie le sens, ie le voy)
O Seigneur, miserable en moy.
Mais, quoy que murmure Satan,
Puis qu'à ta vertu ie m'atten,
Ie suis du tout heureux en toy.

14 Peché, tu me condamneras!
Mon Christ, tu me iustifieras!
Et maugré le monde & ma chair
Dans toy ie m'en irai cacher,
Qui au ciel me glorifieras.

15 Ie ren graces à ta bonté,
Qui a mes ennemis donté.
Poursui, Seigneur, de iour en iour,
Tant qu'en ton celeste seiour,
Ie sois heureusement monté.

16 Heureux iour, lors qu'en ce sainct lieu,
Sauué de tout damnable feu,
Ie donray gloire a Iesus Christ,
A son Pere, & au sainct Esprit,
En trois personnes vn seul Dieu.

XVI.
Sur le chant du Pseaume v.

VEvx-tu, Seigneur, que ie nourrisse
   Tousiours en moy tant de debats?
Veux-tu que sous tant de combats
Contre ma chair songe-malice
   Mon cœur languisse?

2 Aimes-tu le sang & la guerre?
Te plait il me voir sous le faix?
Non, car tu es le Dieu de paix,
Et tous ceux qui troublent la terre
   Ta main atterre.

3 Tu condamnes ceux qui de bouche
Et d'effect troublent leurs vassaux,
Qui viuent de sieges, d'assaux,
Descouurans, alors qu'on les touche,
   Leur cœur farouche.

4 Les desloyaux, les sanguinaires
Sont execrables à tes yeux,
Les brigands sont bannis des cieux,
Et tous les meurtriers volontaires
  Te sont contraires.

5 Mon ame, ô Seigneur, t'est suiette,
Et de mon corps tu es seigneur.
Mais ils n'ont ni paix ni bon heur.
L'vn hait ce que l'autre proiette,
  Et le reiette.

6 De ma chair prouient la discorde.
La chair, c'est le mal qui me tient,
Tandis que ta main me soustient
En terre, ou ta misericorde
  Grace m'accorde.

7 Ceste chair me fait en mon ame
Me caresser & m'outrager,
Vers toy, contre toy me ranger,
Elle fait que ie te reclame,
  Et te diffame.

8 Ie me vaincs, & puis ie me donte,
Ie suis prins, & soudain ie prens,
I'appaise ores nos differens,
Ores la frayeur & la honte
  Mon cœur surmonte.

9 La flamme à l'eau n'est tant contraire,
Qu'est l'esprit à la fausse chair.
L'esprit va ta grace cercher,

La chair, ô Seigneur debonnaire,
    T'est aduersaire.
10 Ma chair se prostitue au monde,
Sans respect de ta saincte loy.
L'esprit fait que par viue foy,
En Christ, combien que ma chair gronde,
    Mon cœur se fonde.
11 O Dieu de paix & des armees,
Comba dans moy, ren toy vainqueur,
Les forces du monde mocqueur
En moy par ta main desarmees
    Soyent consumees.
12 Ie croy que tu peux me deffaire
De ma chair: mais approche toy
Pour m'accorder auecques moy,
Sans que tu sois à moy contraire
    En tel afaire.
13 I'ai dans l'esprit ceste croyance,
Qu'outre la fin de ces combats
Mes autres haineux iront bas,
Et qu'au ciel i'auray iouissance
    De ta presence.
14 Tu veux, tu peux, mon corps, mon ame
Vn iour en ton palais loger.
Fay moy du monde desloger,
D'enfer & de ma chair infame
    Estein la flamme.
15 Cache moy sous la robe saincte

    P

Du fils de ta dilection:
Fay que ie n'aye affection
Que de cheminer en ta crainte,
  Sans nulle feinte.
  16 Augmente en moy ceste pensee,
Qu'vn iour nos tombes tu rompras,
Que la vie aux morts tu rendras,
Qu'au ciel, ton Eglise oppressee,
  Sera haussee.
  17 Ne ressoude, ie te supplie,
O Dieu, mon corps pour ta fureur,
Ains me preserue de l'horreur
Ou eternellement se lie
  Cil qui t'oublie.
  18 Comme vn phœnix se renouuelle
De ses cendres, ainsi mon corps,
O Seigneur, raieunisse alors,
Ayant auec l'ame immortelle
  Vie eternelle.

XVII.

Sur le chant du Pseaume x.

OCTROYE moy la parole & la voix,
Pour haut louer ton immense bonté,
Et ton pouuoir supreme Roy des Rois,
Qui guides tout selon ta volonté.
Soit ton renom par mes vers raconté,

Si sainctement que les sons de ma lyre
Puissent es cœurs de tes fideles bruire.

2 Seigneur mon Dieu, que prompt est ton se-
Aux affligez, qui, d'vn cœur abatu   (cours
Sous ta grandeur, ont vers toy leur recours,
Le bras humain prisans moins qu'vn festu.

A mon besoin l'ay senti ta vertu,
De ta bonté l'ay fait l'experience,
Cent & cent fois dedans ma conscience.

3 A peine ai-ie eu confessé mon forfait,
Et imploré ta diuine merci,
Qu'incontinent pleine grace m'as fait,
Quoy que ie fusse en mes maux tout noirci.

Tu amollis mon cœur tant endurci,
Et nonobstant mon execrable offense
M'enuironnas de ta saincte assistance.

4 Pasle & tremblant ie m'en allois perir,
Tout desnué de vie & de vigueur,
I'apperceuois la mort sur moy courir,
Ie sentois ia de ses traits la rigueur.

Ton iugement augmentoit ma langueur,
Et ton regard m'estoit si redoutable,
Que i'estimois ma mort ineuitable.

5 Mais au milieu de ces rudes combats,
Pour me sauuer ie te vis acourant.
Tu me tendis incontinent ton bras,
Qui du tombeau de mort me retirant,
Fit que mon cœur, a ta grace aspirant,

P 2

Sentit la vie au milieu du naufrage,
Et de salut se vid sur le riuage.

6 En me naurant, Seigneur, tu m'as gueri,
En me laissant tu m'as prins entre tous.
En me perdant ie ne suis point peri,
I'ai tes bontez trouué dans ton courroux.
   Ta droite main paroit aux rudes coups
De ceste gauche encontre moy si forte,
Et me faisois contre toy mesme escorte.

7 Me destruisant tu m'as redifié,
I'estois vaincu si ne m'eusses donté
Me condamnant tu m'as iustifié,
Ta mort heureuse, a ma mort surmonté.
   Ou pretendois-ie auec ma volonté?
Las! i'estoy mort, si trouué vif ne t'eusse,
Voire perdu, si perdu tu ne m'eusse.

8 Miracle grand! puissance du Seigneur!
O que ie suis heureusement perdu!
Estant vaincu ie me trouue vaincueur,
Et pour mes maux vn grand bien m'est rendu.
   Ie ne suis plus vn esclaue vendu,
Puis que mon Dieu mon offence a couuerte.
O le grand gain que i'ay fait en ma perte!

9 Par moy perdu, par toy recompensé,
Par moy damné, par toy mis sur les cieux,
Par toy gueri, par moy mesme offensé,
Par toy fait iuste, & par moy vicieux,
   Ore ne suis de mon mal soucieux,

Puis que ie voy ton regard fauorable,
Et que ta main m'est tousiours secourable.

10 L'œil de mon ame amorti par ses pleurs
Est comme esteint à mon triste resueil,
Presque semblable aux languissantes fleurs.
Mais aussi tost que ton diuin soleil
Vient le toucher, lors d'vn lustre vermeil
Il se redore, & ma gaye pensee
En vn moment ie sen vers toy lancee.

11 Ton iugement rend vn cœur abatu,
Ta grand clemence efface son malheur.
S'il se repent tu lui rens sa vertu,
Lors il conoit que son repos, son heur,
Est de t'auoir Pere & benin Seigneur,
Et qu'il n'y a plaisir ni bien au monde,
Qu'estre en grace ou toute grace abonde.

12 Quand Israel par son iniquité,
Eut tes statuts, superbe, aneanti,
Il sentit bien qu'il t'auoit irrité.
Mais aussi tost que d'vn cœur repenti
Il eut ta crainte & sa faute senti,
Tu retiras tes tortures diuerses,
Et fin lui mis à toutes ses trauerses.

13 Bien heureux donc à qui tu fais sentir,
Par ton Esprit, ô Seigneur treshumain,
De son forfait vn non feint repentir,
Et qui tombé sent ta propice main.
Heureux celui, qui releué soudain,

P 3

D'estre chez toy traité reçoit la grace,
Et qui est iuste en Christ deuant ta face.

14 Heureux celui qui en dure saison,
De ferme espoir & de foy reuestu
Te va cerchant auecques l'oraison,
Qui tire à soy ta grace & ta vertu,
   Heureux celui qui du vice testu
Se sent vainqueur, portant au cœur emprainte
Ta verité, ta faueur, & ta crainte.

15 Si ce n'estoit ton secours esprouué,
Si tu n'estois de mon bien soucieux,
Si dedans moy tu ne m'auois trouué,
Pour me cacher dedans toy dans les cieux,
   Si tu cachois vn poinct d'heure tes yeux,
Ie ne pourrois supporter ceste guerre,
Que mon peché me liure sur la terre.

16 C'est toy, Seigneur, qui fais à tes vassaux
Ta charité tant grande aperceuoir,
Tu les munis encontre tous assaux,
Tu les soustiens, tu les gardes de choir,
   Puis leur ouurant les cieux tu leur fais voir,
Lors qu'ils sont prests de tomber en ruine,
Que leur secours vient de ta main diuine.

17 Tu viens en eux former vn sentiment,
(Dont leurs esprits sont comme deschirez)
Et de leur faute & de ton iugement:
Quand ils se sont en eux mesmes mirez,
   Et qu'ils ont veu d'ou tu les as tirez,

Leur mal,ton bien,sans cesse ils apprehendent,
Et plus tardifs à t'offenser se rendent.

18 De iour en iour tu purges ces vaisseaux,
Empuantis par l'horrible forfait
D'Adam premier, qui y graua ses seaux,
Mais Iesus Christ a cest œuure desfait.
Loué sois-tu, Seigneur Dieu tout parfait,
Qui m'as tiré de l'infernale bourbe.
Fai que mon cœur dessous ton ioug se courbe.

XVIII.
Sur le chant du Pseaume XXIII.

I Ay trop croupi dans la nuict eternelle,
I'ay trop esté a moymesme infidele,
I'ay ressemblé l'engeance infortunee
Des loirs dormans presque toute l'annee.
Mon ame n'est de la fange sortie
De son peché qui la tient amortie.

2 Aba, Seigneur, le mur qui m'enuironne,
Brise le cep qui mes pieds emprisonne,
Tire moy hors ceste horrible tasniere
Ou mon ame est des long temps prisonniere,
Escarte vn peu mes tenebres infectes,
Me faisant voir tes beautez tout-parfaites.

3 Quand l'Eternel, ouurier inimitable,
De rien, dans rien, fit ce monde admirable,
Sans se mouuoir fit mouuoir tant de choses
Dans ce grand rond de l'vniuers encloses,

Rengea d'accord ces quatre inacordables
Les elemens, entre eux si dissemblables:

4 D'vn haut proiect sa puissance feconde
Fit le pourpris d'vn autre petit monde,
Qu'il inspira par sa bouche eternelle,
D'vne ame saincte, admirable, immortelle,
Du corps humain la prudente maistresse,
Qu'elle conduit par singuliere adresse.

5 De mille dons ceste ame fut ornee,
Du createur à l'image tournee,
Ayant pouuoir, par vn honneur supreme,
D'embrasser tout, fors son Dieu & soymesme,
Quoy qu'elle soit pour vn temps detenue
Dans vn cachot de cinq pieds d'estendue.

6 Dautant qu'elle eut sur le corps auantage,
En estre, en force, en adresse, en ouurage,
Le Createur ordonna que ceste ame
Fust la maistresse, & d'vne saincte flamme
Guidast du corps le mouuement fragile
Par le compas de sa prudence agile.

7 Dessus le corps elle eut degré semblable
Que sur l'outil la main, l'eau sur le sable,
Sur le silence vne voix esclattante,
Sur le soulier du ferme pied la plante:
Faisant mouuoir ceste masse de boue,
Comme cil qui de maint outil se ioue.

8 Mais ce chef d'œuure, ainçois ceste abondâce
De dons exquis & de toute excellence,

Empoisonné d'vne superbe enuie,
Se sousleua contre l'auteur de vie,
Et enfraignant de son Dieu l'ordonnance,
Eut de tous maux par effect la science.

9 Il fut priué, pour vne telle audace,
Et quand & lui le fut aussi sa race,
De saincteté, de iustice, & de gloire.
Tous animaux en ce bas territoire,
Le detestans, lui denoncerent guerre:
Ce ne fut plus qu'vn pauure ver de terre.

10 A ses despens il fit preuue valable
Que du Seigneur la voix est veritable,
Car de peché, qui n'auoit accointance,
Auecque lui, il receut l'alliance,
Dont s'ensuiuit ignorance, malice,
Arrest de mort, perpetuel supplice.

11 Il sceut le mal qu'il ne sçauoit encore,
Il vid le mal qui le pecheur deuore.
Le bien premier, accompagnant sa trace,
Lui fut autant comme vn songe qui passe.
Toutes douleurs, dedans, dehors, derriere,
Haut, bas, deuant, troublerent sa carriere.

12 Depuis ce temps peché, plein de cautelles,
D'amers apasts & de douceurs cruelles,
Possede l'ame, esclauement conduite,
Et au profond d'enfer la precipite,
Pour tel effect pratiquant dedans elle,
La chair, helas, cauteleuse & cruelle.

13 Que dites vous, miserables Athees?
Quoy? doutez vous des choses moins doutees?
Vous murmurez contre ceste sentence,
Sans alleguer rien qui ait apparence
De verité, & vos raisons rangees
Font contre Dieu des folles enragees.

14 Vos argumens, vos parades humaines,
Vos beaux discours, vos paroles hautaines,
S'en vont en l'air, ainsi que font les fables
Que l'on oppose aux recits veritables.
Dans vostre main pretendans voir puisee
Toute la mer, vous n'estes que risee.

15 Or nonobstant vostre inepte arrogance,
La verité, dont diuine est l'essence,
Monstre de l'homme auant, apres sa cheute,
L'estat diuers, & quiconque rebute
Ce que la Bible en nos cœurs en propose,
Il ne sçait rien, sachant toute autre chose.

16 La foy en Christ nous purge & regenere,
Du vieil Adam guerissant tout l'vlcere.
D'vn grand pouuoir, d'vne grace eternelle,
Elle refait puis apres l'ame telle,
Qu'en Iesus Christ elle a plus d'auantage,
Que par Adam elle n'a de dommage.

17 Escoute donc, redresse ta paupiere,
Ame, ouure l'œil à la douce lumiere,
Qui te retire arriere du seruice
Fait à Satan, a la chair, & au vice,

Reçoy celui qui de mort te desgage,
Et te fait part du celeste heritage.
    18 Il a vuidé, charitable, ses veines
De leur thresor, pour en payer tes peines.
Dedans sa mort il t'a trouué la vie,
Dans le tombeau ta mort il a suiuie,
Il l'a vaincue, & par ceste victoire
Il te surhausse en eternelle gloire.
    19 Dessous ses pieds il a ietté le monde,
Satan rusé, l'enfer, la chair immonde :
En plus grand heur que iamais t'a remise
Au beau milieu de sa fidele Eglise,
Ne sois donc plus triste ni desolee,
Puis que ton Dieu t'a si bien consolee.
    20 Mon ame, pren le sceptre venerable
Dessus la chair, oy la voix fauorable
De ton Seigneur qui te promet sa grace.
Destourne donc de la terre ta face,
Et t'eslançant dans le celeste temple
De ton Sauueur le visage contemple.

XIX.

Sur le chant du Pseaume CXII.

QV'AVRAS-tu fait, m'ostant la vie ?
Et sur moy ton ire assouuie,
Aura-elle acquis quelque gloire ?
En t'empeschant à me dissouldre,

C'est vouloir d'vn boisseau de pouldre
Auoir, ô grand Dieu, la victoire.

2 Mon forfait, dont la fresche trace
Toute autre iniquité surpasse,
A merité dix mille geines.
Ie scay qu'en son plus grand supplice
Douce lui sera ta iustice,
Pres de ses meritees peines.

3 Ie ne veux estre Pharisee,
D'orgueil ayant l'ame aiguisee,
Et de mes faits ie ne me vante.
Ains ie suis ce peager sombre,
Qui, couuert de pechez sans nombre,
De ta grace, ô Dieu, se contente.

4 Le coulpable d'exces à mille,
Prie son iuge en voix debile,
Et de peur confesse ses fautes.
Deuant toy, Seigneur, ie chancelle,
Pour fuir la geine eternelle
I'ay refuge à tes bontez haures.

5 Serre les coutteaux de ton ire;
Ton seruant ne vueilles destruire,
Ma faute est incomprehensible,
Ie suis tresmeschant, mais ta grace
Infiniment mes maux surpasse,
Et ta clemence est indicible.

6 D'vn cœur contrit reçoy l'offrande,
Et fay, Seigneur, que ie descende

Iustifié de mon offence.
Di moy comme au paralytique,
Que i'ay pardon, & puis m'applique
La santé mieux que ie ne pense.

7 Quittas-tu ton palais celeste,
Pour ça bas nous estre moleste?
Es-tu descendu pour les iustes?
Veux-tu pas tirer, pitoyable,
Des dents de la mort effroyable
Ceux qui ne sont qu'en toy robustes?

8 Que puis-ie en moy de moy pretendre,
A ta iustice veux m'attendre,
Qui au croyant est imputee.
Fi de toute autre conoissance,
Et de la mondaine arrogance
Du iuste iuge rebutee.

9 Ceste conoissance excellente
Si fort ma pauure ame contente,
Qu'ores ie despite la rage
De ma chair, de Satan, du monde.
O Christ, puis qu'en toy ie me fonde,
I'auray part a ton heritage.

XX.

Sur le chant du Pseaume LI.

SEcovrs, ô Dieu, contre le trait lancé
Dedans mon cœur par ceste chair tant fiere,

Apporte tost dedans moy ta lumiere,
Et me contemple en cent lieux transpercé.
 Quoy? tardes tu, ô Pere gracieux?
Ma playe, helas! se rend enuenimee.
De mon salut monstre toy soucieux,
Car mon ame est en ses douleurs charmee.

2 Lors que ce trait dans mon cœur a donné
Ie suis fondu tout plat encontre terre.
Et qui pis est tous les iours ie m'enferre,
Et ne me plains, ni ne suis estonné.
 Les autres fois qu'elle m'auoit donté
Ie condamnoy' ma misere & ma vie,
Mais maintenant ie fuy la liberté,
Et de sortir de prison n'ay enuie.

3 Que di-ie? ô Dieu, mes esprits sont troublez,
Fai luire en moy ceste lumiere saincte,
Quand vne fois mon ame en sera ceinte
D'heur ie verray tous mes malheurs comblez.
 Ha, ie le voy, ie le sen, ce flambeau,
Qui ses rayons de tous costez me darde.
Il n'y a rien en ce monde de beau
Pres de ce feu que mon ame regarde.

4 Poursuy, Seigneur, & donne qu'en mourant
Ce beau soleil viuifie mon ame.
O Dieu, permets que mon cœur te reclame,
Et qu'il se rende heureux en t'adorant.
 Mon cœur est peu de l'offrir à tes yeux
Viuifians tous ceux qui s'en aprochent:

J'en voudroy mille, afin de sentir mieux
Les saincts rayons que sur vn ils descochent.

5 Autre faueur ie ne veux desirer,
Qu'est le l'obiect d'vne flamme si claire:
Iamais ma chair ne m'en pourra distraire,
Quoy que ses traits elle vueille tirer.

Ie la conois, ie ne suis point nouueau
A ses desfis, embusches, faux alarmes:
Ie fus a peine eschappé du berceau,
Qu'elle tira de mon cœur maintes larmes.

6 Mais ta vertu renforce mes langueurs
Contre l'effort de ce fort aduersaire,
Auec ma mort tu la viendras desfaire
Me despestrant de toutes ses rigueurs.

Tandis, Seigneur, puis que ie suis a toy,
Chasse tousiours au loin ceste cruelle,
Et si par fois elle aproche de moy,
Ta grace soit mon glaiue & ma rondelle.

7 Tu me verras asseuré combattant,
Et ta parole haussera mon courage:
Lors mesprisant de tous ses dards l'orage,
De mille coups ma chair i'iray battant.

Ou bien, Seigneur, selon ta verité,
Ie poursuiuray sur elle la victoire,
Puis dans le ciel, qu'ay par toy herité,
Ie receuray la couronne de gloire.

XXI.

Sur le chant du Pseaume XV.

QVI au ciel ses mains haussera,
L'œil, le cœur, la douce faconde,
L'heureux des heureux il sera:
Peché, mort, ne le blessera,
Puis que sur le fort il se fonde.

2 Il ne craint le fier Iberois,
Qui or' tout le monde destrousse.
Besoin n'a d'arc ni de carquois
Plein de ces traits que l'arc Turquois
Contre son aduersaire pousse.

3 De foy son cœur enuironné
Chasse la peur loin de sa face,
Lors que chascun est estonné
D'ouïr les grands qui ont tonné,
Et veulent qu'on quitte la place.

4 Mais qui a graué bien auant
Au cœur la coulpe vengeresse,
Il void peché courir deuant,
Et la peine qui va suyuant
Ia desia les talons lui presse.

5 Celui que ta grace, ô mon Dieu,
Pour l'amour de Christ acompagne,
Est bienheureux, en quelque lieu
Qu'il soit, fust-ce dedans vn feu,

Ou

Ou sur vne aride montagne.
　6　Chasse de nos cœurs la frayeur
Des peruers qui troublent la terre.
Si tu te monstres delayeur,
Sois en fin le iuste payeur
De tout autheur d'iniuste guerre.

　7　Mais quoy qui nous puisse auenir,
Conserue en nos ames ta crainte,
Et de ton nom le souuenir:
Puis vn iour fay nous paruenir
En ioye dans ta maison saincte.

　8　Les reprouuez, finalement
Attrapez par tes mains robustes,
Periront eternellement
Et tu te monstreras clement
A ceux que ton fils a faits iustes.

XXII.
Sur le chant du Pseaume LVII.

CELESTE foy, qui nous meines aux cieux,
Qui esclaircis de nostre ame les yeux,
Qui l'homme rends heureux, ioyeux, & iuste:
Ten moy la main, maugré mes enuieux,
Et pour marcher ren mon ame robuste.

　2　Au droit sentier lors ie mettray le pas,
De m'esgarer crainte ie n'auray pas.
Du feu, des eaux, de la chair qui me gronde,
De mort, d'enfer, plus ie ne feray cas,

Encores moins des faux bruits de ce monde.

  3 Par toy conduit, quand le ciel ie verrois
Fondre en la mer, & la terre, & les bois,
Le feu, les monts, estre meslez ensemble:
De cheminer pourtant ie ne lairrois
Vers mon Sauueur a qui ta main m'assemble.

  4 A Abraham tu fis vn iour auoir
Son Isaac, encontre humain espoir,
Et la sterile a conceuoir fut preste.
Vne autre fois tu lui fis receuoir
Ce fils courbant sous le glaiue la teste.

  5 Isac, Iacob, & Ioseph, menassez
De cent dangers, les ont tous trauersez
Sous le support de ta seure conduite.
Leurs successeurs si long temps hai assez
Ont subsisté par toy dedans l'Egypte.

  6 Ton Israel que Pharon menassoit
Entre deux murs de flots haussez passoit,
Toy conduisant Moyse & ceste bande,
Qui ses haineux sur les bords apperçoit
Estre donnez aux bestes pour viande.

  7 Par les deserts Moyse tu guidas
Chef d'Israel: Iosué tu aidas
A conquester ceste terre promise.
Peuples & rois renommez tu mis bas,
Donnant aux tiens opulente franchise.

  8 Quand Israel, sous le ioug lamentant,
T'a regardé, tu as tout à l'instant

Donné soulas à sa dure souffrance,
Ses ennemis de toutes parts domptant,
Et le mettant en pleine delivrance.

9 Saul voulant de ses armes charger
David ton serf, tu l'en vins descharger.
C'estoit assez de t'avoir pour espee,
Dont il courut Goliath esgorger,
Qui de son glaive eut la teste coupee.

10 Tant de bons rois a Iuda suscitez,
Sont eschappez de leurs aduersitez,
Ont confondu les armees puissantes,
Ont conservé couronnes & citez,
Et leurs maisons delaissé florissantes.

11 Auant, apres la mort du grand Sauueur,
O viue foy, tu as, par ta faueur,
Satan, peché, la mort, la chair, le monde,
Et de nos corps mainte & mainte langueur
Le Christ plongé dans l'abysme profonde.

12 Il n'y a rien impossible à la foy,
Les fortes clefs elle tient (ie les voy)
D'enfer, du ciel, de la mort, de la vie:
Ioye & tout heur elle attire apres soy,
Et au vray bien sans cesse nous convie.

13 Augmente la, Seigneur, dedans nos cœurs,
A celle fin que nous, estans vaincueurs
De desfiance & de l'amour du monde,
Puissions auec les Angeliques chœurs
Te celebrer en la vie seconde.

XXIII.
Sur le chant du Pseaume LIIII.

Ceste chanson a esté meditee durant vne extreme douleur es yeux, affligez d'vne defluxion ardante qui contraignoit l'auteur de demeurer priué de toute lumiere naturelle & artificielle: non pas de la supernaturelle & celeste.

SEIGNEVR, aye pitié de moy,
Qui ay embrasé ta colere.
Tu es ce pitoyable pere,
Qui tires les tiens hors d'esmoy.
 J'aime le iour, & toutesfois
Quand le iour touche mes prunelles,
Ie sens mille poinctes cruelles
Qui m'outragent tout à la fois.

 2 Mes yeux, tant amis de clairté,
Et ne viuans que de lumiere,
Ores vont cerchant la fondriere
De quelque triste obscurité.
 O que ce change est douloureux!
Ie semble à l'oiseau des tenebres.
Les rais du iour me sont funebres,
Me font chagrin & langoureux.

 3 Yeux, que vous seruent vos couleurs,
Puis qu'estes priuez de lumiere,
Puis que mon mal ne panche arriere,
Ains ie sen croistre mes douleurs?

Ceux qui sont du tout priuez d'yeux,
Ne sont tant que moy deplorables:
Car mes yeux, voyans & voyables,
Me sont asprement ennuyeux.

4 Seigneur, quand pour nous voir iadis
Tu prins d'vne vierge naissance,
Tu donnas du iour iouissance
A maint aueugle que tu vis.

Bartimee, entendant ta voix,
Requit & recouura la veue,
Et de ta grace en foy receue
Te magnifia mainte fois.

5 I'ay des yeux, & si ne voy point:
Ils peuuent bien voir, & ne peuuent:
Le mal qu'en voyant ils espreuuent
Ce bien leur oste de tout poinct.

Ie me sen plus mal, que n'est pas
Vn aueugle aise en son malaise:
D'autant qu'vne eternelle braise
M'allume es yeux mille trespas.

6 Qu'ont fait mes yeux, pour estre ainsi?
Fondront ils tousiours en riuieres?
Ont ils trop haussé leurs paupieres?
Ont ils desdaigné ta merci?

Oui, Seigneur, & pour mes pechez,
Que ne sçaurois penser ni dire,
Ils sentent les feux de ton ire
Hors & dedans eux attachez.

q 3

7 Ie sen faillir mes autres sens,
Pource que mes yeux ont fait faute,
Battus de ta maiesté haute
Par tant de traits esblouïssans.

 Mais puis qu'en toy gist la pitié,
Puis que tu es la pitié mesme,
Gueri ceste douleur extreme
Par l'œil de ta saincte amitié.

 8 Helas! ie t'ay trop irrité
Par mes exces en abondance:
Mais desploye en moy ta puissance
Et ta paternelle bonté.

 Ta grace reluit en tous lieux:
Tout ce qui vit en sent l'atteinte:
Voudrois-tu donc la voir esteinte
Dedans la douleur de mes yeux?

 9 Si tu les retiens en ce poinct,
En vain tu auras fait le monde
Et les beautez dont il abonde:
Car vain est ce qu'on ne void point.

 Or vueille donc mes yeux lauer
Des eaux qui coulent de ta grace:
Fai leur, ô Dieu, reuoir la face
Du Soleil qui chasse l'hiuer.

 10 Desormais lire les verras
Le liure expliquant tes ouurages,
Et contempler les beaux estages
Ou tes saincts tu recueilliras.

Tu les verras, ô tout-voyant,
Cherir tes œuures admirables,
S'eslongner des choses damnables
Qui causent mon mal larmoyant.

11 Tousiours, de moment en moment,
Ils diront tes merueilles veues,
Et tes puissances bien conues
Peindront en mon entendement.

Lors mon esprit, par les sentiers
Guidans le penser à la bouche,
Dira ton los, & de sa touche
L'escrira sur mille papiers.

12 Mais d'autant que l'esprit humain
Courbe en vain sous l'œuure l'eschine,
Seigneur, si ta vertu diuine,
Pour l'aider, ne lui tend les mains:

Aproue les vœux que ie fais,
Beni mon cœur & mes yeux mesmes:
Alors de tes graces supremes
Ie magnifieray les effects.

XXIIII.

Sur le chant du Pseaume LXXXIIII.

Ton sainct Esprit me fait penser,
Que tu veux me recompenser
Des maux que pour ton nom i'endure.
Par lui ie demeure vainqueur

De ma chair qui dedans mon cœur
Contre toy sans cesse murmure.
C'est lui qui fait, ô Dieu viuant,
Que mon esprit te va fuyant.
 2 Il me fait esperer aussi,
Que tu auras de moy merci,
Me donnant la vie eternelle.
Il esteint mes peruers desirs,
Allumant en moy maints plaisirs,
Dont mon esprit se renouuelle.
Il blesse a mort ma vanité,
Par les traits de ta verité.
 3 Il hausse a ton thrône mes yeux,
Et ton visage gracieux
Il va descouurant à mon ame.
En mon cœur il fait decouler
De Christ le celeste parler
Qui me retire de la flamme,
Ou mon peché m'eust renuersé,
Si ta main ne m'eust redressé.
 4 Combien que Satan furieux,
Et le monde malicieux
Ma foy vueille voir effacee:
Si ne pourront-ils arracher,
Seigneur, ce qu'il t'a pleu cacher
De tes bontez en ma pensee.
Quoy qui me puisse suruenir,
Par toy i'ay de toy souuenir.

5 Ma chair pour vn temps me retient,
Mais ton Esprit en moy suruient,
Qui de iour en iour me deslace
Les filez dans qui i'estoy pris,
Auant que mon cœur fust espris
De l'excellence de ta face,
Et que de ta voix la vertu
M'eust dedans moymesme abbatu.

6 Puis que tu m'aimes, fay le voir,
M'acheminant à ce deuoir
Qu'vn loyer eternel honore.
Fay qu'en humblesse & viue foy
I'aspire à toy mon Dieu, mon Roy,
Qu'en ton Eglise ie t'adore,
Attendant que dessus les cieux
Ie chante ton nom precieux.

XXV.

Sur le chant du Pseaume CXIX.

SI iamais plus au tyran de mon cœur,
Ma liberté rachetee i'engage,
Que ie ressente encore sa rigueur.
Si iamais plus son feu me fait dommage,
De ta faueur soit le fleuue esgouté,
Et ie n'aye plus de tes graces le gage.

2 Si ce qui tient l'homme en terre arresté
Plus mon esprit, malauisé, desire

De toy, des tiens, ton serf soit detesté.
 Lasche sur moy tous les traits de ton ire,
Si dedans moy ie loge ambition,
Amour d'argent, ou desir de mesdire.

 3 Helas, mon Dieu, i'ay bonne affection,
Car ton Esprit benignement me trace
L'heureux chemin de la perfection.
 Mais ce desir en peu d'heure s'efface,
Pource que quand ma chair reuient vers moy
Ie foule aux pieds ingratement ta grace.

 4 Puis que tu peux me tirer hors d'esmoy,
Et bienheurer mon cœur qui se desole,
De moy ton serf, Seigneur, approche toy.
 Que mon oreille ouuerte a ta parole
Escoute encor ces consolations
Qu'elle propose aux bons en ton eschole.

 5 Ie n'oy ni voy que desolations,
De quelque part que la teste ie tourne :
Mais en toy sont mes delectations.
 Que ta vertu du monde me destourne,
Et me tirant a toy dessus les cieux
Face que la sans cesse ie seiourne.

 6 Ie conoy bien que mon œil vicieux
Ne peut porter ceste saincte lumiere

De ton regard severe & gracieux.
 Quoy que tu ais de benigne maniere
Tasché dompter ma grossiere durté
Demeuré suis presque tousiours arriere.

7 Or nonobstant que me sois aheurté
A mil erreurs, sources de mainte offense,
Ie t'ay senti Pere plein de bonté.
 Tu me retiens en ta saincte presence
Pour m'asseurer, voire par ton serment,
Que ie suis tien, mesme auant ma naissance.

8 Ta verité m'enseigne voirement,
Et ton esprit me le fait ainsi croire
Que Iesus Christ me sauue entierement :
 Qu'en viue foy ie puis manger & boire
Ce redempteur, en qui ie trouue aussi
Vie sur qui la mort n'aura victoire.

9 Fay moy sentir l'effect de ta merci,
Mortifiant ma nature rebelle,
Qui de t'ouir & suyure n'a souci.
 Viuifie moy, faisant que d'vn sainct zele
Ie tende a toy, Dieu fidele, & qu'ainsi
I'obtiene en fin la couronne immortelle.

QVATRIEME LIVRE
DV MESLANGE OV
nouueau recueil
DE
CHANSONS SPIRITVELLES
& chrestiennes.

I. CHANSON.
Sur le chant du Pseaume LII.

OVRNE ton regard pitoyable,
  O Seigneur, mon support,
Deuers ton seruant miserable,
  En l'ombre de la mort:
Et pour me sauuer du trespas
  Haste & double le pas.
 2 Vn mot de ta sacree bouche,
  Mais qu'il soit sans courroux,
Reprimera ma chair farouche,
  Auec ce lyon roux,
Qui sans toy, qui m'as garanti,
  Desia m'eust englouti.
 3 Combien de fois me suis-ie en proye
  A sa rage exposé?

Mesprisant ceste seure voye
    Que m'auois proposé.
Combien de fois ma fauce chair
    M'a-elle fait broncher?
4 Ie n'en sçaurois dire la somme:
    Mais ie sçai que ta voix
M'a dit que Iesus Christ assomme
    Et cloue sur sa croix
Tous mes furieux ennemis
    A son pouuoir soumis.
5 Ceste foy me hausse la teste,
    Me dessille les yeux,
Modere en mon cœur la tempeste
    De mes faits vicieux:
Me fait accepter le pardon
    Que m'offres en pur don.
6 Ie fais à ma vie passee
    Sans cesse le proces.
Ie foule aux pieds en ma pensee
    Le monde & ses exces.
L'effort de Satan est perclus,
    Pour moy l'enfer n'est plus.
7 Loué sois-tu de ceste grace,
    Pere propice & doux:
Fay que tousiours deuant ta face
    Ie courbe les genoux,
Pour obtenir de toy, Saueur,
    Grace, paix, & faueur.

11.

Sur le chant du Pseaume VII.

FErme le liure de mes plaintes
Et ren les chandelles estaintes,
De ma table ou sont tant d'escris
Chargez de douleurs & de cris.

 Mets fin a ma peine cruelle,
Fay cesser ma veille eternelle,
Et seme, ô Dieu, dedans mes os
La douceur d'vn ferme repos.

 2 Tu m'entens, tu vois ma souffrance,
Par ton Esprit i'ay repentance,
Mais ie souspire nuicts & iours,
Attendant tout coy ton secours.

 Ie sen le peché qui m'outrage,
I'apperçoy voilé ton visage,
Au lieu de support & secours,
Tu ne m'œillades qu'a rebours.

 3 Mon mal, qui resueille ton ire,
N'est pas vn mal qu'on puisse dire
Estre commis insciemment,
Par mesgarde & sans iugement.

 Tu m'auois fait mille defenses,
Remis dix millions d'offenses.
Mais sollicité de ma chair
Ie n'ay desisté de pecher.

4 Au premier regard de sa face
Ie me suis ri de ta menace,
Et faisant de l'audacieux
Pour la terre ay quitté les cieux.

I'ay bien osé dire en ma flamme
Que tu n'auois rien sur mon ame,
Que mon peché n'estoit grand cas,
Et que tu ne me voyois pas.

5 Ie l'ay dit, seduisant moy mesme:
Mais ta seuerité supreme
Vengeant le mespris de ses loix
M'a mis es lieux ou tu me vois.

Que sen-ie ores dessus ma teste,
Sinon l'effroy de ta tempeste,
Qui d'ineuitable danger
Vient de toutes parts m'assieger?

6 Seigneur, apaise ta cholere:
Es-tu pas ce cordial Pere,
Donnant plus de peur que de coups,
Et ne gardant pas ton courroux?

Sous le faix mon ame souspire:
Monstre que si tu peux destruire
Tu veux aussi me rebastir,
Et ma guerre en paix conuertir.

7 Si tu veux tonner en ton ire,
Seigneur, ie ne sçai plus que dire:
Humble ie baisseray le chef,
Sous l'ineluctable meschef.

Mais parmi les feux, glaiues, cordes,
Reluisent tes misericordes.
Me voulant donc mortifier,
Vueille aussi me viuifier.

  8 Afin que ta bonté ie chante
Tandis qu'en la terre ie hante,
Et que cinglant deuers la mort
Ie trouue de vie le port.

  Alors, despouille de moymesme,
Ie diray la gloire supreme,
De toy Pere, & de Iesus Christ,
Dieu seul auec le sainct Esprit.

III.
Sur le chant du Pseaume LXXXIX.

SEIGNEVR, qui suis-ie, helas ! que tu daignes
  m'offrir
Ta grace, me voulant au besoin secourir?
Ose-ie bien, Seigneur, prendre la hardiesse
De rouler dessus toy le fais de mon angoisse?
Moy poure de toy riche oseray-ie estre l'hoste
D'ou vient qu'vn si grãd Roy si priuémẽt s'acoste

  2 Le voyager chargé d'vn pacquet trop pressat,
S'esgaye quand il peut rencontrer vn passant
Qui l'allege & descharge au moins d'vne partie.
Mais toy seul as porté ma charge apesantie,
Tesmoignãt ta pitié, quand, pour au ciel me rẽdre
Il ta pleu de ton thrône en la terre descendre.

  3 Tu

3 Tu veux, ô grād Sauueur, me voir viure côtét,
Tu as porté mon mal, n'en pouuant mais pourtāt:
Car si c'est mon peché qui me plōge en souffrāce,
As-tu deu supporter le mal de mon offence?
Or combien que ce fust vn fardeau importable,
Tu l'as voulu charger sur ton dos charitable.

4 Mais qu'ay-ie iamais fait qui te doyue inciter
A me faire ce bien de me vouloir oster
D'vne peine que i'ay tant de fois meritee,
Pour la mettre sur toy? tu as ma vie entee
En ta sanglante mort, & ton triste supplice
M'a acquis ioye, honneur, & parfaite iustice. (neur

5 Seigneur, puis qu'il te plait me faire cest hō-
Que d'auoir soin de moy, & porter ma langueur,
En ton merite seul i'auray mon esperance,
Ie me reposeray sur ton obeissance,
Et puis que pour mō biē sās trauail tu t'épesches,
Ie despite Satan, & le monde, & leurs flesches.

6 Puis qu'il te plait, Seigneur, d'vn vouloir gra-
Prēdre soin de l'ennui qui sans cesse me suit: (tuit
En toy tant seulement mon ame se repose.
Le secours asseuré que ta main me propose
Ie soulage, m'esgaye, & mon ame contente,
arauant accablee, esperdue & dolente.

7 Mon naturel, helas! est stupide, hastif,
onteux, impatient, sombre, tempestatif,
Mais donne moy la foy qui reposer me face
En ta promesse saincte, & me fai ceste grace

r

De peser que ton œil tousiours à poinct se môstre
A ceux qu'affliction incessamment rencontre.

8 Donne moy que ie puisse, en t'attendant, vser
D'vn espoir patient, qui ne peut abuser,
Et qu'ainsi que la perle au milieu de la boue
Môstre vn esclat plus beau dessus qui l'œil se ioue;
De mesmes au milieu du souci qui me mange
Ie monstre vne vertu plus digne de louange.

9 Ramentoy moy, Seigneur, que tes côpassions
Ont prefix certain terme a mes afflictions,
Et qu'ainsi sôt traitez tous ceux qui t'apartienét.
Quant à tes ennemis, afin qu'ils ne reuienent,
Tu les fauches du tout, rendant leur renommee
En vn petit moment esteinte & consommee.

10 I'apperçoy quelquefois la gresle qui bondit
Sur l'ardoise ou la tuile esmouuoir vn grád bruit,
Sans porter par ses coups au logis grand dômage.
Ainsi ceux qui sur toy fondent tout leur courage
Ne sont endommagez par la rage bruyante
De Satan orageux & sa troupe meschante.

11 Ce n'est pas à tousiours que tes enfans esleus,
De qui les noms sacrez en ton liure sont leus,
Doyuent estre exposez aux tempestes du monde:
Tu acoises les vents, & faits arrester l'onde,
Aussi soudain que l'heure a sauuer ordonnee
Est a l'huis du conseil de ton vouloir sonnee.

12 Mesme afin que les tiens, en ce monde cifer
Ne soyent tout a coup das les flots abisme z, (u-

Tu leur fais voir de loin l'impetueux orage,
Tu hausses au milieu des vagues leur courage,
Tu leur monstres le port, tu leur donnes adresse
Qui des vagues & vents demeure la maistresse.

13 Heureux qui ta vertu sçait bien considerer,
Et qui peut en toy seul dans la mort esperer !
O combien est heureux cil qui ne porte enuie
A l'aise des meschans qui n'ont point d'autre vie
Ni d'autre heur que celui du monde perissable,
Qui les geine, les poinct, les mine, les accable !

14 Mais quelle vie, helas ! est celle du meschāt,
De son cruel penser ta iustice arrachant,
Et qui fauce, orgueilleux, compagnie a ta grace ?
Sa vie tend la ioue a ta dure menace,
C'est vn ris aculé de desconfort horrible,
Vn repos plein de geine, & vne mort terrible.

15 En toy doncques, ô Christ, de ma mort le vainqueur,
Ie mettray desormais tout l'espoir de mon cœur,
Laissant aux reprouuez leurs vaines confiances.
Heureux qui en toy seul fonde ses esperances !
Heureux que ton Esprit iournellement conuie
A chercher sur les cieux vne eternelle vie !

IIII.

Sur le chant du Pseaume LXXXVII.

APproche-toy, Seigneur, plein de merueil-
De moy pecheur, afin de m'escouter: (les,
Approche toy, ma voix ne peut porter
Son foible ennuy iusques a tes oreilles.

2 Quand le iour vient, & deuāt le iour mesme
Mon gosier est tout asseché de cris.
I'ay ia tracé mille piteux escrits,
Et d'vn long dueil i'ay le visage blesme.

3 Lors que les nuicts en tenebres s'escoulent,
Ie fonds en pleurs, ie suis poinct de soucis,
Mes yeux, helas, de nuage espoissis,
Sont des ruisseaux qui dans mon lict se roulent.

4 Mais pour me voir tes prunelles sont louches,
Et ta paupiere & tes sourcils d'airain:
Tu n'as (a voir) des oreilles qu'en vain,
Et pour n'ouyr d'vn rocher tu les boûches.

5 Helas, Seigneur, que veux-tu que ie face?
Mettray-ie borne à mes cris, à mes pleurs?
Clorrai-ie l'huis à mes griefues douleurs?
Pour ne m'aider, veux-tu que ie trespasse?

6 Suiuray-ie ainsi tousiours vne complainte
Me voudrois-tu reietter de tout poinct?
En mes dangers t'inuoqueray-ie point?
Veux tu me clorre, ô Dieu, ta maison saincte?

LIVRE IIII.

7 Non ie te pri, car dans la sale boue
Du desespoir lon estoufe ton nom:
L'on n'y entend les airs de ton renom,
Et l'enfer creux, Seigneur, point ne te loue.

8 I'auoue bien, que mes mains infideles
Cent mille fois t'ont repoussé de moy,
Ont fait vn mur entre mon ame & toy,
Entre mon mal & tes iustes prunelles.

9 Ie le conoy, ie le confesse encore,
Mais ie sçay bien que le plus grand rempart
Est penetré de ce ray, qui depart
De ta pitié, plus aigu que l'aurore.

10 Il me souuient qu'vn idolatre prince,
Ce Manassé transgresseur de tes loix,
Pour auoir fait le sourdaut à ta voix
Perdit les siens, soy mesme, & sa prouince.

11 Et toutesfois si tost qu'il vint se rendre
A ta merci, tu ne fus point records
De ses forfaits: les liens de son corps
Ne peurent plus t'empescher de l'entendre.

12 Tu le vis serf, tu lui prestas l'ouye,
Et tost apres le mis en liberté,
Le sceptre es mains, & sa felicité
Plus que iamais fut par toy restablie.

13 Or voy moy donc, regarde ma misere,
De tes rayons trauerse vn peu mes nuicts,
Ie chanteray parmi tous mes ennuis,
Quand tu auras exaucé ma priere.

r 3

14 Cent & cent fois qu'a fait ta main propice
A ton Dauid de pechez surmonté?
Que lui fis-tu quand son iniquité
L'acrauantoit aux pieds de ta iustice?

15 Tu abaissas, dit-il, ta grandeur saincte,
Et ses regrets de toy furent ouys,
Au mesme instant il fut tiré du puits
Ou de la mort son ame estoit atteinte.

16 C'est par sa voix que tu nous dis encore
L'homme estre heureux qui se confie en toy.
Dis-tu pas vrai? veux tu faillir en moy?
Veux tu cela que ta Nature abhorre?

17 Non, mon Seigneur, c'est la verité mesme,
Qui est tresferme & perdurable aussi,
Maugré le temps & mes pechez aussi,
Sur qui elle a, comme toy, droit supreme.

18 Sur elle, ô Dieu, ma foy, mon droit ie fonde,
Elle ne peut, non plus que toy, changer.
O qu'il fait bon sans doute se ranger
Sous ce contract tant reietté du monde!

19 Mais qu'est-ce-ci? mon ame perd son ame,
Mon cœur s'aigrit, la foy s'enfuit de moy:
Pour n'auoir sceu arracher mon esmoy
Elle s'eslongne, & de honte se pasme.

20 Pere benin, mon peché me deuore,
Ouure sur moy tes fauorables yeux,
Ie souffre encor plus de maux ennuyeux
Que ie n'ay fait, ô Seigneur, que t'adore.

21 Car les mondains m'ayant veu miserable,
Et tant pleurer sans estre soulagé,
En cent façons, Seigneur, m'ont outragé,
Me detestant comme vn monstre execrable.

22 Ils ont osé dire de ta parole
Qu'elle estoit vaine & mauuaise de soy:
Ie les oyois detracter de ma foy,
Et me coucher des reprouuez au rolle.

23 Quoy que ta voix ait condamné leur vie,
Si est-ce, ô Dieu qu'ils prosperent des mieux,
Le bien du monde est presque tout pour eux,
Et bien souuent surpasse leur enuie.

24 D'ou vient ceci ? leur panse traine-soye
En mille iours de toy parle vn moment:
Ceux dont la voix te loue incessamment,
En mille iours n'a pas vn brin de ioye.

25 Pardon, Seigneur, d'vne si grand' offense.
Ma chair produit ces pensers & ces mots.
Ie m'en repen, ie deteste mes os
Dictans ceci contre ta prouidence.

26 Il n'y a heur fors celui que tu donnes
De qui les seaux sont les croix & les feux:
Nul sans ces seaux ne peut estre de ceux
Que dans le ciel d'heur ferme tu couronnes.

27 Ceux qui n'ont bié que le bien de ce môde,
L'orgueil, la pompe, & les charnels esbats,
A tels, ô Dieu, tu ne prepares pas
Ton sainct palais ou le vray bien abonde.

r 4

28 Ta volonté, tes œuures touſiours bonnes
Ne ſouffrent point le contrerolle humain.
Tu peux ſauuer en moins d'vn tourne main,
Et aux pecheurs volontiers tu pardonnes.

29 Mais le mondain, comme ta voix m'aſſeure,
N'apartient pas a ton election.
L'ennui, le dueil, le pleur, l'affliction,
Logent es lieux ou tu fais ta demeure.

30 Heureux ceux la que (PERE) tu chaſties,
Que (FILS) tu guide es ſentiers de la croix,
Que (SAINCT ESPRIT) tu conſerues aux trois,
Par oraiſons ſur foy viue baſties.

V.
Sur le chant du Pſeaume LV.

OSERAY-ie leuer la teſte,
O Dieu, pour te faire requeſte,
Durant la peur qui m'enuironne?
Ie ſuis confus, le ſens me faut,
Mon œil s'eſteint, mon cœur treſſaut,
Et de moy meſme ie m'eſtonne.

2 Mon penſer ſans ceſſe decline
Arriere de ta voix diuine,
Et ne craint rien que ton orage,
Car mon forfait t'a courroucé,
Et merite vn foudre eſlancé
Qui ſans reſſource me ſaccage.

3 Mais ou feray-ie ma retraite,
Loin de ta iustice parfaite,
Et pour n'estre veu de ta face!
Si ie me couure de la nuict,
Ton œil dans les tenebres luit,
Et y remarquera ma trace.

4 D'aller au ciel, tu y habites,
Ailleurs donc i'adresse mes fuites,
Et m'en vais au fond de la terre.
Mais c'est acroistre mon tourment:
Car la tu as commandement,
Et tu m'y ferois forte guerre.

5 Si ie suis hors ou sur la couche,
Tu voids & mon cœur & ma bouche,
Tu me descouures ma pensee,
Dormant, tu me viens attraper,
Veillant, ie ne puis eschapper
Ta main iustement courroucee.

6 Ne pouuant euiter ton ire,
Ie vien en reuerence dire,
Seigneur, a ta maiesté saincte,
L'œil en mille pleurs degouttant,
Et le cœur sans cesse battant
Ma poictrine au vif atteinte:

7 Ie suis pecheur en ta presence,
Toute ma vie n'est qu'offense,
Tu en rens contre moy tesmoignage:
Tu m'auois muni de vertu,

Tandis sans auoir combatu,
Malheureux, i'ay perdu courage.

8 Seduit par vne voix accorte,
I'ouuris à l'ennemi la porte,
Auant qu'il eust sommé la place.
Mes pensers par trop inhumains,
N'y pensant m'ont mis en ses mains,
Pour n'auoir prins garde a ta grace.

9 Si tu m'escarbouillois la teste
D'vn sifflant traict de ta tempeste,
Ioint à ta flamme estincellante,
I'ay plus encore merité,
Seigneur, par mon iniquité,
Qui sans cesse a moy se presente.

10 Tu peux a neant me reduire:
Maix veux tu desployer ton ire
Contre moy qui ne suis que pouldre?
Tu es tout iuste & tout puissant:
Ie suis rien, & me punissant
Tu pers & ta peine & ta fouldre.

11 Seigneur, tu employes ta force
Contre vn festu que le vent force:
Tu veux lutter contre vn ombrage,
Contre vn mort, contre vn tronc seché,
Contre vn ver en terre caché,
Contre l'escurre d'vn riuage.

12 O si ta charité m'accorde
En ton seul fils misericorde!

Tu orras ma plainte ordinaire.
D'os,de nerfs,tu m'as façonné,
De peau deliee enuironné.
Ne vueille doncques me desfaire.

13 Ie ne suis que boue amassee,
Mais par tes saincts doigts repassee,
Et reduite en chair,sang, & veines.
Tu peux bien me faire descheoir,
Comme foin qui seiche en vn soir,
Fauché le matin par les plaines.

14 Ta main sur moy apesantie
Desia,mon Dieu,i'ay bien sentie,
Ie sue & transis de tristesse,
L'obscurité flotte en mes yeux,
Ie sens vn remords curieux,
Qui me poinct,m'eslance, & me blesse.

15 Soit que le iour radieux s'ouure,
Soit que la nuict obscure couure
La terre,& guide le silence,
Helas! ie ne puis reposer,
Et mon dueil ne veut s'apaiser,
Ains va doublant sa violence.

16 Sur moy tu descoches ta flesche,
Qui de son venin me desseche,
Boit mon sang,brusle mes entrailles.
Ie suis par ton dur iugement
Affligé d'vn estonnement
Dont sans cesser tu me tenailles.

17   Si repos la nuict ie desire
Pensant euiter mon martyre
Et l'ardeur de ma peine horrible,
Fermant les yeux pour sommeiller,
En sursaut ie sen m'esueiller
Par quelque vision terrible.

18   Ma vie à toute heure succombe,
Ie n'atten qu'vne obscure tombe,
Ce que ie voy m'est effroyable,
Ie suis pressé de tel esmoy
Que mesme ie me plain de moy,
Me conoissant si miserable.

19   Seigneur, qui ois ma doleance,
Ne me laisse en ceste souffrance,
Vueilles adoucir ton courage,
En heur ma misere changer,
Me garantir de ce danger
Qui me menace de naufrage.

20   S'il te plait qu'au haure ie touche,
De tout mon cœur & de ma bouche
Ie magnifieray tes louanges:
Puis vn iour du tout despouillé
Des forfaits qui m'ont tant souillé
Ie serai compagnon des Anges.

21   Afin qu'en ton palais de gloire,
Comme ton Esprit m'a fait croire,
A iamais de toy ie iouïsse,
Et que ie celebre auec eux

LIVRE IIII. 269
O Seigneur, ton nom precieux
Qui a daigné m'estre propice.

VI.

Sur le chant du Pseaume XVIII.

TOy, a qui sert la troupe bien heuree
Des Anges saincts sur la voute etheree,
Qui as formé le grand tour spacieux
Du beau chef d'œuure admirable à nos yeux:
Qui d'vn clin d'œil tournes la masse ronde,
Et fais couler les fondemens du monde,
Pardonne nous, & nos pechez lauant,
En ta fureur ne nous va poursuyuant.

2 Ne pese pas nos faits en tes balances,
Et a rigueur ne iuge nos offenses.
Car qui pourroit supporter ton courroux
Si tu estois animé contre nous?
De l'vniuers, si la forte machine
Tremble a la voix de ton ire diuine:
Que deuiendra pres d'elle vn criminel
De ses pechez & de l'originel?

3 Mais es-tu pas Dieu facile & ployable,
Infiniment & iuste & pitoyable,
Donnant loyer plus grand que le bienfait,
Et chastiment moindre que le forfait?
Ta pieté nos offenses surpasse,
Fait que l'indigne est digne de ta grace:

Et digne aussi celui se peut nommer
Que tu rens tel, & qu'il te plait aimer.

4 Regarde nous de tes yeux pitoyables,
Soit comme serfs, ou soit comme coulpables.
Coulpables? oui: si ta seuerité
Veut s'arrester à nostre iniquité.
Mais si tu veux regarder au merite
De ton cher fils qui nos debtes acquitte,
Il n'y a plus de condamnation
Sur nous, enfans de ton adoptiou.

5 Considerez en nostre humaine race,
Nous meritons que ta main nous desface,
Mais ton cœur a nostre orgueil surmonte,
Et nous sauuant tu monstres ta bonté.
Icelle a fait Christ en terre descendre,
Et sur la croix ses saincts membres estendre
Pour nous lauer par le sang precieux,
Qui clost l'enfer & nous ouure les cieux.

6 Ta charité, IESVS, souuerain Sire,
Fait qu'vn grand bien de nostre mal se tire.
O Charité, soigneuse de nos biens,
Qui souffres mort, pour donner vie aux tiens!
O Charité de nous mal reconue,
Par nos pechez, helas, presque vaincue,
De ton amour la violente ardeur
Puisse eschaufer nostre lente tiedeur.

7 Afranchi nous de l'odieux seruice
Qui nous a faits tous esclaues de vice.

Esteins en nous l'ardeur des vains plaisirs,
Et tire a toy nos dueils & nos desirs.
Afin qu'estans au bout de ceste vie,
Lors que du corps l'ame sera rauie,
Elle ait partage eternel auec toy
Son redempteur, son espoux, & son Roy.

VII.

Sur le chant du Pseaume xc.

GRAND Dieu viuant, que ma pensee adore,
Qui m'as tiré de la mort eternelle,
Qui me remplis de ioye supernelle,
Toy que l'Eglise, au ciel, en terre, honore,
Vueilles vn peu l'oreille me prester,
Et mes souspirs, fauorable, escouter.

2 Puis qu'a toy seul ie iure obeissance,
Puis qu'en ton fils ta grace tu me donnes,
Puis qu'en tes cieux tu gardes les couronnes
Pour ceux qui ont de ton nom conoissance,
Pousse ta voix, pleine de ton Esprit,
Dedans mon cœur, y grauant Iesus Christ.

3 Afin qu'en lui ie cerche vne iustice,
Qui de ma part y tous mes pechez efface.
. . . . . ginelle face
. . . s . . . . l'Adam que vice.
. . . .
. . . . l'ay faits.

4 Ie diray plus:en sa naissance saincte
Sanctifié suis au ventre ma mere.
Obeissant durant sa vie au Pere
Il me rend sainct,si que ne sens l'atteinte
Ni les efforts du damnable peché,
Et de la mort ie ne suis empesché.

5 Quoy que peché dedans ma chair habite,
Er que le bien que voudrois ie ne face,
Quoy que le monde encore me menace,
Et que Satan contre moy se despite
Aussi certain de mon salut ie vis
Comme si ia i'estois en paradis.

6 Tous ces efforts de la chair qui me gronde,
Et qui du bien s'efforce me distraire,
Tous les assaux du cruel aduersaire,
Et les conseils pernicieux du monde
A mon salut nuire ne peuuent peúuent pas
Et mon bon heur ne retardent d'vn pas.

7 C'est Iesus Christ qui fait ce bel eschange,
Contre ma chair l'esprit il fait combatre,
Satan, peché, le monde il vient abatre,
Ma fiere mort en douce vie il change,
Et de sa grace il m'a trop plus rendu
Qu'en ce premier Adam ie n'ay perdu.

8 De ceste source en mon ame ruisselle
Vn sainct desir de vie bien reiglee,
Ayant quitté la licence aueuglee
Du vicieux qui sans cesse querelle

Con

Contre iustice & les belles vertus
Dont les esleus de Dieu sont reuestus.

9 Ie ne pretens auoir iustice & vie
Qu'en Iesus Christ que par foy i'apprehende,
Comme sa voix expresse me commande,
Quoy que le monde à l'opposite die.
S'il plaît à Dieu iuste me reputer,
Homme mortel y veux-tu resister?

10 Iuste ie suis, pource que Dieu m'impute
Du bien aimé la parfaite iustice,
Que ie reçoy, croyant que son office
Est de m'auoir deuant Dieu rendu iuste,
Lequel lui a imputé les pechez
Dont ses esleus estoyent tous entachez.

11 O mon Saueur, comme pour mon offense
Tu as voulu iuste aller au supplice,
A moy pecheur fay part de ta iustice,
A celle fin qu'en ta saincte presence,
De mes pechez quelque iour deuestu,
De ta iustice au ciel sois reuestu.

VIII.

Sur le chant du premier Pseaume.

E languissois d'vn tourment inconu,
De toy, Seigneur, de nul autre conu:
ais ta bonté, se monstrant la plus forte,
e ta maison me vint ouurir la porte,

Puis me mena dedans son cabinet,
Ou de peché soudain me rendit net.

2 Tu n'as cessé depuis de m'assister,
Si que par toy j'aprens à resister
Aux durs assaux que le peché me liure.
Si ie suis pris ta dextre me deliure,
Elle m'assiste & rend victorieux,
Et triomphant m'esleue sur les cieux.

3 Le vicieux, en la terre arresté,
Dit que ie suis plein de temerité.
Ie voudrois bien qu'il eust autre pensee:
Mais si vers toy mon ame est auancee,
Que me doit-il chaloir de l'ignorant
Qui contre nous s'esleue murmurant?

4 Les grands palais sont plus battus des vents,
Et les hauts monts es nues s'esleuans
Presques tousiours sont frappez de l'orage:
Mais, ô mon Dieu, tu me donnes courage,
Et puis qu'à toy tu veux me souleuer
Ie ne voy rien qui me puisse greuer.

5 Emporté donc sur l'aile de la foy,
D'amour, d'espoir, ie voleray vers toy
Pour me saouler du regard de ta face,
Et retournant en ceste terre basse
A mes prochains ta grace ie diray,
Puis en mon temps au ciel receu seray.

IX.

Sur le chant du Pseaume xxx.

Nvl feu par les vents animé,
Nul mont par le feu consumé,
Et nul Ocean fluctueux
De mille flots impetueux
N'a tant de vagues ni de flamme
Que i'en sen dedans ma pauure ame.

2 L'hiuer n'a point tant de glaçons,
L'esté tant de iaunes moissons,
Le ciel de feux estincellans,
Et la nuict de songes volans
Que pour ma chair cruelle & vaine
Mon esprit endure de peine.

3 Toute douleur qui nous suruient
Peu à peu moins forte deuient,
Mais il ne me faut esperer
De voir par le temps moderer
Le mal que mon peché m'aporte,
Et qui loin de mon Dieu m'emporte.

4 Ie suis à bien faire inconstant,
Cent fois ie change en vn instant,
Ie vay tracassant iours & nuicts
Par les sentiers de mes ennuis,
Et ma procedure commune
Moins arrestee est que la lune.

5 O que mes iours sont malheureux,
Te pressans d'estre rigoureux
A l'endroit de mon cœur chetif
Qui de peché se rend captif,
Et aime d'estre tributaire
Pour viure en enchainé forsaire!

6 Encor le forçaire arresté
Espere en sa captiuité,
Mais en mon emprisonnement
Ie n'atten point d'allegement.
De Christ la seule obeissance
Et ma mort est mon esperance.

7 Mais comme vn chasseur va suyuant
L'oiseau qui s'enuole deuant,
Ainsi la mort qui tout destruit
Court apres celui qui la fuit,
Laissant celui qui se veut rendre,
Et se desdaigne de me prendre.

8 Ainsi, mon Dieu, suis-ie asserui,
Et n'estoit qu'en ton fils ie vi
De ma chair les sorciers apasts
M'eussent fait trebuscher à bas:
Mais quand i'apperceus ton visage,
Ie desiray te faire hommage.

9 Raui de tes perfections,
Gaigné par tes compassions,
I'allai repudier ma chair:
Mais elle reuient me cercher,

Afin que de sa fauce veue,
Derechef mon ame elle tue.

10 Ce qui la fait ainsi bramer,
Est d'autant qu'il te plait m'aimer,
Et qu'elle void que tu sçais bien
Reduire sa fureur à rien.
Ta grace, & de Christ le merite,
Est ce qui sans cesse l'irrite.

11 Elle dit que i'ay trop osé
De t'auoir mes maux exposé.
Mais ie ne me puis repentir
De croire, ô Dieu, que sans mentir
Tu peux, tu veux me faire grace
En ton fils qui ma faute efface.

12 Quand ton visage ie ne voy
Mes haineux me donnent effroy,
Le desespoir à moy se ioint,
Ma chair mortellement me poinct,
Et du tourment qu'elle me donne
Mon tout horriblement frissonne.

13 Lors que ie suis tout abbatu,
Languissant, foible, & sans vertu,
Deuant toy mes soucis s'en vont,
Et du mal que mes maux me font
Ie gueri quand ie te regarde,
Et ta vie ma mort retarde.

14 Mon peché, contraire à ma paix,
Me voyant tomber sous le faix,

Fait ainsi qu'vn bourreau cruel
Qui donne a boire au criminel,
De peur que trop tost il finisse,
Et qu'il s'exempte du supplice.

15　Ainsi pour plus me tourmenter
Quelque fois il me fait gouster
Vn plaisir ombratile & vain:
Mais las, i'espreuue aussi soudain
Que cela n'a point de duree,
Et que ma peine est asseuree.

16　Reuien donc comme au parauant
Pour me sauuer, ô Dieu viuant,
Romps de mes ennemis l'effort,
Et dans mon ame dresse vn fort
Qui de ma chair bride les courses,
Et de mon heur garde les sources.

17　Si par fois lassé d'endurer
Ie suis contraint de murmurer,
Et si au lieu de recourir
A toy i'ay crainte de mourir,
Retire moy de ceste peine,
Et par toy vers toy me remeine.

18　Or en vain irois-ie esperant,
De trouuer remede en mourant,
Si ta voix ne m'en asseuroit.
Et ma pensee ne seroit,
Sinon impure & inconstante,
N'estoit que tu es mon attente.

19 En ta parlante verité,
Qui a ses discours limité
Dans l'vn & l'autre Testament,
Mon Dieu, i'apperçoy clairement,
Qu'en ton fils ta grace m'accorde
Eternelle misericorde.

X.

Sur le chant du Pseaume LXVII.

PEché qui des yeux a naissance
Court aussi tost vers le desir,
Se paist d'vne folle esperance,
Trouue repos en vain plaisir.
  Sa poison mi-morte
  Naist & se rend forte
  Pres de son trespas.
  Mort suit sa victoire,
  Chose forte à croire
  Que lon ne sent pas.
 2 Tout ce que l'vniuers enserre,
Est, sera par peché destruit,
Le feu, l'air, les eaux & la terre,
Et tout ce qui d'eux est produit.
  De moy aduersaire
  I'aime mon contraire,
  Le suyuant au pas:
  Mon mal incurable

M'est tresagreable:
Ie ne le sen pas.
3 Ma chair suit à l'acoustumee
La vertu, trouuant bien aisé
D'auoir toute l'ame allumee
D'vn feu par le monde attisé.
  Tout ce qu'elle pense
  C'est de faire offense,
  Et de bien nul cas,
  Ne pouuant comprendre,
  Que l'homme est de cendre,
  Qui ne le croid pas.
4 Chagrin, despit, dueil & tristesse
Vienent le pecheur acueillir,
Qui pour les fruits de sa liesse
Va de Dieu l'ire recueillir.
  Son cœur le console,
  Il fuit ta parole,
  La brouille en vn tas,
  Il cerche la terre,
  Sans de toy s'enquerre,
  Et ne te craint pas.
5 O Dieu, repurge ma pensee,
Et la persuade en douceur,
Afin qu'hors du monde haussee
Elle ait sentiment de ton heur:
  Pour louer ta grace
  Qui mon mal efface

Au sang precieux
De l'aigneau sans tache,
Qui rompt mon attache,
Et me loge aux cieux.

XI.

Sur le chant du Pseaume CXXVII.

Dv fond d'ennuis en l'horreur plus extreme,
Sans reconfort d'autrui ni de moy mesme,
(Car ma douleur n'en sçauroit receuoir)
Puis que ma voix n'en a pas le pouuoir,
Mon cœur outré d'incurables atteintes,
S'ouure, Seigneur, & te fait ses complaintes.

2 Si durement ta cholere me touche,
Que pour crier ie n'ay gosier ni bouche,
Et te mander ma priere ne puis:
Tant espleuré pour mon malheur ie suis,
Que de mon chef i'ay tari les fontaines,
Et ne sens plus de sang dedans mes veines.

3 Ie sers de butte aux angoisses ameres,
Aux passions, aux regrets, aux miseres,
Ie sen les traits de ta iuste fureur
Visans au blanc de mon horrible erreur.
Ie te reclame & doux & pitoyable,
Et en mon mal ie te sens effroyable.

4 En mes pensers mon ame est esgaree,
Mes os sont secs, ma langue est vlceree,

Comme les flots mes maux vont se fuyuans.
Ie sers d'exemple & de crainte aux viuans,
Ma nourriture est close en ma saliue,
Et ton courroux ne permet que ie viue.

5 Sois moy propice,ô mon Dieu mon refuge,
Monstre toy pere, & non seuere iuge,
Modere vn peu le tourment ou ie suis.
Sans ton esprit ie ne veux ni ne puis
Auoir soulas, fay qu'il me conuertisse,
Car tu ne veux que ie meure en mon vice.

6 Semblable suis au passant miserable
Que des brigands la troupe impitoyable,
Pres Iericho pour mort auoir laissé.
S'il n'eust esté secouru, redressé
Pensé, porté par le bon Samarite,
De ceste vie il estoit franc & quitte.

7 Sans toy, Seigneur, vainement ie m'essaye:
Donne moy force, & resserre ma playe,
Gueri mon cœur que ton ire a touché:
Arrache moy du tombeau de peché,
Comme ta voix, forçant mort & nature,
Tira Lazare hors de sa sepulture.

8 Rameine au parc ta brebis esgaree,
Verse tes eaux sur ma langue alteree,
Chasse la mort qui rode autour de moy.
Helas, mon Dieu, i'ay peché deuant toy,
Tu me voids nud, sinon de vitupere:
Prodigue suis: mais si es-tu mon Pere.

LIVRE IIII. 283

9 Pourquoy se fust offert en sacrifice
Ton bien aimé, ma vie, ma iustice?
Pourquoy eust il son sang ainsi versé,
Pourquoy son corps eust il esté percé
Sinon pour moy, & pour te satisfaire?
Pour mon forfait il t'a pleu le desfaire.

10 Par ceste mort i'atten vie eternelle,
Et dans son sang mon ame se fait belle.
Vous desespoirs qui m'auez transporté,
Retirez vous, ie suis dans le costé
De mon Sauueur, qui de mort me retire,
Et sur mon chef son merite fait luire.

11 O Dieu viuant, i'ay ferme confiance
Qu'au dernier iour par ta toute puissance,
Mon corps reduit en pouldre reuiura,
Et sur les cieux son redempteur suyura,
La pour iamais magnifiant ta grace
Repeu seray des douceurs de ta face.

XII.

Sur le chant du Pseaume XCIIII.

MA chair comme eau s'est escoulee,
Et ma peau desfaite est colee
Sur mes os pourris par dedans.
Suis pressé de dur esmoy,
Rien ne me demeure de moy
Que la leure aupres de mes dens.

2 Mes yeux ont tari leurs fontaines,
Mes nuicts d'amertume sont pleines,
Mes iours sont horribles d'effroy,
La nuict me trauaille de peur,
De ma bouche la puanteur
Fait que i'ay mesme horreur de moy.

3 Ayez de pitié l'ame atteinte
Vous qui reuerez Dieu sans feinte,
Et me pleurez amerement,
Du Seigneur l'indignation
Me detient en affliction,
Et me presse ainsi rudement.

4 Ie souspire auant que ie mange,
Et mon gemissement estrange
Bruit comme vn torrent retenu.
I'aurois de me taire raison,
Car mon forfait est l'achoison
Du mal dont ie suis detenu.

5 Ma peine n'est point excessiue
Encores qu'à peine ie viue
Dans vne terrible langueur.
O Dieu, punisseur des forfaits,
Ie sens ores par les effects
Que saincte & iuste est ta rigueur.

6 Mais tu n'as d'vn cœur aduersaire
Creé ton serf pour le desfaire,
Ou le perdre eternellement.
Puis que i'ay ta grace senti,

LIVRE IIII.

O Seigneur, t'es tu repenti
De t'estre à moy monstré clement?

7 Non, Seigneur, quand ceste lumiere
Du iour auroit fait sa carriere
Dix & dix millions de fois,
Et que tandis me conuiendroit
Souffrir tout autant qu'orendroit,
Iamais ie ne t'accuserois.

8 Si ie dis que tu es extreme
En ta iustice, ie blaspheme:
Et ne puis que doux te nommer.
Casse ma machoire & mes dens,
Si iamais mes pensers ardans
Me poussent a te blasphemer.

9 Plustost purge ma bouche, ô Sire,
Fai luy mes deliurances dire,
Et tes merueilles reciter.
Si la nettoyer tu ne veux,
Seigneur, tu sçais que ie ne peux
Que maudire & me despiter.

10 Alors que ma douleur me presse,
A ta bonté mon cri s'adresse,
Ma foy vient à se redoubler,
Ta grace en mon ame ie sen,
Et d'vn cœur contrit ie consen
Que mon mal puisse me troubler.

11 Car sa force n'est pas si forte
Que loin des cieux elle m'emporte,

Et lors tu mes pere vray'ment,
Tu m'as dit que ie suis ton fils,
Regarde donc comme ie suis,
Et me donne vn doux chastiment.

12 Ta menace n'est point cuisante,
Ni ta cholere trop pesante,
Au regard de tant de forfaits:
Il me faudroit dix mille fers,
Cent morts, cent geines, cent enfers,
Pour punir les maux que i'ay faits.

13 Celui qui cerche heur en la terre
Murmure quand ta main le serre,
Seduit par le monde & la chair.
Quand m'affliger il te plaira
Mon cœur ma langue se taira,
Pour contre toy rien ne lascher.

14 Enten moy lors que ie te prie,
Respons alors que ie m'escrie,
Fay moy dire que mes pechez
Meritent, ô iuste Seigneur,
Que tous les traits de ta rigueur
Soyent contre moy descochez.

15 Ta vengeance est bien plus petite
Que de mes crimes le merite.
La larme aux yeux à toy ie vien,
Misericorde ie requier,
Et si ta grace, ô Dieu, i'acquier
Ie ne veux point de plus grand bien.

16 Puis que dans ta poictrine saincte
La Charité se void emprainte,
Sois moy pere & seigneur humain,
Et tes grandes compassions
Desploye sur les nations
Adorans l'œuure de leur main.

17 Ta bonté luira dauantage
Sauuant le pecheur qui t'outrage
Et le retirant du trespas,
Qu'a faire sentir ton secours
A ceux qui ont a toy recours
Et ta maison ne laissent pas.

18 Or quoy qu'en icelle i'habite,
Si est ce que ma chair maudite
Fait encontre moy son effort.
Si donc iamais il te chalut
De ton serf & de son salut,
Vien, Seigneur, & sois le plus fort.

19 Afin que maugré la meschante,
Ton los incessamment ie chante,
Me voyant remis au dessus:
Attendant que par ton pouuoir
Du tout sauf ie me puisse voir
Heureux en ta gloire là sus.

XIII.

Sur le chant du Pseaume CVII.

MAugré ma chair rebelle
Qui me veut consumer,
Ie veux d'vn cœur fidele,
O Seigneur Dieu, t'aimer.
C'est toy qui m'as ietté
Hors de l'enfer horrible,
Et qui m'as racheté
Par vn pris indicible.

2 Mon ame est arrestee
A ceste verité,
Qui m'est manifestee
Par ta benignité.
Ton Esprit me contient
En ton obeissance,
Et souleuer me vient
Iusques en ta presence.

3 Heureuse est la personne
Que tu conioins à toy,
Au cœur de qui resonne
Le doux air de ta Loy!
Qui soumise a ta main
N'a point le cœur au monde,
Et sur l'effort humain
Sa fiance ne fonde.

4. Cil

4 Cil rit de son dommage
Qui aux hommes s'attend,
Il vogue en vn naufrage,
Malheur le rend content.

Mais ta clemence, ô Dieu,
Ma conscience asseure,
Et me fait en tout lieu
Trouuer retraite seure.

5 Si dedans l'ignorance
Mon cœur se va plonger,
Ie voy ta sapience
Qui me vient soulager.

Si la malignité
De mon vouloir s'acointe,
Ta grand' benignité
A mon ame est conjointe.

6 En disette i'abonde,
Mes pleurs rire me font,
Viuant ie meurs au monde,
Et mes maux me refont.

En moy ie suis perdu,
En toy sauf ie me trouue,
Mon vice est confondu,
Et ta faueur me couure.

7 Si la mort me menace,
a vie me maintient.
ontre l'humaine audace
a force me soustient.

t

Satan tournoye & bruit,
Mais ton œil m'enuironne.
Quand ma chair me seduit,
Ta voix conseil me donne.

8   Le tombeau,c'est la couche
De nos corps endormis.
Nul haineux l'ame touche
D'aucun de tes amis.

L'ame viuante es cieux,
Le corps gisant en terre,
Des plaisirs vicieux
Ne sentent plus la guerre.

9   Qui plus est l'ame enclose
En ce corps quelques ans,
N'est pas pourtant forclose
De seurs contentemens.

La viue foy,l'espoir,
L'oraison,sont ses ailes,
La portans au ciel voir
Les beautez immortelles.

10   O heureuse iournee,
Quand,mon corps tout couché,
Mon ame deliuree
Sera de tout peché.

Alors elle obtiendra
La vie precieuse,
Et au ciel attendra
L'autre iournee heureuse.

LIVRE IIII.

XIIII.
Sur le chant du Pseaume LXXX.

GVIDE moy, Seigneur, & m'adresse,
Pour magnifier ta hautesse,
Et tes mandemens precieux
Me monstrans le chemin des cieux.
Garde que mon entendement
Ne quitte vn si riche argument.

2 O Dieu, ie sacre à ta memoire
Ces saincts vers, courriers de ta gloire,
Mais trop foibles pour ton honneur:
Il faut vn plus diuin sonneur,
Ie sçay que ton merite vaut,
Et que ne puis voler si haut.

3 Le Soleil faisant sa carriere,
Ne void haut, bas, deuant, derriere,
En terre, au ciel, de tous costez
Nulles beautez, nulles bontez,
Qu'on puisse aux tienes comparer,
Ni auprés d'elles reuerer.

4 Le pecheur qui ferme s'obstine
[à] loger dedans sa poictrine
[In]iustice, erreur, vanité,
[Ch]ange de propos, si par fois
[O]it le doux son de ta voix:
[Se] range à ta verité.

5 Il void ta douceur admirable,
Ta prouidence venerable:
Ta iustice & ton haut pouuoir
Se font tant au vif perceuoir
Qu'il est contraint d'vn cœur soumis
Aimer le rang de tes amis.

6 Il void ta clemence reluire,
Quand le iour se monstre & retire,
Il sent que son œil obscurci,
Et son cœur, de peché noirci,
Reçoit l'agreable clairté
Et void son malheur escarté.

8 Admirant ta grandeur parfaite,
Sa volonté deuient suiette
A tes salutaires edits,
En ses pensers, œuures & dits
Ta voix le conduit, le maintient,
Et sous ta faueur le soustient.

9 O Seigneur, que mon tout reuere,
Monstre toy fauorable Pere
A la troupe de tes esleus,
En ton fils de toy bien voulus:
Et maugré l'effort furieux
De la mort tire les aux cieux.

X V.
Sur le chant du Pseaume CIII.

Seigneur mon Dieu, mon pere pitoyable,
Octroye moy ce desir immuable,
De te vouloir, te cercher, te trouuer,
  En te trouuant te cherir d'vn grand zele,
Te cherissant te demeurer fidele,
Fidele estant iamais ne varier.

2 Donne à mon cœur le don de repentance,
A mon esprit de salut conoissance,
Et a mes yeux vne source de pleurs:
  Donne à mes mains l'aumosne charitable,
Esteins en moy la flamme insatiable,
Et de la chair les cruelles chaleurs.

3 Dedans mon cœur, allume, embrase, enflâme
De ton amour la viue & saincte flamme,
Chasse de moy l'esprit presomptueux:
  Octroye moy le thresor amiable
D'humilité, vertu tresdesirable,
Romps le despit fier & tumultueux.

4 Muni mon cœur de forte patience,
Espurge le de toute outrecuidance,
D'orde rancune, & de mauuais vouloir.
  Vien le remplir d'vne douce pensee,
La viue foy s'y sente redressee,
La charité, l'humilité, l'espoir.

5   La vanité d'autour de moy recule,
En mon esprit l'inconstance soit nulle,
Tout changement de moy soit reietté,
   Ma bouche soit de friandise exempte,
De peu de mets l'estomach se contente,
Gueri mes yeux de folle auidité.

6   Chasse de moy l'orgueil qui iniurie,
Detraction, moqueuse flatterie,
Retire moy loin de tous curieux,
   Ne permets pas que i'aime vaine gloire,
Ni que de tout i'ose me faire croire,
Ni que ie sois ami des vicieux.

7   Mon ame soit par toy si bien aprise,
Que l'indigent iamais ie ne mesprise,
Que ie ne face au foible oppression,
   Que ie ne sois aueuglé d'auarice,
Que part ie n'aye à quelconque iniustice,
Ains du chetif i'aya compassion.

8   Retranche en moy le desir de mal faire,
Vouloir inique, obstiné, temeraire,
Vile paresse, & molle oisiueté,
   Aueuglement de cœur & de pensee,
Barbares mœurs, vie mal compassee,
Et le malheur d'vn esprit hebeté.

9   A celle fin que loin de moy se treuue
De maints pechez l'abominable preuue,
La resistance au bon & sainct conseil,
   A trop parler vne langue effrenee,

De la droiture vne ame destournee,
Vn cœur reuesche & aux pauures cruel.
 10 Que ie ne sois armé de calomnie
Contre l'honneur d'vne innocente vie,
Ni trop piteux ni trop seuere aux miens,
 Ni nonchalant au deu de mon office,
Ni trop enclin à supporter le vice,
Ni trop chagrin enuers ceux qui sont tiens.
 11 O Eternel, humblement ie te prie
Que pieté dans moy reprene vie,
S'acompagnant d'humble compassion:
 Que l'affligé doucement ie console,
Par saincts effects & par bonne parole,
Et le foulé i'oste d'oppression.
 12 Q'uà l'indigent & pauure ie subuiene,
Le soulageant de la puissance miene,
Et qu'au foulé ie serue de support.
 Au disetteux ma debte ie remette,
A mes haineux toute offense à moy faite,
A l'ennemi i'offre paix & accord.
 13 Que pour le mal le bien ie face & rende,
Que desdaigner aucun ie ne pretende,
Ains à chascun ie defere l'honneur,
 I'adhere aux bons, les superbes i'euite,
I'aime vertu, le vice ie despite,
Que ie t'inuoque en ioye & en douleur.
 14 Qu'en mõ bon heur ie suyue l'attrempáce,
Qu'en dur ennuy i'adhere à l'esperance,

Ie parle peu, ie marche rondement:
Que pour vn rien perissable ie tiene
Toute cheuance & vigueur terrienne,
Ayant mon cœur au ciel entierement.

XVI.

Sur le chant du Pseaume CV.

CElvi dont tu purges la vie,
De haine, d'orgueil, & d'enuie,
Que tu enseignes par ta voix,
Qui se conduit selon tes loix,
O Seigneur Dieu, té reuerant,
Est heureux viuant & mourant.

  2 Tel ne suit choses incertaines,
Ne se paist d'esperances vaines,
Le bruit du monde deceuant
Il redoute moins que le vent,
Ne loge dans soy la fureur,
Ni l'auarice, ni l'erreur.

  3 Il ne craint la mer courroucee,
Ni de la terre balancee
Le non attendu tremblement,
Il marche vers son monument,
D'vn pas alaigre & asseuré,
De ta clemence remparé.

  4 Soumis à ta volonté sainƈte,
De soucis il n'a l'ame atteinte,

Sans toy ne veut rien attenter,
Ta grace le peut contenter,
Hors elle il ne desire rien
Des biens de ce val terrien.

5 En toy sa pensee est enclose,
Quand son corps dort l'esprit repose,
Peché ne le va deuorant,
En foy vers ton thrône courant
Au temps de sa necessité
Il sent bien ta benignité.

6 Il prefere aux maisons dorees
Et a ces voutes peinturees
D'vne infinité de couleurs
Le teint des printanieres fleurs,
La gentillesse d'vn bouquet,
Et la gayeté d'vn parquet.

7 Il sçait qu'au monde plein de pompe
Loge volupté qui nous trompe,
Auec les soucis vicieux,
Et les desirs ambitieux,
Aduersaires communement
De paix & de contentement.

8 Il n'y a rien qui lui agree
Sinon ta parole sacree
Elleuant son ame en tes cieux,
Ou d'vn banquet delicieux,
Tandis qu'en vie tu seras,
O Dieu, tu le rassasieras.

9 Quel plaisir d'ouir ta parole,
Qui le cœur desolé console
Et qui l'arme contre la mort!
Que de plaisir, ô Dieu tresfort,
D'estre sauué par Iesus Christ,
Et guidé par ton sainct Esprit.

10 Quel plaisir de sentir rangee
En nous la raison enragee,
De voir l'esprit maistre, & marcher
Victorieux dessus la chair,
De porter ia dedans le cœur
La couronne deue au vainqueur!

11 Que de plaisir de voir la vie
Dans la mort de mort garantie,
En la mort ne gouster la mort,
Ains sentir Iesus Christ qui sort
De son thrône, & vient au deuant
Du fidele à lui s'esleuant!

12 O plaisirs de ferme duree!
O ioye vray'ment asseuree!
Heureux qui en vous prend plaisir!
Heureux qui n'a autre desir,
Que de celebrer l'Eternel
En son royaume supernel.

XVLI.

Sur le chant du Pseaume XXXV.

DONNE moy ce desir ardant,
Seigneur, qui vers toy s'estendant
Laisse en arriere tout le monde,
Et dessus ta bonté se fonde.

Ie sçai bien que tu m'aimes tant,
Qu'en dedans vn petit instant
D'heures, ou de iours, ou de mois,
Il faut qu'en ta gloire ie sois.

2 Satan ne peut estre adouci,
Le monde demeure endurci,
Ma chair ta bienueillance ignore,
Et rien que la terre n'adore:

Tu ne me delaisses pourtant,
Ains comme en ton sein me portant,
Tu me guides de iour en iour
Deuers ton celeste seiour.

3 La mort ne me peut consumer,
L'enfer ne sçauroit m'abismer,
Ta grace y a fait resistance,
Au ciel me gardant recompense.

Sur cela repose ma foy,
En ceste esperance ie voy
Mille milliers de tes bontez
M'enuironnans de tous costez.

4 Mon heur iamais ne s'esteindra:
Pluſtoſt ta gloire ſe perdra.
Ou ſeroit de Chriſt l'efficace
Si i'eſtois fruſtré de ta grace?
 Octroye moy tout a la fois
Cent millions d'yeux & de voix,
Si ne puis-ie exprimer les biens
Qu'au ciel tu reſerues aux tiens.
 5 Le ſoleil ſans chaleur ſera,
Le ciel ſon mouuoir ceſſera,
Les poiſſons que la mer enſerre,
Aux oiſelets feront la guerre,
 Auant, ô Seigneur, que ma foy
S'appuye ailleurs que deſſus toy,
Et que i'attende aucun ſecours
Que de toy qui es mon recours.
 6 Mais d'autant que ce bien ne vient
Que de ton Eſprit qui maintient
Les tiens en ton obeïſſance:
Monſtre donc en moy ta puiſſance.
 O Seigneur, qui grace me fais,
Maintien mon pauure cœur en paix,
Ouure ma bouche à ton honneur,
Et fay que i'en ſois le ſonneur.

XVIII.

Sur le chant du Pseaume CXLIII.

Qvand ta faueur, que ie reclame,
O Dieu, s'eslongne de mon ame,
Ie me ruine euidemment,
En ma misere ie me pasme,
Priué de tout sain iugement.

  2 Helas, vueille auoir souuenance
De cil qui cerche ta presence,
Et ne craint rien que ton depart.
A qui seruira ton absence,
Puis qu'à ta charité i'ay part?

  3 De tant d'ennuis qui me font guerre,
Et tienent ma pauure ame en serre,
Nul n'y a qui me donne peur,
Que quand ie me vois en la terre,
Sans sentir ta grace en mon cœur.

  4 Mais puis que tu es iuste & sage,
Et ta bonté dure en tout aage,
Ie ferois à ta grace tort,
Si ie n'auois ce tesmoignage
Que ie viuray maugré la mort.

  5 O Pere, ta charité saincte
Est de tant de fermeté ceinte
Qu'en toy mon esprit est content.
De perir ie n'ay plus de crainte

Puis qu'en ton fils tu m'aimes tant.

6 Arriere de moy chair traistresse,
Desloge mondaine tristesse,
Mon Dieu veut renforcer ma foy:
Mon cœur rit de vraye liesse,
Car mon Sauueur m'esleue à soy.

7 Nul mal au monde ne m'offense,
Rien ne trouble ma conscience,
Ie suis sur mon departement,
I'ai de mon salut la sentence,
I'atten paradis seulement.

8 Viene donques ma derniere heure,
Qui me tire hors de la demeure,
Ou ie suis bourrelé d'ennui,
Face mon Sauueur que ie meure
En moy, pour estre auecques lui.

9 Quelque trauerse qui m'arriue,
Tandis que mon ame est captiue,
Si ne succomberai-ie pas.
Car, ô mon Dieu, ta grace est viue
Plus apres qu'auant mon trespas.

XIX.
Sur le chant du Pseaume CXXXV.

SEIGNEVR Dieu, ie ne suis rien,
Ie ne sçaurois faire bien,
Si tu ne fis le vouloir:
De toy prouient le pouuoir.

Tu me fais tel que ie suis,
Et de ton œil me poursuis.
   2 Ie perds le beau souuenir
Que deurois mieux retenir
Du merueilleux temps passé,
Ou tu n'as iamais cessé
De te monstrer en tout lieu
Mon protecteur & mon Dieu.
   3 Mais que fais-tu maintenant,
Sous ta dextre me tenant?
Plustost pourrois-ie nombrer
Les gouttes d'eau de la mer,
Que de dire les grands biens
Dont ores tu m'entretiens.
   4 Remueray-ie mes pechez
Sous ta clemence cachez?
Mes iustifications,
Et mes imperfections?
Maugré lesquelles tu veux
Que ie possede les cieux.
   5 Et qu'est-ce de l'auenir?
Pourroi-ie bien definir
L'heur à mon tout apresté
Lors qu'à ta table arresté
A ta gloire i'aurai part,
Sans estre plus autrepart?
   6 Fortifie cependant
Mon cœur a toy s'attendant,

Vueilles vers moy t'auancer
Vueilles à toy me hausser,
Et ça bas de tous costez
Me ceindre de tes bontez.

XX.
Sur le chant du Pseaume L.

CHrist est vray Dieu, sans nul cōmencem
Le Pere, lui, l'Esprit premierement
Au temps prefix fit de rien les hauts cieux,
La mer, la terre, & la teneur d'iceux,
Enrichissant ceste machine ronde
D'vne beauté à nulle autre seconde.

2 Ce Dieu Trois-vn composa de sa main
D'vn peu de terre vn noble corps humain,
Lui inspirant l'ame qui le conduit,
Qui par le corps ses actions produit,
Qui dans ce corps maintient le don de vie,
Et chasque membre encores viuifie.

3 Outre cela pour son œuure parer
De ses hauts dons Dieu le vint decorer,
A sa semblance alors il le bastit,
Bon, sage, sainct, puis apres l'inuestit
De tous ses biens, les mit en sa puissance,
Pour en auoir la libre iouyssance.

4 Mais il ne peut longuement demeurer
En cest estat pour y perseuerer;

Ains tout soudain il se rendit debteur
Et de peché malheureux seruiteur,
S'estant plongé par son forfait damnable
Dans le tourment a iamais perdurable.

5 Mais Iesus Christ l'apperceuant ainsi
Du tout perdu le receut à merci,
De son palais en terre descendit,
Hors mis peché vray homme se rendit,
Estant vrai Dieu neantmoins de nature,
Pour racheter l'humaine creature.

6 Ce grand Sauueur en la croix estendu
Pour mes pechez a son sang espandu,
Il m'a tiré des pattes de la mort,
Du faux Satan il a brisé l'effort,
A nettoyé nos ames polluees,
Et de l'enfer il les a desclouees.

7 Au iour troisiesme, hors du sepulchre clos
Vainqueur de mort il fit sortir son corps,
Vie prenant non seulement pour soy,
Ains pour tous ceux qui par espoir & foy
Auront leur ame à sa grace asseruie,
Et qui rentreront a l'immortelle vie.

8 Finalement il monta sur les cieux
illegible lines

v

9 Christ est celui qui maintient & defend
L'humble de cœur qui d'vn tel roy depend,
Qui des tyrans renuerse les complots,
Qui rend confus Satan & ses supposts
Qui fait tourner leurs conseils en fumee,
Et met à rien leur cholere enflammee.

10 Quand il lui plait toute l'aduersité
Des ses esleus tourne en prosperité,
Par son pouuoir il les vient soulager,
De leurs ennuis il les veut descharger,
Surmonte en eux la mort & l'enfer mesme,
Et leur fait part de sa gloire supreme.

11 En terre, au ciel, il est leur seul seigneur,
Eux l'auouans lui en rendent l'honneur,
Par sa doctrine vne promesse ils ont
Qu'à leur salut leur visage ils verront,
Quand de sa gloire il leur fera largesse,
Et qu'ils loueront à iamais sa hautesse.

12 Heureux qui tend à l'immortalité,
Qui est au trac de tes loix arresté,
Qui sa iustice ailleurs ne veut cercher
Qu'en toy Sauueur, & sa vie en ta chair
Pour les pechez des tiens crucifiee,
Et à salut pour eux glorifiee.

13 De ce vray bien, Seigneur, fay moy iouir,
Vien mon esprit par le tien resiouir,
Tire mon cœur par les pieds de la foy
A s'approcher iournellement de toy,

Tant que d'effect ie possede en tout aage
Paix, vie, gloire en ton sainct heritage.

XXI.

Sur le chant du Pseaume XCIII.

TOy dôt les maux mes maux ont peu guerir,
 Qui dans ta mort ma mort as fait mourir,
Fay moy reuiure, ou me donne l'effort
De voir mourant mourir en moy ma mort.

 2 Ie doy payer ce semble à chasque pas
La taille deue à mon borné trespas,
Mon corps retourne en terre dont il vient,
Et mon esprit vers ton thrône reuient.

 3 Le monde auec son bien & son honneur
Et tout cela qu'il appelle bon heur
M'est odieux, ce m'est moins qu'vn festu
Au pris, Seigneur, de ta grace & vertu.

 4 Mais dedans moy ma chair fait des proiets,
Ne me monstrant que terrestres obiets,
Elle se paist d'auare ambition,
Et dort au lict de folle affection.

 5 Si suis-ie à toy, Seigneur, & n'estois né,
Qu'à ton cher fils ia tu m'auois donné,
Tu sçais le temps que ie doy te seruir,
Et quand la mort viendra pour me rauir.

 6 Si ton vouloir porte qu'au monde encor
De tes bontez j'aye en main le thresor,

V 2

Par ton esprit guide tous mes propos,
Maugré ma chair me mettant en repos.

7　En te priant, ie sen bien que ma chair
Vient les souhaits de ta grace empescher,
Elle desire vn fantastique bien,
Et te priant ne te demande rien.

8　Elle voudroit, si croire ie la veux,
Me tirer loin du droit chemin des cieux,
Et pour auoir le plaisir de ses os
Se soucier peu ou point de ton los.

9　Elle ne veut rien que terre gouster,
De vanitez se laissant apaster,
Se dégoustant des plaisirs eternels,
Et ne cerchant que ceux qui sont charnels.

10　Refuse lui ses plaisirs demandez,
Donne moy ceux lesquels tu m'as gardez,
A ton vouloir vien ma soif estancher,
Et fay, Seigneur, que i'aille te cercher.

11　Par ton esprit le mien vueille inspirer,
Qui me fera ce qu'il faut desirer,
T'aimer, seruir, en toy me confier,
Et pour iamais ton nom glorifier.

12　Ie sçay, Seigneur, que du monde le bien
Hors de ta crainte est tout autant que rien,
Que qui le peut pour ton nom mespriser,
Void tous malheurs à ses pieds se briser.

13　Ie sçay qu'il faut mourir auant la mort,
Que la douleur engendrant le remord,

Le repentir, le sainct amendement,
Et ferme espoir, t'agree grandement.

14 Ie sçay qu'il faut, pour viure en ton amour,
Mourir à soy, voire par chascun iour,
Et que qui perd la vie pour ta loy
Trouue la vie heureuse aupres de toy.

15 De ceste mort la meditation
En bon deuoir tient nostre affection:
Et de la vie aprestee en tes cieux
Le souuenir nous fait moins vicieux.

16 Cil qui discourt ainsi dans ses esprits,
Ioyeux en dueil, de mort n'est point surpris,
Dans les dangers il loge seurement,
Et ne peut estre esbranlé nullement.

17 D'vn œil paisible il attend ce beau iour
Que Iesus Christ paroistra de retour,
Haut esleué pour faire iugement,
Tant à salut qu'à iuste damnement.

18 Heureux ceux la qui lors seront trouuez
En Iesus Christ par son sang aprouuez
Et malheureux entre tous les humains
Qui à Satan auront tendu les mains.

19 En ce iour la cesseront les festins,
Plaisirs, trafics, entreprises butins,
Discours mondains, tracas, desseins diuers,
Enclos dedans la fin de l'vniuers.

20 O grand effroy! ce terrible clairon
Ayant sonné de tous à l'enuiron,

En vn instant vn change la verra
Le plus affreux qui fust, soit, ou sera.
 21 Tant de flambeaux du ciel seront en dueil,
Tant de beautez seront dans le cercueil,
Et tout le monde en ordures plongé
Par vn grand feu sera lors repurgé.
 22 Faisant ainsi tressaillir tout l'entour
De l'vniuers, les morts viendront au iour
Dedans les corps les ames se ioindront,
Et tous humains en vie reuiendront.
 23 Fils de Dauid, supreme Roy des cieux,
Acompagné des Anges glorieux,
Tes membres saincts a ta dextre mettras,
Et les peruers à Satan remettras.
 24 Tu sçais, Seigneur, l'heure de ce beau iour
Pour tes esleus, desirans ton seiour;
Fay le bien tost aparoir à nos yeux,
Car le monde est plus qu'oncques vicieux.
 25 Redui la terre en poudre, voire en rien,
Confon l'inique, & d'vn effort tout tien
Saue ton peuple, excellemment conquis,
Au regne heureux que tu lui as acquis.

XXII.

Sur le chant du Pseaume XIIII.

REn mes esprits, ô Seigneur, embrasez
Par ton esprit, qui face en moy demeure,

A croy ma foy iufqu'à la derniere heure,
Soyent en mon cœur tes edits, tant prifez,
  Authorifez.
2 Il n'y a point au monde de raifon,
Des orgueillex profane eft le courage,
La mer humaine eft vn cruel orage,
Ou le peché nous fait de fa prifon
  Noftre maifon.
3 Couchez, cachez, en ce logis infect,
D'vn peu de iour nous auons iouiffance,
Et de falut bien foible conoiffance,
Le corps, l'efprit y eft trefimperfect,
  Et fe desfait.
4 En ces langueurs tu ne m'as point laiffé,
Ains ton pouuoir qui tout pouuoir efface
En mon falut produit fon efficace,
Et l'ennemi qui m'a tant haraffé
  Ie voy chaffé.
5 Du monde vain les douceurs m'ont deceu
Dans fes filez ma liberté fut prife,
Ta grace, ô Dieu, m'a remis en franchife
En m'enfeignant ce que n'auois point fceu,
  Ni apperceu.
6 Franc maintenant ie chante & vai difant,
Heureux celui qu'efclaire ta lumiere,
De qui tu es Seigneur, Sauueur & frere,
Et qui la terre (au ciel toufiours vifant)
  Va mefprifant.

V 4

XXIII.

Sur le chant du Pseaume XLIII.

Nostre ieunesse tant cherie
Est pour vn peu plaisante à voir,
Mais comme vne fleur de prairie
On la void soudain deperie,
Et secher du midi au soir
   Sans y pouuoir pouruoir.

2. Les beaux traits de nostre visage
Et l'or crespu de nos cheueux,
Changent bien tost, & dauantage
On void courber nostre corsage,
Et tendre, pauure langoureux,
   A vn lieu plus heureux.

3. La beauté du corps, passagere,
Fuit comme vn viste messager,
Et semble vne aronde legere,
Qui en mainte & mainte maniere
De place en autre va loger,
   Et ne fait que changer.

4. O mortels, yures de folie,
Ou sont tant de desseins diuers?
Vostre arrogance est abolie,
Chascun peu à peu vous oublie,
En vos tombes mis à l'enuers,
   Pour repaistre les vers.

5 Faites, ie vous pri', faites gloire
De la perdurable beauté:
Ayez d'vn autre lieu memoire,
Ou l'Eternel vous fera boire
Le nectar d'immortalité
  Qui vous est appresté.

6 Auant que l'heure iournaliere,
Qui roule roule contre bas
Couppe la debile filiere
De vos iours en toute maniere,
Reiglez vos pensers & vos pas
  Sur le diuin compas.

7 Soyez munis de l'equippage
Qu'il faut pour passer le destroit
De ce perilleux nauigage,
Et voyez sur l'autre riuage
Christ qui vous meine au ciel tout droit,
  Et le monstre du doigt.

8 Fuyez tout ce qu'il desauoue,
Et vueillez sa grace cercher,
Qui d'elle, audacieux, se ioue,
Dresse vne eternelle roue
Sur qui son esprit & sa chair,
  Nous verrons attacher.

9 O Seigneur, leue à toy mon ame,
Afin que, conseillé de toy,
Sans cesser ton nom ie reclame,
Et garanti de mort infame,

Ie te celebre en viue foy
    Comme mon Dieu & Roy.

YXIIII.
Sur le chant du Pseaume XCVI.

QV'vn chascun de nous magnifie
L'Eternel & le glorifie,
Pour ses ouurages tout parfaits,
Et pour les biens qu'il nous a faits.
Heureux quiconque en Dieu se fie !

 2 Sus qu'à haute voix on s'escrie,
Sus que ses merueilles on die,
Resueillez ces cœurs endormis,
Chantons hautement mes amis,
Heureux quiconque en Dieu se fie !

 3 Maugré Satan plein de furie,
Et le monde empli de tuerie,
Maugré la chair & son effort,
Chantons encores tant plus fort,
Heureux quiconque en Dieu se fie !

 4 Quoy que l'homme incredule die,
C'est vne douce melodie,
De celebrer les Roy des rois,
Et dire de commune voix,
Heureux est qui en Dieu se fie !

 5 Nostre vie à maux asseruie
Est de la mort aconsuiuie,

Dieu remedie à nos malheurs,
Il n'y a nul soulas ailleurs.
Heureux quiconque en Dieu se fie!

  6 Quand nous serons en l'autre vie,
De tout heur & bien assouuie,
Tous nos ennemis estans morts,
Nous chanterons en saincts accords,
Heureux ceux que Dieu glorifie!

XXV.

Sur le chant du Pseaume LXXXI.

DV grand Dieu vainqueur
  Qui les cieux habite,
De bouche & de cœur,
Pour ses haut exploits,
Soit a ceste fois
La louange dite.
  2 Il a renuersé
Du monde la rage
Qui s'estoit dressé
Pour exterminer,
Et pour ruiner
De Christ l'heritage.
  3 Lors que Verité
Reuint faire entree
En mainte cité,
Et que les petis

Furent attentis
A sa voix sacree:

4 Satan amassa,
De furie grande,
Les siens qu'il poussa
Pour commettre effort,
Et pour mettre à mort
Des Chrestiens la bande.

5 Mais tous ses desseins,
Et leur folle audace
Furent rendus vains
Lors que d'vn clin d'yeux
Le grand Dieu des dieux
Vint nous faire grace.

6 Les Princes puissans
A Christ faisans guerre,
S'esuanouissans,
Par Christ assaillis
Sont tous defaillis,
Et gisent en terre.

7 Leurs cruels bourreaux,
Sous le mesme compte,
Ont senti les eaux,
Feux, glaiues, poisons,
Et dans leurs maisons
L'immortelle honte.

8 Ce qui reste encor
Dresse au ciel la creste,

A cris & à cor
L'Eglise suyuant:
Et du Dieu viuant
Ne craint la tempeste.
 9 Mais au temps prefix,
O Dieu, ta puissance
Rende desconfis
Ces pernicieux:
Et d'œil gracieux
Voy nostre souffrance.
 10 Veux-tu que les tiens
Sous le ioug demeurent,
Et que de ces biens,
Dont les as vestus,
Ils soyent deuestus?
Veux-tu que tous meurent?
 11 Hausse donc ta main,
Seigneur, ie t'en prie,
Et de l'inhumain,
Qui cerche, à grand tort,
De nous mettre a mort,
Sauue nostre vie.
 12 En nostre repos,
Par nouueau cantique
Ie dirai ton los:
Et par l'vniuers
Courra sur mes vers
Ton nom magnifique.

CINQVIEME LIVRE
DV MESLANGE OV
nouueau recueil
DE
CHANSONS SPIRITVELLES
& chrestiennes.

LEs Odes ou chansons contenues en ce cinquieme liure n'ont point de chant qui puisse estre rapporté a aucun des Pseaumes de Dauid, traduits en vers françois. Nous n'auons point adiousté de musique à icelles, pource que plusieurs qui verront ce recueil ne sont exercez en ceste science. Ioint qu'il a semblé bon de laisser a la discretion de chascun d'y appliquer le chant tel que lon voudra. Car il n'importe pas beaucoup quel chant on donne en son particulier aux chansons par lesquelles on pretend se consoler & fortifier en Dieu, pourueu que le chant soit moderé, non lascif ni fredonné, mais accompagné d'intelligence & de saincte affection, qui esleuent l'esprit au Seigneur Dieu, aux oreilles pitoyables duquel les chansons spirituelles precedentes & suyuantes sont adressees.

Premiere Ode,
ou Chanson,

Sur les miseres des Eglises Françoises, en l'an 1570.

'Astre qui l'an suyant rameine,
Commence sa troisieme peine,
Depuis que la fureur des cieux
Tonne & foudroye sur la France,
Sans qu'il naisse aucune apparence
D'vn temps serain & gracieux.

2 France est au nauire semblable
Qui n'a mast, ne voile, ne cable,
Qui ne soit rompu & cassé:
Et se iette encor a la rage
Du second & troisieme orage,
Oublieuse du mal passé.

3 Son gouuernail est cheut en l'onde,
Dont elle flotte vagabonde
Au seul vent de sa passion:
Ia du naufrage elle s'approche,
Heurtant à l'insensible roche
De sa longue obstination.

4 France meurt par sa propre vie,
France est par sa force affoiblie,
Et sa grandeur la met à bas:
Son tant fleurissant diadéme

Deuient estranger à soymesme,
Quand soymesme il ne conoit pas.

5 France fait ce que n'a peu faire
L'armee de son aduersaire,
Soit de l'Espagnol bazané,
Soit de ceste perruque blonde,
Qui n'a autour de soy que l'onde
Pour borne & limite assigné.

6 Mais en fin faudra qu'elle sente
Que la puissance est impuissante,
Quand elle se veut ruiner:
Et que c'est vn esclaue empire
Quand on veut ses suiets destruire
Pour sur ses suiets dominer.

7 Qui a point veu le phrenetique,
Lors que l'ardeur du mal le picque,
Cacher son glaiue dans son flanc?
L'enragé François lui ressemble,
Meurtri & meurtrier tout ensemble,
Se baignant en son propre sang.

8 Il prend son plaisir à se batre
Pensant son ennemi combatre,
Et mesconoit tous ses amis:
Ceux qui pour sa langueur souspirent,
Et qui sa santé lui desirent,
Il les tient pour ses ennemis.

9 La France est troublee ainsi comme
Quand le vin oste l'homme à l'homme

Qui chet & ne pense pas choir:
Malade, elle pense estre saine,
Trauaillant, ne sent point sa peine,
Voyant sa mort, ne la peut voir.

10 Saoule de sang & enyuree,
De sang est encor' alteree,
Et s'en vuide en s'en remplissant:
Se veautre au bourbier de sa gorge,
Que blasphemant elle desgorge
Alencontre du Tout-puissant.

11 Ce que fait le François, tesmongne
Qu'il est phrenetique & yurongne,
Priué de sens & de raison:
Si qu'en fin il faudra qu'il meure,
Car pour asseurer sa demeure
Il fait choir sur soy sa maison.

12 Quell' est ceste forcenerie,
Et quell' est ceste yurongnerie
Dont le François est transporté?
L'idolatrie où il se plonge,
S'efforce d'assoir le mensonge
Au dessus de la verité.

13 Il ne se veut rendre docile,
Ni se ranger à l'Euangile:
Mais endurci en son erreur,
Icuide viure en la mort mesme,
t bien dire quand il blaspheme,
t estre sage en sa fureur.

X

14 Trois fois desja l'espee a prise,
Trois fois a transpercé l'Eglise,
Et dans son estomach fendu
Fait tiedir la pointe trenchante,
Baignant la terre rougissante
Des ruisseaux du sang espandu.

15 A l'enfant on oste la vie,
Es bras de la mere qui crie,
Qui s'efforce, qui le defend,
Et qui veut sentir la premiere
Le coup de l'espee meurtriere
Et de la mere & de l'enfant.

16 Le pere a veu en sa vieillesse
Mourir le fils de sa jeunesse,
Et d'vne lamentable voix
Le pere pleuroit la misere
De son fils, & le fils du pere,
L'vn & l'autre mourant deux fois.

17 Les soldats brutaux & farouches,
Ont souillé les pudiques couches
Des maris, tout deuant leurs yeux:
Yeux ternis d'angoisses extremes,
Qui voudroyent n'estre plus yeux mesmes,
Pour ne voir ce crime odieux.

18 La vierge en son fleurissant aage
A esté proye de leur rage,
(Sans qu'on l'ait osé secourir)
Tout deuant la mere bee,

Qui attendant d'estre tuee,
Mouroit ja deuant que mourir.

19 Le barbare n'a pas eu crainte
D'ouurir la mere estant enceincte:
Qui d'vn precipité tourment
Rend son fruict, son fruict qui bouillonne
En son sang, alors qu'on lui donne
Plustost fin que commencement.

20 Quoy plus? l'air, les champs, les riuieres,
Sont tesmoins que les mains meurtrieres
Nous ont osté vie & repos:
L'air retentit de cris & plainctes,
De sang les riuieres sont teinctes,
Les champs blanchissent de nos os.

21 Où es tu? Reuien, resuscite,
O sainct vieillard Israelite,
Qui as veu la captiuité
Des tiens, leurs assaux, leurs alarmes,
Et as le cristal de tes larmes
Sacré a la posterité.

22 O que mes yeux ne sont fonteines
Sourdans du rocher de mes peines,
Et faisans des fleuues diuers,
Qui sur l'eschine de leur onde
Me portassent par tout le monde
Dedans la barque de mes vers!

23 Perçus au pays de l'Aurore,
Aux sablons recuicts du More,

Et iusqu'à l'Espagnol felon
Qui void coucher la grand' lumiere,
Et a la gent qui sent premiere
Le froid du sifflant Aquilon.

24 I'abbruuerois toute la terre
Des nouuelles de ceste guerre,
Des massacres pernicieux,
Des maux, des miseres, des pertes,
Que les fideles ont souffertes:
Pour les redire à nos neueux.

25 Memoire, Memoire immortelle,
De ma foible voix ie t'appelle,
Et entre tes mains ie remets
Toutes ces cruautez passees,
Et contre l'Eglise exercees,
Pour les remarquer à iamais.

26 Arrache à l'oublieux silence
L'impitoyable violence,
Qui va outrageant, poursuyuant,
Qui chasse, qui tue, qui brise,
Les miens, mon peuple, mon Eglise,
Et me faict mourir en viuant.

27 Que ta main, noire & laide, trace
D'vne ancre que le temps n'efface,
Les meurtres tant desmesurez
Des hommes. Que di-ie des hommes?
Mais des tigres par qui nous sommes
Assaillis, meurtris, deuorez.

28 Conioin ce siecle auecques l'aage
De la Pharaonique rage,
Et de l'orgueil Assyrien:
Compte les maux de nos Eglises,
Auec les cruautez commises
Par le forcené Syrien.

29 Neron le malin s'esbahisse
De voir surmonter sa malice:
Domitian le furieux
Trouue ceste fureur nouuelle:
Diocletian au pris d'elle
Soit dict misericordieux.

30 Iadis Rome fut detestable:
Rome est encor' abominable
Plus qu'elle n'a iamais esté:
Que Rome à Rome face place,
Rome auiourd'hui Rome surpasse
En horrible meschanceté.

31 Mais que fay-ie helas! pourquoy est-ce
Que chargé de douleur i'abaisse
La veuë aux hommes terriens?
Pourquoy tien-ie courbe ma teste,
Alors qu'estonné ie m'arreste
A la terre, au monde, aux moyens?

32 I'esleue à toy mes yeux, ô Sire,
De l'abysme de mon martyre:
A toy, dont la grande grandeur
Surmonte la haute machine,

x 3

Qui d'vn cours mesuré chemine,
Et ne se lasse en son labeur.

33 A toy, dont la gloire supreme
N'a semblable a soy que soymesme:
Qui es tout, & tout est en toy:
Dont la maiesté infinie
Est seule source de la vie
De tout ce qu'au monde ie voy.

34 Ta puissance nous manifeste
Les rayons du grand œil celeste,
Qui roulle roulle tout autour
De son azuree carriere,
Et seme l'or de sa lumiere
Dont il nous mesure le iour.

35 Ta sagesse conduit le monde,
La terre auec la mer profonde,
Et ta bonté les entretient:
Ta liberalité commande
Au champ labouré, qu'il nous rende
Le grain qui la vie soustient.

36 Du ciel la terre est arrousee,
Et des larmes de la rousee,
Qui de son esmail espandu
Va perlant la pleine mouillee,
Si tost que l'aube resueillee
Rameine le iour attendu.

37 Voyant poindre la premiere herbe,
Voyant l'Esté dorer la gerbe,

Voyant l'Automne rougissant
Du sang de la grappe vermeille,
Voyant des glaces la merueille,
Ie voy que tu es Tout-puissant.

38 O tout-puissant, tout bon, tout iuste,
Qui renges sous ton bras robuste
Le plus roide col des meschans:
Voy ta gent à demi deffaite,
Voy nostre vie, qui est faite
La proye des glaiues trenchans.

39 Le sang, le sang des tiens redonde,
Et ruissele parmi le monde,
Respandu tout ainsi comme eau:
Leurs corps gisent sans sepulture,
Seruans aux bestes de pasture,
Priuez de l'honneur du tombeau.

40 O Dieu, ton Eglise opprimee,
Ta gent à demi consumee,
Et exposee à l'abandon,
Baignee en ses larmes se iette
Aux pieds de ta bonté parfaite,
Te demandant grace & pardon.

41 Mon Dieu, mon Seigneur ie confesse
Que ie t'ay offensé sans cesse,
Ne cheminant selon ta Loy:
Helas! ma grande ingratitude
Merite vn chastiment plus rude
Que tous ces maux que ie reçoy.

X 4

42 Ie n'ay ta parole sacree,
Comme ie deuoy' reueree:
Mes tenebres ont combatu
Contre la clarté de ta face,
Ma lascheté contre ta grace,
Mon vice contre ta vertu.

43 Mais pourquoy ta parole saincte
Seroit-elle en ma playe attaincte,
Et percee par mon costé?
Las! faudra-il qu'elle innocente,
Elle iuste, l'opprobre sente
Que moy coulpable ay merité?

44 Sois garant de ta gloire propre,
Vengeant le blaspheme & l'opprobre
Dont les meschans t'ont diffamé:
Les meschans, qui contre ta gloire
Pensent auoir desia victoire,
Par leurs bras contre moy armé.

45 Ie t'appelle, ô souuerain Iuge,
Afin que ta maiesté iuge
Entre moy & tes ennemis:
Ie t'appelle, ô Dieu veritable,
Afin que me sois secourable,
Ainsi que tu me l'as promis.

46 Que la grande clemence tiene
Efface la grand' faute miene,
Et me laue au sang precieux
De celui, qui, souffrant ma peine,

M'a acquis l'attente certaine
De la demeure de tes cieux.

47 Donne l'honneur de la victoire
A ceux qui desirent ta gloire,
Haussant ta secourable main,
Qui, mettant fin à mon oppresse,
Face tant que ma petitesse
Triomphe de l'orgueil mondain.

48 Tiré as ta gent ancienne
De la misere Egyptienne,
Ta gent, qui a veu descouuerts
Les creux vaisseaux des eaux profondes,
Foulant les cachettes des ondes,
Et passant à sec au trauers.

49 O Dieu, puissant & redoutable,
Tousiours à toy mesme semblable:
Voy doncques ma captiuité:
Change ma foiblesse en puissance,
Ma peur en ioye & asseurance,
Ma seruitude en liberté.

50 Et fay que le ciel & terre,
Et ce que l'vn & l'autre enserre,
Se resiouisse en te seruant:
Que tout à son Tout face hommage,
Et que tous d'vn mesme courage
Adorent vn seul Dieu viuant.

III.
*Sur les miseres des mesmes Eglises Françoises,
en l'an 1572.*

OVvre, ô Seigneur Dieu, l'oreille,
Voy la douleur nompareille
Des tiens, & du haut des cieux
Dessus nostre angoisse extreme
De ta clemence supreme
Vueilles abaisser les yeux.

2 Enten les humbles complaintes
De cent mil ames atteintes
D'incomprenables soucis.
Voy tes fideles par terre,
Voy le cep qui les enserre,
Voy-les de dueil tout noircis.

3 Toutes nos voix faites plaintes,
Toutes nos lampes esteintes,
Tous nos temples desmolis,
Toutes nos faces trempees,
Nos Eglises dissipees,
Tous nos presches abolis,

4 Toutes nos maisons volees,
Toutes nos loix violees,
Tous nos edits abatus,
Tous nos livres mis en cendre,
Tous nos cœurs prests à se rendre,
Tous nos esprits combatus,

5 Nostre couronne tombee,
Nostre ioye desrobee,
Nostre or obscur deuenu,
Nostre argent meslé d'escume,
Nostre vin plein d'amertume,
Nostre bon droit retenu,

6 Nos licts & nos chambres veufues,
Nos bois, nos champs, & nos fleuues,
Rougis du sang espandu:
Dans le bruit de leur silence
Sans crier crient vengeance
Du laqs qu'on nous a tendu.

7 Parmi tant d'aspres souffrances,
A tes diuines vengeances
Nous auons recours, Seigneur.
Las! voudrois-tu bien permettre
Tant de meurtres se commettre
Aux despens de ton honneur?

8 D'vne canaille infidele
Ta Ierusalem nouuelle
Est la proye & le butin.
Sion ton bel heritage
Est desolé par la rage
D'vn peuple rendu mutin.

9 Leurs cruautez excessiues
Ont bordé toutes nos riues
Des corps morts de tes esleus,
Et leurs lames criminelles

Dans le sang de tes fideles
Plongent leurs trenchans pollus.

10 Sortans comme de leurs ruches
Ils ont dressé leurs embusches,
Puis dans leurs cœurs ils ont dit,
Massacrons: c'est la iournee,
Qui nous estoit assignee
Pour les tuer tous au lict.

11 Alors, comme bestes brutes,
Nous faisans seruir de buttes
A leurs despits inhumains,
En mille sortes honteuses
Sur les ames precieuses
Ils ont estendu leurs mains.

12 Par feu, par fer, & par rage,
Et toute sorte d'outrage,
De cruauté transportez,
Et d'homicide furie,
Ont fait de nous boucherie,
Et ont nos biens emportez.

13 Tant de personnes Chrestienes,
O Dieu, les delices tienes,
Et le repos de ton œil,
Ils ont de leurs mains armees
Es eaux, en terre iettees,
Afin d'acroistre ton dueil.

14 Bien que des fois mil & mille
A receuoir l'Euangile

On ait ce peuple incité:
Neantmoins plein d'arrogance,
Contre toute remonstrance,
Il s'est tousiours despité.

15 Incirconcises oreilles,
Incapables des merueilles
De Dieu, prophanes vaisseaux,
Qui vous presche chose bonne
On peut bien dire qu'il donne
La chose saincte aux pourceaux.

16 Ceste nation peruerse
Toute droiture renuerse,
Et d'vn esprit depraué,
Voulant les aueugles suyure,
De gland veut encore viure
Apres le froment trouué.

17 Comme le fol sans conduite
Foule au pied la marguerite,
Preferant le plomb à l'or:
Ainsi la personne folle
Va caressant son idole,
Et mesprise vn grand thresor.

18 Ceste nation grossiere
Prend la nuict pour la lumiere:
Ce populace tortu,
Creuant par tout d'iniustice,
A haut esleué le vice
Pour abatre la vertu.

19 Peuple sot & mal-habile,
Qui cuide que l'Euangile,
Le sceptre du Dieu viuant,
Depende du bras des hommes,
Qui tant plus grands que nous sommes
Tousiours ne sommes que vent.

20 Aussi ne se peut-il faire
Que l'ignorant populaire
Soit autre que ce qu'il est.
Il veut ses maistres ensuyure,
Comme eux il desire viure
Et veut tout ce qui leur plait.

21 Le peuple d'vne prouince
Forme ses mœurs sur son prince:
Quand prompt à mal il le void,
A mal faire il s'esuertue.
Iamais la verge tortue
Ne peut faire l'ombre droit.

22 Ceste nation brehaigne,
Tissant des toiles d'araigne,
Nous esclot des œufs d'aspic:
Qui en mange faut qu'il meure:
Qui les casse void sur l'heure
En sortir vn basilic.

23 Puis que ces bourreaux de France
Dans le sang de l'innocence
Vont leurs mains ensanglantans,
Dieu en son conseil supreme

Dit qu'il leur fera le mesme,
Quand venu sera le temps.

24 Fleuue de Seine, qui mouilles
Les precieuses despouilles
De tant d'esprits bienheureux,
Donneras tu point sentence
Au grand iour de la vengeance
Encontre ces malheureux?

25 Et vous Loire, Marne, Saone,
Et toy large-viste Rhosne,
Tombeaux des corps saccagez,
Criez au iuge du monde,
Qu'au temps prefix il confonde
Les massacreurs enragez.

26 Ta verité prophetize,
O Dieu, que de ton Eglise
Bien tost vengeur tu seras:
Et que par fer & famine
Ceste meurtriere vermine
A milliers tu faucheras.

27 Apreste ton arc, qui tire
Sur eux, qui ne font que rire
De leurs actes tant meschans.
Ta cholere soit leur manne,
Et a perir les condamne
Es villes & par les champs.

28 Ils nous ont tenus en serre:
Fay qu'vn iour on les enserre.

Ils nous font languir de faim:
Qu'ils ayent pour nourriture,
Des os secs & de l'ordure:
La chair des chiens soit leur pain.

29 Ces meschans ont mis par terre
Leurs voisins, & fait la guerre
Helas! à leur propre sang.
Fay donc que leurs patriottes
A coups d'alebardes fortes
Leur transpercent bras & flanc.

30 Nos maisons sont en pillage:
Qu'vn iour les leurs on saccage.
Ils nous ont tout-ruinez:
Que par vne guerre horrible
Ta robuste main les crible
Et les rende exterminez.

31 Ils sont liguez pour malfaire
A ton peuple debonnaire:
Qu'vn iour ils soyent bandez
Pour s'entretuer en bestes,
Et pour se rompre les testes
On les voye desbordez.

32 Puis qu'à leurs amis & freres
Ils ont esté si contreres,
L'estranger de toutes parts
Entre dedans leurs murailles,
Et des biens de ces canailles
Enrichisse ses soudars.

33 Verse, ô Dieu, pour les destruire,
Les phioles de ton ire
Sur ces mastins enragez,
Qui en leur forcenerie
Au pressoir de leur tuerie
Ont tes esleus vendangez.

34 Pour venger sur eux ta gloire
Donne leur du sang à boire,
Puis que leurs sanglantes mains,
En leurs vengeances couuees,
Rouges se sont abbruuees
Dedans le sang de tes saincts.

35 Sur eux, Seigneur des armees,
En tes fureurs allumees
Ton pouuoir soit reconu.
Ta main ne soit racourcie,
Ni ton oreille endurcie
Au cri de ton peuple esleu.

36 Parmi a rude secousse
Ta grace est nostre recousse,
C'est l'apuy de nostre foy,
Ton œil nostre sentinelle,
Ta garde la citadelle
Qui nous fait fier en toy.

37 Par mainte & mainte menace
Tu as preuint la fallace
Et tout ce mal auenir.
Tu voulois que ces miseres

y

Par repentantes prieres
Nous taschissions preuenir.

 38 Tes menaces redoutables
Par effect sont veritables:
Aussi, Seigneur, nous aurions,
En faisant mauuaise eslite,
Donné la main à l'Egypte.
Sur qui nous nous appuyions.

 39 Nous auions mis nos fiances
Es mondaines alliances,
Et ia desia commençans
A nous embarquer aux vices,
Nous aurions a leurs delices
Acommodé tous nos sens.

 40 L'vn fondant ses esperances
Sur les vaines asseurances
De quelqu'vn qu'il courtisoit,
Plein d'vn vent de courtoisies,
A plus hautes fantasies
Tous ses discours conduisoit.

 41 Il promettoit a son ame
De bien tost la rendre dame
De biens, d'aise, de repos:
Mais en moins d'vne iournee,
O Dieu, ta main retournee
Lui fit changer de propos.

 42 O qu'en vain l'homme propose!
Ta sagesse apres dispose.

D'où nous attendions support
Liberté nous fut rauie.
La ou nous pensions la vie,
Nous auons trouué la mort.

43 Car lors nostre vaine gloire
Nous arrachoit la memoire
Du secours de nostre Dieu,
Qui les troupes espandues
De cinq batailles perdues
Auoit remis en seur lieu.

44 Sa main, de fraische conduite,
Nous auoit tirez d'Egypte,
Maugré tant de Pharaons,
Qui des quatre bouts de l'onde
Auoyent armé tout le monde
Encontre nos escadrons.

45 Toute la terre bandee,
Par l'Antechrist commandee
Et par l'Iberois mutin
Sur nous auoit enuoyees
Mille enseignes desployees
Pour nous faire leur butin.

46 Comme au feu se fond la cire,
Tu auois, Souuerain Sire,
Esparpillé nos haineux,
Et de ta haute assistance
Estonné toute la France,
Voire l'Europe en maints lieux.

y 2

47 Qui nous estoit plus contraire
On voyoit tout coy se taire,
Nostre succes admirant.
Tout honneur est à la porte
De quiconque humble se porte,
Et qui va Dieu reverant.

48 Mais cachans tes benefices,
Nous faisions des sacrifices
Chascun a sa passion.
Laissans nostre Dieu supreme
Nous adorions en nous mesme
Le veau d'or d'ambition.

49 L'vn confit en sa malice,
Idolatroit l'auarice :
L'autre dressoit vn autel
Au ris, aux ieux, a la dance :
L'autre n'aimant que sa pance
S'imaginoit immortel.

50 Nous bastissions à nos fautes
Des tours de Babel trop hautes :
Aussi quand ce vint au poinct,
De monter plus haut l'ouurage,
Confus en nostre langage
Nous ne nous entendions point.

51 Tant de faueurs incertaines,
Et tant d'entreprises vaines
Qu'en nous le monde produit,
Par ces malheures fondées

Toutes se trouuent fondees
Sur la glace d'vne nuict.

52 O que c'est vn bel exemple,
Et tesmoignage bien ample,
Pour nous faire voir à l'œil,
Que tout homme qui se fonde
Sur le fresle apui du monde,
N'en peut attendre que dueil.

53 Car, las! Seigneur, car en somme,
Au beau premier pas que l'homme
(Pour suffisant aparoir)
Desmarche en sa confiance,
Il fait tort à l'esperance
Qu'en toy seul il doit auoir.

54 Il prend au rebours les choses,
Les espines pour les roses,
La folle chair pour l'esprit,
La noire nuict pour lumiere,
La part pour la chose entiere,
Et la fueille pour le fruict.

55 Pour peu qu'vn cœur se departe
De toy, du trac il s'escarte,
Et ne peut trouuer le port,
Ains deslors il s'achemine
Au gouffre de sa ruine
Et vogue droit à la mort.

56 Que nul donc ne s'esbahisse,
Si l'on void en precipice

Tomber nos discours humains.
Tousiours, tousiours l'entreprise,
 Qui n'est auecque Dieu prise,
S'aneantit en nos mains.

57 Mais parmi ces durs alarmes,
Parmi le sang & les larmes,
Parmi ceste ombre de mort
Qui ta pauure Eglise couure,
Encores ton œil s'entr'ouure
O Seigneur, clement & fort.

58 Tu remets en nos pensees
Tes benignitez passees,
Tu veux que nous souspirions
Deuant la Maiesté tiene,
Et qui quoy que nous auiene,
Ton secours nous esperions.

59 Ton sainct Esprit nous console,
Et ramentoit ta parole,
En tant d'endroits proposant,
Que des iniques la bande
Pille, occit, en fureur grande,
L'homme en toy se reposant.

60 Icelle nous certifie
Que ta main nous purifie
Es fourneaux d'aduersité:
Esleuant ceux que tu aimes
Au ciel, par les sentiers mesmes
Que ton fils y est monté.

61 Tu donnes pour apannage
A tes chers enfans l'outrage,
La croix & l'affliction.
Qui veut auecques toy viure,
Porter la faut, & Christ suyure:
C'est ta declaration.

62 De l'air se nourrit le monde,
Le peuple escaillé de l'onde,
La gente abeille de fleurs,
Le beau printemps de verdure,
Les animaux de pasture,
Et l'homme affligé de pleurs.

63 La terre seiche arrousee
Par l'humeur de la rousee
Nourrit ses espics croissans:
Le fidele en sa destresse
Se nourrit de la promesse
Que Dieu fait à ses enfans.

64 Vien donc, & plus ne demeure,
Que ton Eglise ne meure
Es mains de tes ennemis.
Nous esperons deliurance
De ta benigne assistance,
Comme tu nous as promis.

S'ENSVYVENT QVELQVES AVTRES
ODES OV CHANSONS
SPIRITVELLES,

SVR DIVERS ARGVMENS.

III.

De la misere de l'homme pecheur & abandonné à son sens.

O ETERNEL, quand raui ie contemple,
Loin du commun, la beauté de ton temple,
Et quand pensif ie regarde tes cieux:
Ie me sen perdre en tant de benefices
Que tu as fait à l'homme, soucieux
Non de t'aimer mais de suyure les vices.

  2 Dequoy pecheur se peut-il de toy plaindre?
Tu l'as formé, tu l'as fait vn peu moindre
Que les courriers de ton sage vouloir.
Pour lui la terre en tous biens est feconde.
Encor afin qu'il ne peust se douloir,
Il monte au ciel, & tu descens au monde.

  3 Et toutesfois ses pensees sont vaines,
Vains ses efforts, cruelles sont ses peines:
Ie sçai comment le peché l'a froissé.
En cest estat, sa fureur te deteste:
Toy, d'autrepart, par son crime offensé,
Lui fais sentir ta puissance celeste.

4 Vn vain plaisir, vne obscure esperance,
Vn front menteur, vne fausse apparence,
Vne promesse, vn honneur, vn proiect,
Trompeur, langard, inutile, muable,
Fait qu'on le void ton rebelle suiet,
Et que ta voix ne lui est agreable.

5 Il ne faut pas lui parler de bien faire,
Iamais voleur, iamais main de corsaire
Ne fut si aspre au butin apparent,
Qu'on le void prompt à courir à l'outrage.
S'on le reprend, de noueau s'esgarant
Il suit plus fort son forcené courage.

6 Comme ceux la qui dans vne miniere
Picquant, cognant, ne pensent au derriere
Qui les meurtrit par l'effort de leurs coups:
Ainsi courbé sous le faix de sa peine
Il s'en va choir, & ton pesant courroux
L'accablera d'vne cheute soudaine.

7 Sa charité s'est du tout escoulee,
Ses vices sont vne neige roulee,
Et ses desseins sont vn gros peloton
De fil meslé qu'vn aueugle dévuide:
L'erreur second lui tient haut le menton,
Et par les champs l'insolence le guide.

8 Pour guide il a son esprit imbecille,
Pour apui seur vn roseau qui vacille,
Pour son soleil vn temps sombre & noirci,
C'est sa vertu que le vice qu'on blasme,

C'est son serain que l'orage espaissi,
C'est son honneur que la honte & diffame.

9 Banquets gourmands ce sont ses abstinéccs,
Honneurs mondains ses douces patiences,
Rire & gausser c'est son austerité,
L'argent au poin c'est son sac & sa cendre,
Tromper autrui c'est sa fidelité,
Tuer, meurtrir, c'est son prochain reprendre.

10 Dors-tu, Seigneur, en ce temps miserable?
Ne vois tu point l'inique abominable?
Comme vne mer il desgorge les eaux
De ses forfaits sur ta maiesté saincte,
Et bien qu'il ait au cœur mille bourreaux
Ils ne lui sont qu'vne nuee peinte.

11 Aussi void-on la ruine euidente
Sur l'vniuers en ce siecle pendante:
Car comme vn chien, qu'vn passant a batu
Hurle apres lui, court & ronge la pierre:
Ainsi l'inique ennemi de vertu
Aboye apres, & lui fait forte guerre.

IIII.
De la difference entre les esleus & les reprouuez.

SEIGNEVR Dieu, de ta saincte flamme
Transperce mon cœur & mon ame:
Toy qui penetres vn rocher,
Vien iusques au fond me cercher.

Vueille donc dedans moy respandre
Les beaux rayons de ton bel œil,
Et dedans mon triste cercueil
Vne autre lumiere me rendre.

2 Ie ne suis point de ceste bande,
Qui dit que tu as vne bande
Tout a trauers de tes beaux yeux.
Ce sont insolens furieux,
Qui enyurez de leur folie
Outragent l'honneur de ton nom
Mais la splendeur de ton renom
Par leur erreur n'est abolie.

3 He ! qui auroit meilleure veue
Que toy, de qui est apperceue
Toute la terre en sa rondeur,
Toute la mer en sa grandeur?
Ou est l'espaisseur si couuerte
Que ton grand œil flambant & beau
N'y serue d'vn luisant flambeau,
Et ne soit par lui descouuerte?

4 Le rayon de ton regard entre
Iusques au plus profond du centre,
Tu sondes les abysmes creux,
Et les cachots plus tenebreux.
Tous ceux qui aueugle te nomment
De toy sont veus, & imposteurs
Sentiront les pesanteurs
De tes mains qui ia les assomment.

5 Vn iour le fond de leurs entrailles
Tu pinceras de tes tenailles,
Et ne boiront que la poison
Composee par leur raison,
Et par l'ame voluptueuse,
Qui nue de ioye & confort,
Va galopant apres la mort
Par vne sente perilleuse.

6 Seigneur, tu vois dedans toy mesmes
De quelles iustices extremes
Tu les briseras quelque iour,
Eux qui suyuans vn fol amour
Ont à ta gloire fait outrage,
Et pollué ta saincteté
Par brutale lasciueté
Qui plus que mort les endommage.

7 Tu vois aussi ceux qui te suyuent,
Et de leur appetit se priuent
Le tenant dessous eux domté
Par la chaine de ta bonté.
Voudrois tu verser de ta voute
Sur leur chef ta dure fureur,
Et laisser impuni l'erreur,
Et le meschant qui te deboute?

8 Mais deuant que creer le monde
Ta sagesse & bonté profonde
Auoit les tiens en Iesus Christ
Au registre de vie escrit.

Depuis, ô Diuine clemence,
Tu as fait merueilles pour eux,
Et tu leur gardes sur les cieux
De ta gloire la iouyssance.

9 Or pour vous, ô race bastarde,
Et pour ceux qui ne prenent garde
Au chemin tortu de vos pas,
Dieu a des yeux, & n'en a pas.
Il en a pour grace leur faire,
Il n'en a point pour vous aider,
Lors que la mort viendra brider
Vostre insolence temeraire.

V.
Description du fol & du sage.

L'ESPRIT d'vn fol glorieux
Differe autant de nature
A l'homme sage & prudent,
Que le midi radieux
A la nuict sombre & obscure,
Ou la planure au pendant.

2 Le fol, enclin a tous maux,
Ne couue rien que malice,
Deçoit & trompe chascun.
L'autre conceit les defauts,
De cite & dissimule le vice,
Faisant plaisir en commun.

3 Le fol ne peut endurer
Le ioug de la discipline,
Et n'aime qui le reprend.
Le sage sçait honorer
La reigle saincte & diuine,
Et cherit qui lui aprend.

4 Le fol ne pense qu'à lui,
Iamais au pauure il ne donne,
Et se fie en son thresor.
Le sage a soin de l'autrui,
N'estime point sa personne,
Et fuit le piege de l'or.

5 Le fol court apres l'honneur,
Enflé d'orgueil il se vante,
Et cerche les grands partis.
L'autre aux estats n'a le cœur,
Humble son nom il n'esuente,
Et recerche les petis.

6 L'vn aime l'oisiueté,
Paresseux il ne trauaille,
Ou va battant le paué
L'autre s'occupe arresté,
Il escrit, could, forge, esmaille:
Les muses l'ont esleué.

7 Le fol veut des beaux habis,
Vne maison diapree,
Tousiours les broches au feu.
L'autre en simple noir, ou gris,

Vit en chambre peu paree,
Et sobre il mange fort peu.

8   Le fol est prompt à courroux,
Ronfle quand on l'iniurie,
Ne cerche qu'a se venger.
Le sage modeste & doux
Supporte la mocquerie,
Ne veut personne outrager.

9   Le fol s'estime sçauant,
Il aime chose nouuelle,
Prise ses opinions.
L'autre se dit ignorant,
Son cœur iamais ne chancelle,
Bannit ses affections.

10   Le fol ne parle que gros,
Il est fils d'vne deesse,
Son pere estoit demi-Dieu.
L'autre discourt à propos,
Ne desdaigne sa bassesse
Ni de sa race le lieu.

11   L'vn est ami simulé,
Tousiours de double visage,
Et ne tient point son serment.
L'autre aime tout desvoilé,
Il porte au front son courage,
Sa foy c'est vn diamant.

12   Le fol fait du fierabras,
Sa vie n'est que prouesse,

C'est vn forceur de rampars.
L'autre n'a sa force aux bras,
Ne vante sa hardiesse,
Ne se dit chef des soudarts.

13   Le fol despite les cieux,
Il redoute la disette,
L'estat d'autrui lui cohuient.
Le sage au ciel a les yeux,
Pauureté ne le deiette,
Mauuais desir ne lui vient.

14   Le fol est vn effronté,
Qui n'a que vice pour bride,
Et de cire est emplumé.
Le sage dit verité,
Tous ses sentimens il bride,
Vole sans estre agité.

15   Le fol est homme charnel,
La terre est butte a sa veue,
Et n'attend rien de plus beau.
Le sage est spirituel,
Monte par soy sur la nue,
Par l'escalier du tombeau.

━━━━━━━━━━━━━━━━━━━━

V I.

Pensees d'vn Chrestien, affligé de griefue maladie.

Seiché de douleur,
Tout cuit de chaleur,
       Seigneur

Seigneur, tu me voids:
Si tu veux-ie encore,
O Dieu que i'adore,
Louer vne fois.

2 Le corps, foible & lent,
A la mort se rend:
Mais en cest esmoy
L'esprit plein de force
Tout ioyeux, s'efforce
De voler a toy.

3 Ie meurs, dit le corps,
L'ame dit, ie sors
D'vn corps entaché,
Qui m'a asseruie.
Fi de ceste vie
Serue de peché.

4 Toute doute & peur
Fuyez de mon cœur,
Grands sont mes forfaits:
Mais la bonté seure
De mon Dieu m'asseure
Qu'il a fait ma paix.

5 Adieu ces bas lieux,
Ie veux estre mieux:
Terre, pren le corps,
Iusqu'au temps qu'il faille
Que ce qu'on te baille
sorte dehors.

Z

6 Adieu France, adieu,
Qui estes le lieu
Qui premierement
Au monde me vistes,
Et premiere ouystes
Mon gemissement.

7 O mon pays doux,
Ie meurs loin de vous,
Voire & volontiers:
Puis qu'en vous, ô France,
Font leur demeurance
Des saincts les meurtriers.

8 Adieu mes amis
Qui las! estes mis,
Et qu'on peut nommer
Pierres precieuses,
Ou plustost bourbeuses,
Au fond de la mer.

9 Adieu region,
Nouuelle Sion,
Tresheureuse, las!
Pourueu que conusses
Et bien tu receusses
Les biens que tu as.

10 Adieu cœurs vnis
Des pauures bannis,
Qui seuls en ce temps,
Maugré toute enuie,

Passez ceste vie
Heureux & contens.

11 Adieu vrais bergers,
Qui, prompts & legers,
Veillez nuicts & iours:
Que Dieu vous benie,
Si qu'en paix vnie
Demeuriez toufiours.

12 Ie vole deuant,
Ie vai m'efleuant,
Mon Dieu, ie te voy:
Et sçauez vous quelles
I'appelle mes ailes?
L'espoir & la foy.

13 Ainsi haut-monté,
Quand l'œil i'ay ietté
Sur ce monde bas,
Ie m'esbahi comme
Pour moins qu'vne pomme
Tant vient de debats.

14 Le petit (s'il peut
Atteindre ou il veut)
Hausse son degré.
Cil qui a cheuance
Iamais ne s'auance
Assez a son gré.

15 Empereurs & Rois,
Auec leurs arrois,

Du monde au trauers
Font cruelle guerre,
Et pour peu de terre
Troublent l'vniuers.
 16 Cours & chastellets
Resonnent de plaids
Et cris odieux:
L'vn par sa vaillance
Du fer de sa lance
Veut ouurir les cieux.
 17 L'auare marchant
Les mers va trenchant,
Qui souuent lui font
De son auarice
Tresbonne iustice,
L'abysmant au fond.
 18 Foy & verité
Le monde ont quitté:
Pape & cardinaux
Ont leur place prise.
O fauce prestrise,
Source de tous maux!
 19 Ie voy Mahumet
Qui par tout se met,
Et chiens & pourceaux
Plongez en l'ordure
D'ignorance obscure
Iusques aux museaux.

20 Et villes & champs
Sont pleins de meschans,
Qui s'osent dresser
Encontre Dieu mesme.
O bonté supreme,
Fay les renuerser.
21 O monde abesti,
O peuple abruti,
Qui son mal ne sent !
O terre alteree,
O terre enyuree
Du sang innocent !
22 Las, Seigneur, tu sçais
Que sous vn tel faix
De meschanceté
La machine basse,
Comme toute lasse,
Crie liberté.
23 De ce monde tout
Ton Christ n'a qu'vn bout,
Lui (di-ie) qui est
Droit Seigneur & maistre:
Lui qui nous fait estre
Tels comme il lui plait.
24 Parmi tant d'assaux
Couure tes troupeaux
De ta forte main:
Desploye ton ire:

Renuerse l'empire
Du grand loup Romain.

  25 Tremblez donc peruers,
Tombez à l'enuers,
Dieu, le Dieu viuant,
D'vne ire attisee
Et toute embrasee
Vous va poursuyuant.

  26 Fondez elemens,
Tremblez fondemens
Du monde l'apui :
Rochers & montagnes,
Et plates campagnes
Tremblez deuant lui.

  27 O qu'heureux ie suis,
Que laisser te puis,
Monde malheureux !
O Saincte Parole,
Que vers toy ie vole
D'vn cœur desireux !

  28 Tenant ces propos
Ie sens vn repos
Saisir mes esprits :
Las ! faut-il reuiure,
Au lieu de poursuyure
Mon vol entrepris ?

  29 O Dieu, si tu veux,
Ie sçai que tu peux

Me tirer d'ici.
Mais si pour ceste heure
Tu veux que ie meure,
Ie le veux aussi.

───────────

VII.

*Consideration de la grande misere de l'homme,
de l'immense bonté de Dieu, & du desir
d'vn cœur Chrestien.*

SI ie pouuoy nombrer, des que la terre porte,
Combien elle a porté d'animaux & diuers:
Si lors que le Soleil sous nous ouure sa porte
Ie pouuoy denombrer les feux au ciel ouuers:
Ou bié si ie pouuois, tout plein d'arithmetiques,
Estimer les sablons des terres plus etiques,
Et les atomes blancs qui tombent es hiuers:
Ie pourroy bien vrai'ment sommer en quelque
    sorte
Les pechez infinis ou ma ieunesse est morte,
Et faire le calcul de mes actes peruers.

  2 Mais ie ne pourrois pas, Seigneur, qui tiens
    l'empire,
Des animaux, des feux, de la terre, des iours,
Ie ne pourrois de loin, de loin mesme descrire
Les biens que tu m'as faits, & que tu fais tous-
    iours.
Tes graces vers mes yeux, & vers mó ame encore,

Passent, ô Dieu puissant, les choses que l'aurore,
A veu, void, & verra viure en faisant ses tours,
Le nombre (quoy que grand) des graines sablon-
    neuses
Des printanieres fleurs & des plumes neigeuses,
Brief l'infinité mesme, & mesme mon discours.

3   Ie n'estoy point, Seigneur, tu m'as voulu fai-
    re estre,
Tu m'as voulu donner vn sentiment tout mien.
Ta voix pour ce mien estre a premier fait paroi-
    stre
Vn monde merueilleux riche d'heur & de bien.
Quel sacre-sainct vouloir, quelle enflammee en-
    uie
T'a poussé le courage à m'inspirer la vie,
Et quel amour extreme enuers moy fut le tien!
Pour la grãdeur du fait ie ne puis le comprendre,
Toy seul, Dieu tout sçauant, la raison en peux
    rendre:
Car vn si iuste ouurier sans raison ne fait rien.

4   N'estoit-ce pas assez, Dieu qui brides la fou-
    dre,
N'estoit-ce pas assez de m'auoir animé?
De m'auoir arraché du rien & de la poudre,
Et sur tout autre corps d'entendement armé?
D'auoir pour le plaisir de mes cheres prunelles
Attaché dans le ciel tant de lumieres belles,
Tant de feux tousiours clairs, dõt il est enflammé

D'auoir en cent façons fait la terre feconde,
Les deux ondes, les airs, & l'empire du monde,
Pour les miens & pour moy, ton chef d'ouurage
 aimé?
 5 C'eſtoit aſſez vray'ment. quelle ame ambi-
 tieuſe
Ne ſe contenteroit d'vn domaine ſi beau,
Quel eſprit reuoyant la ſaiſon moiſſonneuſe,
Le foule-grappe Automne, & le frais renouueau,
Ne ſeroit aſſouui, tout gaillard, & plein d'aize,
Des grains, des vins, des fleurs, de la ſolaire brai-
 ze,
Que ces trois parts de l'an rapportent de nou-
 ueau,
Et qui tout ſeul haineux d'vne terre ſi belle
N'en prendroit volontiers vne cenſe eternelle,
Si le contract pouuoit reſiſter eu tombeau?
 6 O Dieu, ie meurs ici d'vn chaud deſir de vi-
 ure,
Ie perds volontiers l'eſtre, aſſeuré d'eſtre mieux,
Ie laiſſe alaigrement moymeſme pour te ſuyure,
Pour tes yeux de bon cœur ie meſpriſe mes yeux:
Lors que ta ſaincte voix me frappe les oreilles
Du veritable ſon de tes grandes merueilles,
Du bien de l'autre vie, & du bon heur des cieux:
Et lors que non contant des premieres largeſſes,
Tu me promets, Seigneur, mille neufues lieſſes,
L'eternel reuenu d'vn eſtat glorieux.

7 Sus donc, fuyez de moy, cupiditez mondaines.
Retirez vóus au loin, ne m'approchez iamais,
Vanitez, qui fardez vos apparences vaines,
Et qui nommez leger voſtre importable faix:
Qui tendez chaſcun iour (effrontément trompeuſes)
Aux peu ſages eſprits mille chaines glueuſes,
Et les empoiſonnez de mille & mille mets,
Qui deſſous les apaſts d'vne abondante vie,
Boufiſſez les humains de trauail & d'enuie,
Et leur faites la guerre en leur iurant la paix.

8 Mais vous, belles vertus, vertus de qui les ailes
Trãſportent les humains ſur le plus beau des airs,
Qui ne viſez ailleurs qu'aux beautez immortelles,
Et pour les aprocher alointez l'vniuers:
Venez, venez à moy, venez vierges heurees,
Vous ne fuſtes iamais d'aucun plus deſirees,
Vous me ferez ſoudain louable de peruers.
Venez donc, & pour pris d'vne faueur ſi grande,
A l'honneur immortel du chef de voſtre bande
Ie ſacreray mon cœur, & ma lyre, & mes vers.

VIII.
Desir du fidele, tendant à Dieu.

FAy que ie viue, ô grand Dieu que i'adore:
Change le dueil, qui mon ame deuore,
  En plaisir gracieux.
Change ma mort en immortelle vie,
Et fay, Seigneur, que mon ame rauie
  Vole à toy sur les cieux.

2 Fay que ie viue, & qu'a ma derniere heure,
En t'inuoquant, dans ta maison ie meure,
  En tes mains finissant:
A celle fin qu'auec toy ie reviue
En ton palais, de tous mes maux deliure,
  Sans fin te benissant.

3 Fay que mon ame a la tiene s'assemble:
Range nos cœurs & nos esprits ensemble:
  Fay que par viue foy
Tout mon desir à ta Loy se rapporte:
Vi dedans moy, & fay qu'en mesme sorte
  Ie viue dedans toy.

4 Ta main, Seigneur, mon cœur malade touche,
Dans mon tombeau soit le son de ta bouche,
  Pour au iour m'appeller.
De tes saincts yeux, ou ma vie est cachee,
Soit la vigueur dessus moy descochee,
  Pour me renoueller.

5 Ie suis à toy, tout a moy tu veux estre:
Tu es tout mien, tu m'es & pere & maistre,
  Ton vueil l'arreste ainsi.
Ton sainct esprit est le feu qui m'enflamme,
Et dois encor, puis que ie suis ton ame,
  Estre la miene aussi.
 6 Embrasse moy d'vne grace eternelle,
Mon ame soit sous l'ombre de ton aile,
  En repos asseuré.
Si ie ne puis tout d'vn coup te conoistre,
Fay dans mon cœur, qui est tien, ma foy croistre,
  Pour viure bienheuré.
 7 Vers ton palais, ou ie contemple encloses
D'heur & d'honneur les immortelles roses,
  Et le miel doucereux,
Mon cœur s'estend: la il se rassasie
Du doux nectar, de la saincte ambrosie
  Des habitans des cieux.
 8 Ie n'en puis plus: mon ame languissante,
Oyant ta voix si doucement puissante,
  A toy va s'esleuant.
Mon cœur halette, & de viues secousses
S'en va courant en ses tristesses douces
  Vers toy, grand Dieu viuant.
 9 Quand ie t'inuoque, vn celeste Zephire,
Vn feu diuin, qu'en tes yeux ie voy luire,
  Vient mon cœur allumer
D'vne si douce & agreable flamme,

Que la dedans ie sens viure mon ame,
    Sans point se consumer.
10 Ta grace, ô Dieu, ne tient rien de la terre:
Ie ne sçai quoy de si grand elle enserre,
    Que, l'ayant bien gousté,
Le móde entier m'est moins qu'vn grain de pouldre,
Et de ces biens que la terre fait sourdre
    Ie suis tout dégousté.
11 Ie ne voy rien sous le ciel qui me plaise,
Ta seule voix mes tristesses apaise,
    Et dompte mon esmoy.
Puis que tu es toute mon esperance,
De mon desir donne moy iouyssance,
    Te donnant tout à moy.

IX.
Iournee Chrestienne.

Lors qu'au matin le vif flambeau des cieux,
Pere du iour commence sa carriere:
Quand la nuict fuit, & la belle lumiere
Mille thresors ouure deuant nos yeux:
I'apperçoy Christ, vif soleil de mon ame,
Par sa clairté ma nuict sombre esclairant:
Ie sen ma chair de moy se retirant,
Et en mon heur tout ioyeux ie me pasme.
  2 Comme lon void le Soleil auancé

Vers le midi plus de chaleur espandre,
Les vents cesser & la terre se fendre
Aux rais du chaud dessus nous eslancé.
Ainsi la flamme esprise en mon courage,
Es premiers iours s'allumant doucement,
Se hausse, & croist de moment en moment,
Pour me guider vers mon sainct heritage.

3 En fin la nuict, a son tour commandant,
Par sa fraischeur esteint l'ardeur cuisante,
Couure de noir toute chose plaisante,
Le doux sommeil en nos os espandant.
Ainsi la mort, de ma chair si rebelle
Et de Satan la fureur esteindra.
Le somne en terre vn temps mes os tiendra,
Tandis mon ame aura vie eternelle.

4 Apres la nuict retourne le beau iour,
Le corps gisant vif & gay se releue,
En son labeur l'homme n'a point de treue,
La vie humaine est vn penible tour.
Mais quand mon corps atteindra l'autre vie,
Auec mon ame au ciel il iouira
D'heur & de gloire: alors mon tout rira,
Louant de Dieu la grandeur infinie.

X. *De la bonté de Dieu.*

C'EST ta bonté, Seigneur, qui rempare ma vie,
Côtre tât de malheurs dôt elle est poursuiuie,
Et me fait subsister en ce terrestre lieu.
Comme elle est eternelle, aussi d'effect semblable
Elle me rend constant, immortel, immuable,

Et me veut restablir a l'image de Dieu.

2 Ceste bôté souftiét l'eftre & forme du móde,
Fait agir le feu, l'air, la mer, la terre ronde,
De nature entretient les admirables loix,
Conſtâte elle s'oppoſe au temps qui tout menace,
Elle fait remarcher d'vne ordinaire trace,
Les ſiecles & les ans, les ſaiſons & les mois.

3 Elle m'a retiré de moymeſme & du monde,
Engardant que Satan & mort ne me confonde:
Elle s'eſt faite rien pour m'eſleuer aux cieux.
Quelle bonté ! d'entrer auec douleur extreme
En la mort, au tombeau, voire dans l'enfer meſme,
Pour redonner la vie à l'homme vicieux !

4 O Bonté des bôtez, qui mó cœur enuirónes,
Qui dans ce cœur ſouillé toymeſme t'épriſonnes,
Qui le preſſes, le pries, & veux chez lui loger !
Chez ce mauuais, ingrat, rebelle à ta voix ſaincte !
Et neātmoins ta marque en lui demeure emprain-
Et de chez vn tel hoſte ores ne veux bouger ! (te !

5 Que dirai-ie? O Bonté ! mó extreme malice,
Ta ſupreme faueur condāmne tant mon vice,
Que, muet, i'attendrai tout ce qui te plaira.
Non, doucement raui de ſi grandes merueilles,
Ie veux magnifier tes graces nompareilles,
Et tes faits tant exquis ma langue chantera.

6 O Bonté precieuſe, ô Bonté venerable,
O ſeul bien de mon ame, ô threſor deſirable,
Digne d'eternels vœux, dignes d'eternels vers,
res ie te reuere, ores ie te reclame,
arde dedās mó cœur ce ſainct feu qui m'enflāme

A t'aimer & cherir plus que tout l'vniuers.

7 Mõ cœur soit, ô Bonté, ta demeure eternelle,
Qu'il soit dedans ton temple vne lampe immortelle,
Flambante iour & nuict au haut de ton autel.
Le sang de Christ soit l'huile, & ta grace la flamme,
Le sacristain ce soit ton esprit en mon ame,
Qui chante à ton hôneur vn cantique immortel.

8 Ma chair, mon ame, ô Dieu, de ta grace asseuree,
Soit, maugré tous dangers, d'eternelle duree,
Et que ma mort n'esteigne ains allume ma foy,
Que ie serue fidele à ta Bonté fidele,
Honneur, vie, salut en fin obtenant d'elle,
Et en elle viuant comme elle vit en moy.

XI.

De mesme argument que la precedente.

TA Bonté ne se plait qu'a se mõstrer supreme
En bontez sur mon cœur sous malice abatu.
Sentant ceste bonté si grande dans moymesme,
Ie l'appelle, ô mon Dieu, ta premiere vertu.

2 Quoy que mon lasche cœur soit tout armé de glace,
Et quoy qu'il ose, ingrat, guerroyer ta pitié,
Si ne laisses-tu point de lui donner ta grace,

Et le

Et le tirer à toy par cordeaux d'amitié.

3 Par infinis presens tu tasches de l'attraire,
Mesmes dedans ton cœur tu le tiens enfermé:
Encor que trop souuent, las! il te soit contraire,
Et que ne veuilles rien qu'aimer & estre aimé.

4 Il prend bien a mon cœur que toy seul, qu'il admire,
As en lui ton lõgis toy mesme façonné:
N'estoit que ta bonté maintient la son empire,
Ma malice l'auroit mille fois ruiné.

5 Ha! mon Seigneur, faut-il qu'en mesme lieu s'assemble
Tant de mal, tant de bien, tant d'heur, tant de mespris?
Faut-il que dans mon cœur soyent logez ensemble
Mort, vie, opprobre, gloire, enfer & paradis?

6 Oui, mais mon mal n'empesche, ô Bonté pitoyable,
Que iusqu'apres la mort tu ne m'ailles aimant,
Quoy que ie n'aime pas ta Bonté tant aimable,
Et que mon cœur ressemble au tresdur diamant.

7 Helas, il est si dur, qu'il a fait resistance
En maint & maint endroit à ta grande bonté.
Mais d'vn vray diamant ton cœur a la constance,
Qui la durté du mien ores a surmonté.

8 Au regard de ma chair, ren mon cœur insensible,

A

Afin que de ses traits ie mesprise l'effort:
Et face ta bonté (car tout lui est possible)
Que ie meure en ma vie, & viue apres ma mort.

XII.
Du combat en l'homme regeneré.

ALORS que mon ame est au dur ioug asseruie
De ma chair orgueilleuse, insolente, rebelle,
Ie sen que le peché crucifie ma vie.
Et vray'ment ie suis serf d'vne peine eternelle,
Quãd serf d'vne traistresse, & chagrine & volage,
Ie ne puis la lier ni me deslier d'elle.
  2 Le peché par la chair fait naistre vne grand'
      rage
En mon cœur qui troublé de se sentir en prise,
En son port n'apperçoit qu'vn euident naufrage
La douleur (flamme ardante) en ma pauure ame
      esprise,
Cerche soigneusement l'occasion fuyante,
Qui tant plus est suyuie & moins peut estre prise.
  3 O Dieu tu voids le mal qui mon cœur vio-
      lente,
Tu ois l'esprit, la chair, y bruire, y contredire,
Y produire des pleurs & bien diuerse attente.
Ie ne sçauroi iamais si bien ma peine escrire,
Et tu sçais mieux que moy l'inimitié mortelle
De ces deux, sans qu'il soit besoin de la redire.

4 Mais ie la me dirai:car mon ardeur est telle
Que le feu qui sans air caché dessous l'escorce
Consomme presque l'arbre auant qu'il estincelle:
Ou bien comme la glace(alors que plus s'efforce
L'hiuer de retenir le cours d'vne riuiere)
Fait perdre au fil de l'eau son apport & sa force.

5 Ainsi ne disant rien, mon ame prisonniere,
En soy tous saincts desirs & souspirs emprisonne,
Et perd de iour en iour sa vie & sa lumiere.
En parlant, ton esprit sa chaleur me redonne,
La chair tous mes esprits engourdit de sa glace,
Deux contraires partis regnent en ma personne.

6 L'vn graue en moy tō nom, l'autre ton nom efface:
L'vn me sert d'esperon, l'autre de rude bride:
L'vn me souleue au ciel, & l'autre me terrasse.
L'vn me dit que mon Dieu à la vie me guide,
L'autre me dit que non, & tous deux entretienent
Double espoir en mon cœur, l'vn sainct, l'autre homicide.

7 Par l'vn les saincts desirs & saincts propos me vienent
Iusqu'au bord de la langue, & par l'autre au contraire
Mon bon heur & ma voix prisonniers se retienent.
O malheureuse chair, qui seule peux distraire

A 2

Mon cœur pousse d'ailleurs aux entreprises hautes,
Si faudra-il qu'vn iour l'esprit te face taire.
   8 C'est toy qui croistre fais le monceau de mes fautes,
Tu poursuis contre moy ta piperesse guerre,
Et le vouloir ensemble & le pouuoir tu m'ostes,
Tu me fais bien sentir que ie suis fresle terre.
C'est toy dont le brandon, le fleau, la tenaille,
L'ame des criminels, brusle, assomme & enserre.
   9 C'est toy dont le venin court d'entraille en entraille,
Et qui, de peur qu'on ait de Christ ferme memoire,
Est entre lui & nous vne haute muraille.
Mais, las! si tu pretends abaisser quelque gloire,
Ce n'est pas à mon cœur qu'il faut que tu t'attaches,
Car mon espoir, ma foy, t'est maintenant notoire.
   10 Il faut que desormais tes fureurs tu delasches
Dessus les reprouuez qui n'ont la conoissance
De l'Esprit du Seigneur contraire aux esprits lasches.
Cest Esprit est tressainct, diuine est son essence,
Essence qui se fait de toute essence mere:
Cest Esprit est de tout l'eternelle alliance.
   11 De ce rond vniuers ie l'appelle le pere,

L'ame, le gond, l'apui, l'entretien, & la vie,
Qui tout par la discorde accordante tempere.
Ses beaux, ses grands effects sagement il allie,
C'est lui qui donne addresse à ses causes secondes,
Et qui tourne en bon heur de l'homme la folie :

12   Il eslance ses traits iusqu'au plus creux des ondes,
Il balance son vol dessus le vol des nues,
Et se fait redouter aux abysmes profondes.
O Dieu, tes fortes mains de ma chair soint conues,
Fai que les passions, que dans mon cœur ie brasse,
Y soyent pour mon bien, non pour mon mal, venues.

13   Lors ie ne craindrai plus de ma chair la menace,
Le monde enuenimé, la mort & l'enfer mesme
Me verront subsister tousiours ferme en ta grace.
Arriere, arriere chair, puis que l'esprit supreme
A mon esprit esclaire, & me fait le bien suyure,
Christ de mon cœur l'obiect, & de mes biens l'extreme.

14   Ce bien ie veux aimer, en ce bien ie veux viure,
Ie lui ouure mon cœur auecque ma parole,
Afin que de ma chair vn iour il me deliure.
Ie veux que ceste voix iusqu'à ma chair s'enuole,
Tu periras, infame : & si veux qu'elle sente

A 3

Que l'amour du Seigneur sans dommage m'af-
fole.

15 Si quelque mal apris gronde & se mescon-
tente,
Disant que si i'auois vne ame qui fust bonne,
Ma chair vn si long temps ne me seroit presente:
Il faut qu'en peu de mots response ie lui donne:
Discerne la presente & l'eternelle vie.
Imparfaite ça bas fut, est, toute personne.

16 Ma chair auant la mort ne peut estre asser-
uie
A l'esprit: dans les cieux n'y aura point de guerre,
Ains de gloire & d'honneur la paix sera suyuie.
Celui la veut mesler le ciel auec la terre
Qui au monde imagine vne ame du tout saincte,
Ou dont vne moitié tout-parfaite plus n'erre.

17 La chair dedans l'esprit tousiours demeure
empreinte,
Et l'esprit en la chair contre la chair guerroye.
Puis qu'il y a combat, l'vn donne à l'autre attein-
te.
La mort finalement, qui nostre corps pouldroye,
Ce combat finissant, fait qu'en sa gloire saincte
Aux saincts victorieux Christ la couróne octroye.

XIII.

Description des poetes lascifs, detestez: & du contentement qu'apporte l'vnion du fidele auecque Dieu.

SEIGNEVR Dieu, que sans fin ie loue
De tout mon cœur, que ie te voue,
D'vn vœu qui est & stable & sainct:
Ne permets que ma chanson suyue
Quelqu'vn, qui ses flammes descriue
Lasciuement, & plus atteint
D'vn desir que sa rime viue
Que de toute autre ardeur qu'il feint.

2 Car outre ce qu'à la feintise
Mon ame ne se donne en prise:
De toy i'obtien l'affection
De me ranger à ton seruice,
Et ta benignité propice,
Qui reigle mon intention,
Fait que ne veux flatter le vice,
Ni m'apaster de fiction.

3 Ces chantres d'estranges louanges,
De peines & plaintes estranges,
Font retentir presques tous lieux.
Promettans de rendre immortelles
Des Flores, qu'ils peignent tant belles,
Que toutes les beautez des cieux

A 4

Vont quittant(disent-ils)à telles
Ce que Nature a fait de mieux.

   4 En leur rime impure ils ne feignent
Qu'horribles maux dont ils se plaignent
De flesches, d'arcs, l'ordure armans,
Et de mesme armant ces femelles
De flammes & flesches mortelles
Qui entamans, qui consumans,
Voire & empoisonnans les ames,
Font mourir ces sots non mourans.

   5 Osans,ô Seigneur Dieu supreme,
Attribuer ton nom supreme
A leurs infames volontez.
On leur void vn Dieu contrefaire,
Qu'ils nomment meurtrier ordinaire,
Traistre & bourreau des cœurs domtez.
Leur deesse se void pourtraire
Vraye furie en cruautez.

   6 Eux mesmes furieux l'adorent,
Et aueuglez la deshonnorent
Indignement de ce nom la.
Car sans que bailler il lui faille
Serpent, brandon, fauet & tenaille,
Les geinse, les chaines qu'elle a
Et les fers cruels qu'on lui baille
Sont plus encor que tout cela.

   7 Mais d'où prouienent tant de feintes,
Tant d'escris, de cris, & de plaintes,

Que vont semant ces brouillons ci?
Sinon d'oisiue flatterie,
Et d'indiscrette singerie,
Et d'vne ame profane aussi,
Dont naist ceste forcenerie
Que leurs chants contrefont ainsi.

8 Si leurs discours sont veritables,
Voila des cœurs vilains, coulpables,
Damnables pour leur lasche tour.
Glorieux d'auoir peu seduire,
Ou à chasteté voulu nuire,
La mort ils font, & non l'amour.
Eux mesmes taschent se destruire,
Voulans estre damnez vn iour.

9 Quant aux louanges, Dieu supreme,
Que t'addresse à tous pour toy mesme,
D'vn chant diuersement chanté,
Sur tes faueurs qui m'ont sceu prendre,
Et quant aux souspirs qu'a peu rendre
Mon cœur conduit par ta bonté:
Ton Esprit les me fait comprendre,
Et le mien n'a rien inuenté.

10 Or puis que la iournee heureuse,
Ou en ta maison glorieuse
Ioints serons d'vn ferme lien,
Est le seul but de ma poursuite,
Il faut que ma chanson conduite
Soit du tout selon le cœur mien,

Qui toute feinte a interdite
Tant & tant il veut estre tien.

11 Et pourtant, Seigneur, sans me feindre,
En tous mes vers ie veux te peindre:
Ici pour ton los ie diraī,
Que la lumiere de ta face,
Et ta prouidence, & ta grace,
Que sans cesse i'admireray,
Nettement de mon cœur efface
Tout ce que iamais i'admirai.

12 Qu'ai-ie, pour ta face pourtraire,
Des beautez mortelles afaire?
Ou qu'ai-ie afaire de cercher
Tant & tant de milliers de choses
Qui sont en l'vniuers encloses,
Pour tes beautez y attacher?
Ce qu'en tes dits tu m'en proposes
M'est plus excellent & plus cher.

13 Or voy, Seigneur, la peine dure,
Qu'estant absent de toy i'endure,
En l'attente de mon seul bien.
Si tu permets que mon offense
Preiudicie à ta clemence,
Mon ame perdue ie tien.
Mais ta paternelle presence
Tourne enfer & ma mort en rien.

14 Ainsi qu'en rien ie tourne encores
Les maux qui me trauaillent ores,
Attendant en foy le beau temps
Que ta promesse veritable

En ta gloire tant souhaitable
Rende tous mes esprits contens:
Accablant sous ta bonté stable
Mes pensers faux & inconstans.

XIIII.

Des miseres de la vie humaine.   Sur le chant du Ps. 118.

TOVSIOVRS la tempeste bruyante
 Les vagues ne fait escumer:
Toufiours la Bife ne tourmente
Le repos de l'ondeufe mer:
Toufiours du marchant qui trauerfe
Pour le proufit iufqu'au Leuant,
Le nauire creux ne renuerfe
Sous le flot agité du vent.

2 Toufiours le grand Dieu ne defferre,
Animé d'vn iufte courroux,
Les traits flambans de fon tonnerre
Sur la terre en defpit de nous:
Toufiours l'ardant æfté ne dure
Sur le fein des champs endurci,
Et toufiours la gourde froidure
Ne les endurcit pas auffi.

3 Mais toufiours, tandis que nous fommes
En ce bas monde feiournant,
Les malheurs, compagnons des hommes,
Vont noftre vie entretenant.
Les miferes continuelles
Se perchent deffus noftre chef,
Et ne s'envont point qu'au lieu d'elles

Ne suruiene vn plus grand meschef.

4 En naissant, peché nous fait estre
Suiets à les souffrir tousiours.
Comme nous commençons à naistre,
A naistre commencent leurs cours:
Et croissant nostre mortel aage
Le vice, en nos ames croissant,
Nous va tenaillant d'auantage
Et cruellement oppressant.

5 De rien les grandeurs passageres
N'y seruent: car plus elles sont
Superbes, & plus les miseres
Alencontre leuent le front.
Aux couronnes elles s'attachent,
Les menassant, & maintesfois
De grande fureur les arrachent
Du chef trop superbe des Rois.

6 En vain par les ondes secrettes
Nous irons, pour les euiter,
Aux Scythes & aux Massagettes,
En Septentrion habiter:
En vain sur les plaines bouillantes
Ou Phœbus lance ses rayons:
Car tousiours les aurons presentes,
En quelque part que nous soyons.

7 Les tenebres plus obstinees
Ne ioignent la pesante nuict,
La clairté dorant les iournees

LIVRE V.

De plus pres le Soleil ne suit,
Et ne suit plus opiniastre
L'ombre legere vn corps mouuant,
Que le peché, pour nous abatre,
Sans cesse nous va poursuyuant.

8 Heureux qui sacre a Dieu sa vie,
Heureux qui sortant du berceau
A vertu soymesme conuie,
Et qui la suit iusqu'au tombeau.
Heureux encor en sa misere,
Qui le cours de sa vie vsant,
Loin du monde se va retraire,
Et ses honneurs va refusant.

9 Eue par le serpent pipee
Seduit Adam, qui fait vn ieu
De peché: mais l'ame frappee
Au goufre de mort esmeu,
D'ou sortent tant de maladies,
Qui vont auançant nostre fin,
Pour punir les mains trop hardies
A faire vn interdit larcin.

10 Depuis Adam, la race humaine,
Odieuse a Dieu, n'a cessé
De porter la poictrine pleine
De mal l'vn sur l'autre entassé:
Peché fait que la mort espine
De mille & mille afflictions
L'ame qui parauant diuine

Viuoit franche de passions.

11 Les guerres & leur suite amere
Font çà bas de long temps seiour,
Et la crainte de l'aduersaire
Augmente en nos cœurs nuict & iour.
Nostre malheur tousiours empire:
Moindre estoit hier nostre ennui
Qu'ores, & demain sera pire
Que n'est encores le iour d'hui.

12 Mais quelque mal qui nous menace,
O Dieu, nous esperons en toy,
Attendans aide de ta grace,
Qui peut dompter tout nostre esmoy.
Vueille donc maugré la misere,
Qui sans cesser nous va brisant,
Te monstrer fauorable pere
A tout cœur ta gloire prisant.

X V.

De la patience de Dieu, mal reconue du peuple françois.

SVr ton dos, chargé de miseres,
De Dieu la Tout-puissante main
Venge les crimes de tes peres
Et les tiens, François inhumain.
Que si pour destourner l'orage,
Qui pend sur ton chef menacé,

Tu n'appaises Dieu courroucé,
Ton malheur croistra dauantage.

2. De l'Eternel l'ire excitee
A tardé long temps à venir,
Mais la verge qu'as meritee
A commencé de te punir.
Dieu a son ire retenue,
Et a supporté tes pechez :
Or' ses fleaux sont destachez,
Car ta malice continue.

3 Il fait sortir de sa cauerne
La noire peste, pour souffler
Vn venin puisé dans l'Auerne,
Et le soufflant corrompre l'air.
Ou la famine chagrineuse
Aux membres foibles de maigreur,
Ou la guerre pleine d'horreur,
Plus que toutes deux outrageuse.

4 La guerre par qui dans la France,
Tant de champs on void engraissez
Du sang que l'espee & la lance
Y verse des soldats blessez :
Qui pour nous saccager encore
Ameine des Belgiques champs
Nouuelle armee de meschans,
Conduits, payez par le mi-More.

5 De celui brusloyent les entrailles
De rage & d'horrible rancueur,

Qui fit des ciuiles batailles
Herisser vn camp belliqueur:
Qui dans la Françoise campagne
Fit desployer les estendars,
Et qui y receut les soudarts,
De l'Italie & de l'Espagne.

6 Qui de trompettes esclattantes
Osa le premier eschauffer
Les citez d'horreur fremissantes,
Pour les precipiter au fer:
Qui par les campagnes herbues
Fit tomber les corps tronçonnez,
Comme quand les bleds moissonnez
Tombent en iauelles barbues.

7 A vn tel, cheut dedans les gouffres
D'eternelle perdition,
La peine, ô Neron, que tu souffres,
Des tyrans la damnation,
N'est digne peine de son crime,
Ni assez suffisant loyer.
Satan y deuroit employer
Tous les tourmens du grand abysme.

8 Las! François, que chetifs nous sommes!
La mort precipite-elle point
Assez tost les debiles hommes
Au fond de leur extreme poinct?
Assez tost ce pauure corps tombe
Dans le ventre obscur des tombeaux,

San

Sans que de nous mesmes bourreaux
Nous nous apprestions nostre tombe.

9 Nos citez languissent desertes,
Les plaines au lieu de moissons
Arment leurs espaules couuertes
De larges-espineux buissons.
La mort au cœur de France habite,
Et si bien tost paix ne descend
Dessus ce peuple perissant:
C'est fait, c'est fait, France est destruite.

10 Mais a qui fai-ie ma complainte?
Aux mortels ie m'addresse en vain,
Mesme a ceux dont l'ame est atteinte
D'vn complot cruel & vilain.
Quel proufit me viendroit d'escrire
A des suiets seditieux,
Ne voulans autre maistre qu'eux,
Et taschans eux mesmes destruire.

11 Donques à toy seul ie m'adresse,
O Prince du grand vniuers,
Te priant que ta main redresse
France qui va tout de trauers.
Essuye les roulantes larmes,
Des tiens affligez des long temps,
Et maugré tous les mal contens
Change en paix la fureur des armes.

B

XVI.
De la prouidence admirable de Dieu.

L'ETERNEL, qui ceste rondeur
Assuiettit à sa grandeur,
  Par sa iuste sagesse,
Nous embrasse & nous comble d'heur,
  Puis chetifs nous delaisse.

2 Nostre estat est le plus souuent
Plus mal asseuré que le vent,
  Qui de sa chaude haleine
Esboule le sable mouuant
  De la cuite Cyrene.

3 Par fois Dieu nous descouure vn front
De mille liesse second:
  Par fois il se retourne,
Et d'vn pas tresiustement prompt
  Loin de nos cœurs seiourne.

4 Il change nos prosperitez
En poignantes aduersitez,
  Car nostre cœur se ioue
De ses seueres veritez,
  Voire les desauoue.

5 Iamais au soir le blond Soleil
Ne vid Dieu monstrant au sommeil
  Vne face chagrine,
Qu'au matin, des qu'il ouure l'œil,
  Ne la trouue benigne.

6 C'est le Seigneur qui a pouuoir
Sur tous, pour les vns receuoir,
  Et les autres forclorre.
Il peut les empires mouuoir
  Et l'vniuers encore.

7 Il donne les mesmes terreurs
Aux couronnes des Empereurs
  Tremblans à sa menace,
Qu'a la moisson des laboureurs,
  Qui depend de sa grace.

8 Il est Roy des flots mariniers,
Des forests, des sillons blatiers,
  Et des vignes fertiles.
Il a regard sur les mestiers
  Et des champs & des villes.

9 Mais sur tout se monstre son bras
Puissant es perilleux combats,
  Ou plus que d'autre chose
Que l'homme manie ici bas,
  Dieu sagement dispose.

10 Il donne au plus foible du cœur,
Et le rend des braues vainqueur,
  Oste aux hautains la gloire.
Et donne au nouueau belliqueur
  Vne belle victoire.

11 Gedeon, Samson, & Dauid,
Et maint qui es histoires vit
  Preschent la Sapience

B 2

De l'Eternel, & le doux fruit
    De sa grand' prouidence.
12 Vne autre roue il n'y a pas
Que son vouloir: c'est le compas
    De ce qu'on fait au monde:
Quoy que le sot n'en face cas,
    Quoy qu'Epicure gronde.
13 Il meine l'homme qui le suit,
Il tire celui qui le fuit,
    Et rien ne lui resiste.
Qu'as-tu, toy, qui fais tant de bruit?
    Di moy, qui te despite?
14 Y a-il a redire en Dieu?
Peux tu marquer en ce bas lieu
    Du defaut en son œuure?
Donc, ni à certes, ni en ieu,
    Censeur ne t'en descœuure.
15 Or quant à moy, mon Dieu puissant,
Mon rien, ton tout recognoissant,
    En tes faits ie reuere
Ton pouuoir l'inique abaissant
    En extreme misere.
16 I'y reuere d'autre costé
Ceste paternelle bonté
    Qui tousiours me fait grace:
Iusqu'a tant que vers toy monté
    Ie contemple ta face.

XVII.
Pour la paix publique.

O SEIGNEVR des Seigneurs, Roy des Roys,
     Dieu des Dieux,
Ne permets que Satan dissipe ton Eglise,
Qui redoute & ressent son pouuoir odieux.
Saserene son front, & desseche ses yeux,
Reconforte son cœur, & l'aime, & fauorise.
Tu le peux & le dois, ô Monarque des cieux.

2. Assez, Pere benin, nous auons sceu que vaut
Le choc de tes rigueurs, & l'aigreur de ton ire,
Quand tu veux (irrité) punir nostre defaut.
Iez a nostre dam nous sçauons qu'il ne faut
Forcer par nos raisons ton equitable empire.
La cheute est plus a craindre ou plus on monte
     haut.

3. Bien peu dure le cours des torrés desbridez,
Et sur les droits sapins & le chef des montagnes
Plustost tes dards aigus sont roidement guidez,
Que sur les arbrisseaux de leur bassesse aidez,
Non pas leurs compagnons descampez des cam-
     pagnes.
Ceux ci sont esgaux les cœurs outrecuidez.

4. L'effroyable canon, le dur flanc des rampars,
Le glaiue estincelant, ni l'arroy d'vne armee,
N'engardent que ta force & ton orage espars

B 3

N'attaignent l'orgueilleux:deuſt il en mille parts
S'oppoſer à ton nom,ayant la main armee.
Aux humbles, ô bon Dieu,tes faueurs tu depars.

  5 Ce peruers Goliath,ce guerrier Philiſtin,
Qui brauoit Iſrael d'vne audace ſi braue,
Marchant ſous ſon orgueil vers ſa honteuſe fin,
Perdit ſous vn berger ſon courage mutin:
Et cuidant maiſtriſer cheut pire qu'vn eſclaue,
Armes,corps,vie & gloire y laiſſant pour butin.

  6 Si dóc le camp Hebrieu conut lors ta pitié,
Et meſme,ſi iadis le tyran d'Aſſyrie
Fut tué par ſes fils,pour l'antique amitié
Que tu portois aux tiens,froiſſant la mauuaiſtié
De ſon oſt & de lui:rapaiſe la furie
De tant de peuples,ſerfs d'ire & d'inimitié.

XVIII.
Confeſſion de l'homme pecheur.

Durant tant de grands flots coup ſur coup
         s'eſleuans,
Tant de feux, tant d'eſclairs, tant de pluye & de
         vents,
Rebatans à l'enui ma nacelle briſee,
Reſté la nuict ſans guide entre mille deſtours,
Seigneur,ie te reclame, & voici ton ſecours
Qui rend de mon eſprit la tourmente appaiſee.

  2 Le brouillas qui long temps m'a le iour deſ-
         robé,

percé de tes rayons en peu d'heure est tombé:
Mon ame, aueugle vn temps, la veue a recouuree.
Mais presque elle a regret d'vn bien si precieux:
Car quand dessus soymesme elle tourne les yeux,
D'horreurs & de pechez se void toute entouree.

3 Las! puis que rié d'entier ne s'y peut auiser,
Que lui sert sa clairté sinon pour l'accuser,
Et la rendre confuse en voyant tant de vices?
Plaise toy donc encor les deux yeux me couurir,
Non, Seigneur, mais plustost vueilles les mieux
 ouurir,
Pour contempler ta grace & tes grands benefices.

4 Ores que dedans moy ie me suis retiré,
Des rayons de ton œil à minuict esclairé,
Que ie voy de thresors dont tu m'es fauorable!
N'estant tu m'as fait estre, & m'as rendu viuant,
Tu m'as pourueu de sens, & plus haut m'esleuant
Me depars le discours, & me fais raisonnable.

5 Ta main d'ame & de corps à mon tout fa-
 çonné,
De corps foible & mortel à la terre adonné,
Qui retourne à la terre au soir de sa iournee:
D'ame immortelle & viue, à iamais demeurant,
Tousiours comme à son bien, vers le ciel aspirant,
Si le monde abuseur ne l'en rend destournee.

6 Oiseaux, bestes, poissons, eaux, bois, plantes,
 & fruits,
Nuict, iour, Lune, Soleil, pour moy furét produits:

B 4

Et pour rendre ta grace en tout poinct acomplie,
Apres m'auoir laissé quelques iours sauourer
De tes traits ici bas, tu viens m'en retirer,
Et me donnes au ciel vne eternelle vie.

7 Tant de biens, ô Seigneur, que departent tes
mains,
Par grace & franchement sont donnez aux humains :
Tu n'en esperes rien, tu n'as de rien afaire :
Il t'a pleu, tu l'as fait de libre volonté,
C'est ce qu'en mon esprit ie voy de ta bonté,
Lors que ton œil diuin mes tenebres esclaire.

8 Mais quád ie me regarde au miroir de ta Loy,
Que dedans & dehors transformé ie me voy !
Que ie trouue en mon ame & de crasse & d'ordure !
Que mes sens corrompus sont deuenus infects !
Que ie m'appelle ingrat des biens que tu m'as faits !
Et que mon premier estre a changé de figure !

9 Cest esprit que diuin tu m'auois fait auoir,
Pour l'esleuer au ciel, pour entendre & sçauoir,
Et pour te reconoistre aux traits de ton ouurage,
Esgaré du sentier de sa felicité,
A choisi pour le vrai l'ombre & la vanité,
Et lui mesme a son bien s'est fermé le passage.

10 Ce cœur, des chauds desirs la source & l'aliment,

Que tu m'auois donné pour t'aimer ardamment,
Et pour seruir de liure a ta Loy tresparfaite,
Ne t'a rien reserué de ses affections,
Mais en s'abandonnant aux folles passions
A toutes leurs fureurs a serui de retraite.

11 Il a souuent bouilli de rage & de desdain,
Il a senti douleur du bien de son prochain,
Il a long temps coué mainte haine mortelle,
Il s'est enflé d'orgueil, il s'est desesperé,
La chaude ambition l'a souuent alteré,
Il n'a point esté simple, ains double, & peu fidele.

12 Ces yeux, rois de mes sens, qui me deuoyent
    guider
A toute heure en mon bien, & du mal me garder,
Ne laissans nulle entree aux fureurs insensées,
Charmez d'vn vain plaisir, lasches se sont rendus:
Par eux mes autres sens ont tous esté perdus,
Et de mon foible cœur les defenses forcees.

13 Eux qui tousiours en haut deuoyent estre
    dressez,
Ont tenu leurs regards vers la terre abaissez.
Eux qui deuoyét pleurer iour & nuict mõ offense,
Ont pleuré, las! he quoy? quelque vaine rigueur,
Quelque oubli, quelque chauge, ou telle autre
    langueur,
Dont le monde maudit ses seruans recompense.

14 Mon oreille, ou ta voix deuoit tousiours
    sonner,

Toute aux cóptes menteurs s'est voulue adonner,
Ouuerte aux faux rapports, fermee aux veritables:
Elle a souuent oui ton sainct nom blasphemer,
Mesdire, iniurier, son prochain diffamer,
Et s'est pleue aux discours de perilleuses fables.

15 Las, helas! que ma bouche a failli contre toy!
Ie l'auois, ô Seigneur, pour enseigner ta Loy,
Et du bruit de ton nom rendre la terre pleine,
Pour aider aux mortels, ou bien les appeller,
Les retirer du mal, reprendre & consoler,
Sans iamais la souiller d'vne parole vaine.

16 Mais au lieu d'en cueillir vn fruict tant desiré,
Ie n'ay fait que mentir, ie me suis periuré,
I'ay despité le ciel, ta gloire, & tes merueilles:
I'en ay flatté les grands & leur maux desguisez,
I'ay semé la discorde, & de propos rusez
I'ay souuent amusé les credules oreilles.

17 Brief, Seigneur, tous mes sens, tant dedans que dehors
De chascune des parts de l'esprit & du corps,
N'ont plus rien qui resemble a leur forme premiere:
Vn seul trait de ta main n'est sur moy demeuré,
Ie suis vn monstre horrible, & si desfiguré,
Que crainte de me voir ie fui toute lumiere.

LIVRE V.

18 Helas! i'ay bié raison d'estre pasle & tréblāt,
Ma confusion croist, mon mal va redoublant.
Qui du roc de mon cœur tirera des fontaines?
Qui grossira mon chef de torrens furieux?
Qui de larges ruisseaux m'enflera les deux yeux,
Pour noyer mes pechez, mon angoisse, & mes peines?

19 Tous mes chants soyent changez en hauts gemissemens,
En tenebres mes iours, mes plaisirs en tourmens:
Que ie seme mon chef de poussiere & de cendre,
Que des bons, comme ingrat, ie sois abandonné,
La crainte & la frayeur m'ont tout enuironné,
Et la gueule d'enfer s'ouure afin de me prendre.

20 Que d'vn seul en mō dueil ie ne sois cōsolé,
Car du roole des bons mon nom est cancelé.
Monts, bois, fleuues, rochers, pleurez mō auāture:
Le pourtrait du Seigneur i'ay moymesme effacé,
I'ay delaissé mon pere, & ses biens despencé,
Puis auec les pourceaux i'ai pris ma nourriture.

21 Mais pourtant à mon Dieu ie me veux presenter,
Ie veux bas à ses pieds tout en pleurs me ietter,
Poussant du fond du cœur ceste voix lamentable:
I'ay peché deuant toy, Pere doux & clement,
Ie m'appelle ton fils, mais c'est indignement,
Mon malheur ne merite vn nom si fauorable.

22 De l'abysme ou ie suis à toy ie vay criant,

Pardonne à ton enfant contrit & suppliant,
Ie te demande grace, & crain fort ta iustice.
Ne vueille exactement mes erreurs balancer,
Tu ne veux pas Seigneur ta iustice exercer
Que côtre le meschant qui s'obstine en son vice.

23 Plaise toy par ton fils mes pechez pardon-
   ner.
Mais ce n'est pas assez: ie crain d'y retourner:
Ma foiblesse, Seigneur, m'est trop & trop conue.
Aide donc, s'il te plait, a ma fragilité,
Et puis que de la mort tu m'as resuscité,
Que mon ame ça bas ne soit plus detenue.

24 Esclaire mon esprit, & le conduis à toy,
Remplh mon cœur d'amour, de constance, & de
   foy,
De tous obiects trompeurs mes yeux vueilles di-
   straire,
Mon oreille a iamais soit ta voix escoutant,
Ma bouche incessamment ta gloire aille chantât,
Et que d'ame & de corps sans fin ie te reuere.

XIX.

Action de graces de l'homme fidele, descriuant l'estrange corruption & la malignité du monde.

Elle se peut acommoder au chant du Pseaume CIII.

IE ne sçaurois estimer l'homme sage
Qui veut franchir vn dangereux passage

Ou cent milliers sont dedans enfoncez,
Qui comme lui temeraires y cheurent,
Et prendre ailleurs leur chemin ne voulurent,
De conuoitise & de rage poussez.

2 Le naucher, pres du danger d'vne roche,
Ne s'endort pas, & iamais n'en approche:
Car il sçait bien qu'il ne verroit le port.
Mais le pecheur aux escueils de ce monde
Brise sa nef, & s'abysme sous l'onde,
N'ayant souci d'eschapper de la mort.

3 L'homme niais, le manchot de ceruelle,
A quelque crainte, & sa fureur n'est telle
Qu'il frappe tous de la dague qu'il tient.
Mais le mondain les entrailles le mange,
Par bon conseil iamais il ne se range,
Et la raison sa fureur ne retient.

4 L'enfant petit n'est point sans conoissance
De ce qui nuist: car s'il chet, son enfance
Fait vn rampar de ses deux petis bras.
Mais celui la que le monde rend beste
Sur vn paué cogne & hurte sa teste,
Et de ses pieds il s'encourt au trespas.

5 Loué soit Dieu, de qui la main débande
Les yeux voilez de celui qui demande
D'estre gueri d'vn mal inueteré.
Par toy, Seigneur, ma pauure ame est guerie
Du mal infect qui la rendoit pourrie.
Ta grace m'a des enfers retiré.

6 Tu m'as apris que le monde me tente
D'vn faux plaisir qui iamais ne contente,
Et que l'aspic est caché sous ses fleurs,
Que sa caresse est reuesche & barbare,
Que son conseil l'homme mortel esgare
Au labyrinth de cent mille douleurs.

7 Tu m'as fait voir, que ce pipeur apaste
D'vn faux espoir la ieunesse qu'il gaste,
L'englace, l'ard, de frissons & de feux.
I'apren de toy que sous fausse aparence
Il fait languir dans vn lict de souffrance,
Et que ses dons sont du tout venimeux.

8 Ta voix me dit qu'il est faux & muable,
Que son souris est traistre & deceuable,
Que son beau iour n'est qu'vne triste nuict,
Que de ses serfs salement il se ioue,
Qu'en se iouant il les met sur la roue,
Et qu'il n'y a qu'amertume en son fruict.

9 I'ay trop senti qu'il trouble la pensee
En vn seul iour mille fois offensee,
Et combien c'est vn superbe vainqueur,
Et comme il sçait pour vn peu de fumee
L'ame meurtrir, la rendre consumee,
Gemer le corps, & marteler le cœur.

10 Ie sçay côment son printemps est automne,
Dans quels barils son doux fiel il entonne,
Comment il met l'homme vain aux abois,
Comment il est tout etique d'enuie,

Comme il rauit quand il donne la vie
A l'homme vain qu'il esgorge en ses bois.

11 Ie sçai que vaut sa dolente liesse,
Ie sçai comment sa constante tristesse
Vient au galop vn pauure cœur saisir:
Iusques au iour que mort viene & l'emmeine,
Le monde il sent, qui de main inhumaine
Le tyrannise & bat a son plaisir.

12 Ce monde est tel qu'vn badaut empyrique,
A tout malade vn emplastre il applique,
Qui fait mourir, sans qu'on sente son mal.
Son bruuage est certaine eau distillee,
Qui n'est plus tost du malade aualee
Qu'elle le fait deuenir tout brutal.

13 C'est vn sorcier, qui endort par ses charmes,
Nud aux vaillans il sçait oster les armes,
Grand prometteur qui ne tient iamais rien,
Rieur, bauard, qui est tousiours de feste,
Ou ses poisons doucement il apreste,
Qui fait tousiours du mal, iamais du bien.

14 Il nous conduit sur la glace polie,
Et puis nous pousse, ou bien d'vne poulie
Il hausse en l'air son nouice mal caut,
Et luy ayant donné mainte secousse,
D'vn bras despit a la fin il le pousse,
Et dans la mort lui fait faire le saut.

15 On ne sçauroit exprimer la maniere
De ses apasts, & deuant & derriere

Il nous cheuale, il nous gaigne & seduit.
Quand vne fois du mortel il s'acoste,
Sur le malheur lui fait courir la poste
Droit aux enfers ou Satan le conduit.

16 Mais ie te loue, ô Lumiere adoree,
Qui m'as donné conoissance asseuree
Du monde vain qui me va deceuant.
Sauue mon cœur de sa trappe couuerte.
Puis que tu voids le sentier de ma perte,
Guide mes pas, & chemine deuant.

XX.

La constance des fideles est inexpugnable.

DEs tyrans le felon courage,
De leurs bourreaux la cruauté,
Par fois esmeut la fermeté
De l'homme chrestien qu'on outrage.
 Toutesfois le mal qu'il endure,
Ne lui peut oster de l'esprit
L'amour qu'il porte à Iesus Christ,
Qu'en croix tousiours il se figure.
 2 Comme le bled, dessous la glace
Caché sans aucune vigueur,
Quand l'hiuer rempli de rigueur
De mort entiere le menace,
 Attend le retour fauorable
Du Soleil qui le vient nourrir,

Le pousse au iour, le fait meurir,
Pour estre aux humains secourable.

  3 Ainsi en prend il au fidele,
Au temps de persecution,
Il gist sous la tentation,
Et sous l'insolence cruelle.

Tandis sa foy fait qu'il espere
Que celui qui change le temps,
Et rend les cœurs tristes contens,
Sçaura pouruoir à sa misere.

  4 On le peut tourmenter par geines,
Les pieds les mains lui enferrer,
Dedans vn cachot l'enserrer,
Et le lier de fortes chaines:

Mais on ne peut lier son ame,
Qui peut à Dieu voler d'ici.
Maugré le meschant endurci,
De cœur de voix il le reclame.

  5 O tyrans, que pensez vous faire?
Quoy? cuidez vous par les tourmens
Dompter du Seigneur les enfans,
Et de son amour les distraire?

Sur leurs corps vous auez puissance,
Si Dieu vous la veut faire auoir.
Leurs ames sont hors du pouuoir
De vostre cruelle arrogance.

                        C

XXI.
Description du fidele content.

DIEV, à qui rien n'est impossible,
Rend l'homme fidele inuincible,
Son vouloir, sa puissance,
Tient en obeissance.

2 De son estre vn tel se contente,
Et s'esiouit sous ceste attente,
Qu'en temps suruiendra l'heure
Qui lui sera meilleure.

3 Il ne veut rompre ni destordre
De ses iours le merueilleux ordre:
Au bout de quelque espace
Il trouuera sa place.

4 Iuge equitable il se demonstre
De l'aduerse & prospere encontre.
De son cœur il ne tire
A soymesme martyre.

5 Le plaisir qu'vn doux temps apporte
Iamais l'esprit ne lui transporte:
Ne l'ennui qu'on lui donne
Son esprit point n'estonne.

6 Non qu'il soit tant de soy le maistre,
Que tousiours il dure en vn estre:
C'est à Dieu seul, de viure
De passions deliure.

7 Vne vie tousiurs heureuse
Aux hommes est trop dangereuse:
Elle est à coup passee
S'ell' n'est entrelassee.

8 Ses aduersitez il tempere
Auecques vn estat prospere,
Et entredeux il meine
Vie qui est humaine.

9 Et telle fois il est plus aise
D'auoir eu chose qui desplaise.
Car la ioye, alencontre
De dueil, trop mieux se monstre.

10 Quand il veut, rien il ne demande,
Car à ses desirs il commande,
Et cela qu'il possede
Toute richesse excede.

11 Il porte ses seures defenses
Encontre toutes les offenses.
L'homme iamais n'endure,
Quand patience dure.

12 Son penser en l'air point ne vole
D'aile de conuoitise folle:
Ni en soy triste augure
Point il ne se figure.

13 Celui que mordra sa malice,
Craigne dedans, dehors pallisse:
L'ame fidele est seure
De mordante blessure.

14 L'impatience de sa haine
D'vne impuissance ne le geine:
L'enuie qui se mange
D'elle mesme le venge.

15 Car d'autant plus qu'elle se tue,
Plus il s'esueille & s'esuertue,
Et lui fait resistance
Auec perseuerance.

16 La foy, sa guide seure & forte,
Contre l'enuie le conforte:
Elle fait qu'il mesprise
Du monde l'entreprise.

17 Les saincts qui des heureux le nombre
Ont acreu, parmi maint encombre
Ont esprouué l'enuie
Aduersaire a leur vie.

18 O Dieu le bien que tu presentes
A celui lequel tu contentes
De tous ennuis le garde,
Et fait qu'il te regarde.

19 Portant les choses ennuyeuses
Il se reserue aux plus ioyeuses,
Et tousiours il mesure
Ta grace auec vsure.

20 Il se promet, tout seur & ferme,
Vn chascun iour estre le terme,
Que cherra toute crainte,
Et void sa mort esteinte,

21 Il fait valoir son esperance,
Autant que seure iouïssance,
Tenant, tant soit lointaine,
Ta promesse certaine.

XXII.
De l'excellence du Chrestien.

CE que soustient la terre ronde,
Ce que nourrit la mer profonde,
Ce qu'enclost la voute des cieux
Contient vn monde de merueilles,
Qui nous resiouïssent les yeux,
Flattent nos cœurs, & nos oreilles.

2 Mais c'est bien peu, si l'on contemple
L'homme, qui est de Dieu le temple,
Et Prince du grand vniuers.
Son corps est vn diuin chef d'œuure:
Infinis miracles diuers
Son ame celeste descœuure.

3 C'est l'homme Chrestien que ie chante:
Car si le reprouué se vante
De sa force ou de son sçauoir,
Il n'en est que plus accusable,
Puis qu'il ne veut pas receuoir
L'honneur & le bien perdurable.

4 L'ame, à Christ son Sauueur vnie,
Oit desia la saincte harmonie

Des Anges, des esprits heureux:
Foulant aux pieds l'orgueil du monde,
En terre elle iouit des cieux,
Puis qu'en Dieu seul elle se fonde.

5 Au throne de Christ eslancee,
Par vn vol de saincte pensee,
Elle le reçoit dedans soy:
Elle entre en lui: voila sa vie
(Qu'elle possede par la foy)
De tout heur & repos suiuie.

6 Des peuples mutinez la rage,
Des tyrans le felon courage,
Et ciel & terre menassant,
La plus furieuse tempeste,
Le tonnerre en feu rougissant,
N'esbransle vne Chrestienne teste.

7 Que le feu dedans l'eau se mesle,
Que l'air bouleuerse vne gresle
Dure & grosse comme vn rocher,
Que le ciel sur la terre fonde,
Qus les monts vienent se cacher
Aux plus creux de la mer profonde:

8 Que Satan escume & menace,
Le Chrestien demeure en la place
Ou Dieu l'a mis par sa bonté.
La pasle mort point ne l'estonne:
Car l'enfer gist sous lui donté,
Et au ciel il void sa couronne.

XXIII.
Bien viure pour bien mourir.

J'Ay tantost fourni ma traite,
Il faut sonner la retraite:
Ie ne veux plus m'enchanter
Au son d'vne vaine Lyre.
Et si plus i'ose chanter,
Seigneur, ie veux ton los dire.

2 Mon aage desia s'auance,
Puis que ie suis loin d'enfance,
Adieu tous ieunes esbats.
Le temps vole, & me conuie
A mediter mon trespas,
Et le bien de l'autre vie.

3 Iamais, tandis que nous sommes
En ce monde au rang des hommes,
Nous n'auons rien de certain:
Le iour de demain (peut estre)
Nous mettra sous autre main,
Et aurons vn meilleur estre.

4 Comme au dedans des barrieres,
L'on void aux lices guerrieres,
Le cheualier apresté
Tenir en arrest sa lance,
Et demeurer arresté
Tandis que l'on fait silence.

5 Il a la teste baissee,
Il a l'oreille dressee
Au premier bruit du clairon,
Dedans le cœur il petille,
Et de lascher l'esperon
Chasque iambe lui fretille.

6 Il faut en telle maniere
Attendre l'heure derniere,
Pour au premier son courir:
Et ce pendant que nous sommes
Au monde, pour bien mourir,
Bien viure auecque les hommes.

XXIIII.
Du bien de la mort.

TOvs les momens de ceste vie,
  Tous les heurs qui en font enuie,
Ne sont rien qu'infelicité.
Tout ce qu'en l'homme l'homme honnore,
Et que le monde au monde adore,
N'est que tourment & vanité,
Vanité de vent, ou de pierre,
Iouet & fardeau de la terre.

2 La vie est vne nef venteuse,
Le monde vne mer orageuse,
Ou n'y a fond, riue, ni port.
Contre les mondaines tempestes,

Contre les rocs, contre leurs crestes,
Abri n'y a nul que la mort.
Mort seule les reins nous deschaine,
Et du port nous lasche la chaine.

   3 L'enfant trempe ses ris de larmes,
Du ieune les ieux sont alarmes,
De court plaisir long repentir:
Vn seul poinct dure sa liesse,
Et l'aiguillon qu'elle lui laisse
Long temps apres se fait sentir.
Des plaisirs que la vie ameine
C'est courte ioye & longue peine.

   4 Des sages que le monde estime,
L'vn d'auare desir se lime:
L'autre d'honneur se veut vanter.
L'vn es cachots son cœur enterre,
L'autre en ses mains le vent enserre:
Vn rien les peut tous enchanter.
D'eux tous la vie est consumee
En nul poids, en vaine fumee.

   5 Plus a l'auare, & plus acqueste:
Plus a pris, & plus est en queste:
Et moins tousiours en veut vser.
L'acquerir lui a fait grand' peine,
Le posseder ores le geine:
Il n'a rien fait que s'abuser.
La plante à son terroir ressemble:
L'homme est terre, & terre il assemble.

6 L'homme rien que vent ne respire:
L'ambitieux au vent aspire,
S'en paist, s'enfle, & ne peut s'emplir.
Ceste grosseur n'est qu'vne enflure:
La peau s'en tend, vne picqueure
La fait à l'instant desemplir.
Vent, moins que vent, si le vent t'enfle,
Ce n'est pas grandeur, ce n'est qu'enfle.

7 Plus haut tu es, plus bas te penses:
Quand pres du faiste tu t'auances,
Tu t'en vas te precipiter.
Pauure sot, au haut de l'eschelle
Tu ne voids pas vne fiscelle
Qui vient ta hauteur limiter.
Haut n'es-tu: mais en haute bute.
Des hauts lieux plus basse est la cheute.

8 Riche n'est qui metal assemble:
Grand n'est qui grand aux hommes semble:
Or est pierre, honneur vanité.
L'or est vn faix à qui le porte:
L'honneur vn vent qui nous emporte:
Tous deux but de calamité.
Riche est qui pour riche se conte:
Grand, qui de grandeur ne tient conte.

9 Telles sont les humeurs humaines:
Tandis qu'auons muscles & veines,
Corps de terre, & l'esprit de vent,
La terre en terre nous attraine,

Le vent çà & la nous pourmeine,
Et nous brise le plus souuent.
Ces biens terreux ne sont que pouldre:
Ces hauteurs, iouets de la fouldre.

10   Tel est des hommes l'exercice.
Sont ils vieux? plus ieune est leur vice,
Et iamais ne peut grisonner:
L'œil est terne, & l'oreille sourde,
La peau terreuse, & la main gourde,
Qu'encor la void on bourgeonner.
Nous n'auons qu'vn souspir à viure:
Le vice tasche à nous surviure.

11   Fuyons nous? la mort est en croupe.
Voguons nous? le vent est en poupe,
Qui nous balance haut & bas.
De terre sont nos faces pleines,
De vent nos arteres & veines,
Qui nous causent tous ces debats.
Qui fuit aux Indes plus extremes,
En fuyant rencontre soymesmes.

12   O vie mort! mais mort trop lente:
Vain souuenir & vaine attente,
Qui meurs & qui crains de mourir.
Contre tes miseres comblees,
Contre tes morts tant redoublees,
Vne mort me peut secourir:
Vne mort, di-ie, & ie n'en tremble,
Qui ciel & terre desassemble.

13 L'homme est ame, & l'ame celeste:
Son corps vne prison moleste,
Fangeuse & ouuerte à tout vent.
Le corps se plaind, l'ame s'en mocque:
L'ame est l'homme, & le corps la coque:
L'vn escloît l'autre se creuant.
Idiot, qui la mort abhorre!
C'est elle qui nous fait esclorre.

14 C'est elle qui ce corps enterré:
C'est elle qui l'ame deterre,
Lui rendant l'estre supernel.
Elle n'esteint nostre lumiere:
Du iour moins est elle meurtriere,
Ains naissance d'vn eternel.
La mort, si bien tu t'y aprestes,
Te loge au dessus des tempestes.

15 O mort, ains ô vie immortelle,
Mort d'vne mort perpetuelle,
Mort des maux qui me font mourir,
Deliure de prison mon ame,
Tire la de la bourbe infame,
Seule tu la peux secourir.
DIEV, qui tiens la mort & la vie,
De viure amoindri moy l'enuie.

XXV.

De la gloire celeste & eternelle.
La presente ode se peut acommoder au chant du
Pseaume CIII.

AV clair ruisseau de la source immortelle,
Dont coule l'eau de vie, pure & belle,
Seigneur Dieu, j'ai de boire grand desir.
Souuent mon ame a cerché la maniere
De n'estre plus en ce corps prisonniere,
Et t'a requis que mort la vinst saisir.

2 Mesmes si tost qu'elle se void atteinte
De quelque mal, elle te fait sa plainte,
Et sent en soy des extremes douleurs
Qu'elle ne peut d'aile prompte & legiere
Voler au ciel sa naissance premiere,
Et y iouir de tes hautes faueurs.

3 Pensant par fois a la grace perdue
Par son forfait, elle en est esperdue,
Vn grief remord dedans elle en acroist:
Le bien qu'elle a de ta parfaite gloire,
Est d'en auoir vne viue memoire,
Dont sa fiance & son espoir se paist.

4 Y aura-il pensee suffisante
Ou plume prompte, ou langue bien disante,
Qui penser puisse, escrire, discourir,
L'aise, le bien, le plaisir ineffable,

L'heur, le repas, la gloire incomparable,
Dont tu nous veux au ciel faire iouir?

5 Les bastimens de superbe structure,
Les grands palais de belle architecture,
Si grands, si hauts, si bien elabourez,
Sont des cachots, si quelqu'vn les compare
Au Paradis, que le Seigneur prepare,
Pour y loger ses esleus bienheurez.

6 En ce pourpris, qui n'a point de mesure
En mon penser, toute chose y est pure,
Bonne, parfaite, admirable, sans fin.
Il n'y a point de glaces, de gelees,
De temps fascheux, ni de chaleur haslees,
Ni des forts vens nul murmure mutin.

7 D'vn gay printemps la verdure plaisante,
D'vn bel æsté la moisson iaunissante,
D'vn riche Auton les fruits delicieux,
Ne sont qu'vn grain de menue poussiere,
Pres des beautez dont en toute maniere
Est tapissé le sainct verger des cieux.

8 Prez diaprez qui verdoyez sans cesse,
Fleurs qui saoulez l'œil de vostre richesse,
Or precieux qu'on ne voit s'alterer,
Pain, vin, laict, miel, vous exquises viandes,
Vous n'estes rien au pris des douceurs grandes
Qu'aux siens Dieu veut en ce lieu preparer.

9 Ce beau palais de Soleil n'a point faute,
Ni de la Lune, ou d'autre estoille haute,

LIVRE V.

Ayant de Dieu la plaisante clairté,
L'aigneau de Dieu c'est sa viue chandelle,
Les bienheureux a la lueur d'icelle
Verront tout mal loin loin d'eux escarté.

10   La se verront les solides richesses
Les saincts honneurs, & les vrayes liesses.
De la mensonge, enuie, fiction,
Orgueil, courroux, insolence, auarice
Deslogeront auec tout autre vice
Qui a de Dieu la malediction.

11   Mon ame y void d'eau de vie le fleuue,
De qui la foy goutte a goutte l'abreuue:
Ce fleuue est clair comme vn cristal luisant,
Il sort du throne ou la diuine gloire
Aparoistra: l'aigneau, qui en fait boire,
Du mesme throne aux siens le conduisant.

12   Au beau milieu de la celeste place,
Des deux costez par ou ce fleuue passe,
L'arbre de vie apparoit tous les iours.
Par chascun mois des fruicts nouueaux il porte,
Sa fueille aussi guerit & reconforte
Tous les Gentils qui y auront recours.

13   Rien de maudit n'aura là sa retraite.
Dieu, & l'aigneau, qui la mort a desfaite,
Y poseront leur siege, & regneront.
Les seruiteurs en toute reuerence
S'esiouiront en si haute presence,
Et le nom sainct en leurs fronts porteront.

14 Puis que leur Dieu sera lors leur lumiere,
D'autres clartez en aucune maniere
Ils n'ont besoin:quant au reste,la mort
Alors sera du tout aneantie,
Nulle misere,en tout ni en partie,
En ce sainct lieu n'aura iamais abord.

15 La regneront à iamais bienheureuses
Des bons les corps & ames glorieuses,
Apres les maux en ce monde endurez:
Et iouïssans d'vne ioye asseuree,
Verront l'Eglise à tousiours entouree
De tous plaisirs sainctement desirez.

16 Charité,paix,vnion tout-parfaite,
De Dieu l'image entierement refaite,
Et tout plaisir indiciblement doux,
Couronneront l'heureuse compagnie,
Qui est l'espouse à tout iamais vnie
Par amour sainct auec Christ son espoux.

17 Le beau festin de ce haut mariage,
L'heur & les biens du celeste heritage,
Ne sont comprins sinon du Seigneur Dieu.
La s'entendra l'accordante musique
Des bienheureux, qui d'eternel cantique
Celebreront l'Eternel en ce lieu.

18 Ils chanteront en grand' resiouïssance
De ce grand Dieu la douceur & clemence,
Qui les aura de la mort retirez,
Et transportez de la vie fragile

En

En son heureux & diuin domicile,
Leur y donnant tant de biens desirez.

19 O Dieu, qui es la palme glorieuse
De ton Eglise en Christ victorieuse
Des maux qui l'ont en ce monde agité:
Ie te requiers que, si tost que ma vie
Par ton vouloir sera close & finie,
Ie sois admis en ta felicité.

20 Octroye aux tiens inuincible courage,
Pour resister au violent orage
Des flots mondains, & des aduersitez:
Afin qu'apres leurs douloureuses peines,
En ame & corps ils sentent leurs mains pleines
Du pris heureux de tes benignitez.

Apocal.7.chap.12.vers.

Louange, & gloire, & sapience, & action
de graces, & honneur, & puissance,
& force à nostre Dieu,
eternellement,
AMEN.

*

D

SOMMAIRE
DV CONTENV ES CHANSONS
comprinses es cinq liures du present meslange.

DV PREMIER LIVRE.

chanson I Desir de louer Dieu, à cause de sa puissante bonté page 1
II Consideration de la nuict, du iour, & des quatre saisons 2
III Effects du Soleil creé & du celeste 4
IIII Merueilles de l'ame humaine 5
V Souspirs du Chrestien aspirant à Dieu 14
VI De l'asseurance du fidele 16
VII Priere du matin 17
VIII Confession & louange Chrestienne 18
IX Detestation du passé, & protestation pour l'auenir 20
X Esperance ferme des fideles 25
XI Priere contre les ennemis de l'Eglise 29
XII Priere du fidele affligé de maladie 31

XIII *Description des malheurs du monde* 34

XIIII *Priere ardante d'vn cœur angoissé* 36

XV *Priere d'vn malade affligé de fieure* 39

XVI *Consolation sous la croix* 42

XVII *Gayeté de l'ame s'esleuant à Dieu* 44

XVIII *l'Heur de celui qui aime le Seigneur* 47

XIX *L'infirmité du fidele s'humiliant en aduersité* 48

XX *Nostre faute nous damne, & la bonté de Dieu nous sauue* 50

XXI *Du vrai suiect & obiect des poetes Chrestiens* 51

XXII *De la beauté de l'ame fidele* 58

XXIII *Effects de la grace de Dieu enuers ses esleus* 60

XXIIII *Effect des sainctes larmes* 62

XXV *Deploration de la misere des poetes profanes* 65

DV SECOND LIVRE.

I *Pensees d'vne ame desireuse de glorifier Dieu* 67

II *Dieu est pres des siens au temps d'affliction* 68

III *Du bien de la patience parmi les changemens du monde* 70
IIII *De la fausse & vraye confiance* 72
V *Requeste du fidele gemissant sous le peché* 80
VI *Rebellion de la chair contre la grace de Dieu* 82
VII *Contre l'orgueil de l'homme* 84
VIII *Constance du fidele es maux publics & particuliers* 89
IX *Contre l'auarice & contre l'ambition* 94
X *Contre l'yurongnerie & gourmandise* 98
XI *Du contentement de celui qui s'appuye en Dieu* 100
XII *De la matiere de nostre esperance* 106
XIII *De la sagesse du Chrestien* 111
XIIII *Reconoissance des iugemens & misericordes de Dieu* 114
XV *Action de graces du fidele afranchi* 132
XVI *Meditation du Chrestien en griefue maladie* 134
XVII *Description du peché* 136
XVIII *Souspirs du fidele combatant* 138
XIX *Comparaison des deux Soleils* 140

XX *On ne sauroit assez chanter les louan-*
ges de Dieu 141
XXI *Du plaisir, profit & honneur des af-*
flictions 144
XXII *Il n'est donné à tous de souffrir pour*
Christ 149
XXIII *Acroissement de foy sous la croix* 154
XXIIII *Description des deux vies* 159
XXV *Priere au sainct Esprit, auec descri-*
ption de ses effects 165

DV TROISIESME LIVRE.

I *Combat de la chair & de l'esprit* 169
II *Auantage de celui qui adhere à*
Christ 176
III *De l'heur de celui que Dieu enseigne*
178
IIII *Sur la naissance & enfance de Iesus*
Christ 180
V *Meditation de la bonté de Dieu en la*
saison d'æsté 182
VI *Description des reprouuez & des es-*
leus 185
VII *Discours sur les œuures de Dieu* 190
VIII *Priere à Dieu, à ce qu'il vienne habi-*
ter en nous 197
IX *Vanité du monde, & resolution du fi-*
dele 200

D 3

X Pensers du Chrestien s'esleuant à son
Sauueur 204
XI Dieu est le Dieu de secours 207
XII Effects du sainct Esprit en l'homme
regeneré 211
XIII La perfection gist à conoistre l'imperfection 214
XIIII Priuileges du serviteur de Dieu 218
XV Du fruict de nostre redemption 220
XVI Priere du fidele es combats de la
chair contre l'esprit 223
XVII De l'estat de l'homme auant & apres sa restauration 226
XVIII Du vray estat & devoir de l'ame humaine 231
XIX Esperance & complainte du pecheur
repentant 235
XX Priere contre les efforts de la chair 237
XXI Fruit de la vraye priere 240
XXII Des effects admirables de la foy 241
XXIII Meditation durant vne grande maladie es yeux 244
XXIIII Efficace du sainct Esprit au cœur de
l'homme fidele 247
XXV Saincts regrets, desirs & souspirs de
l'ame Chrestienne 249

DV QVATRIESME LIVRE.

I Priere contre Satan, la chair & le monde 252

II Foiblesse & nullité de l'homme deuant Dieu 254

III Action de graces, & priere pour la perseuerance 256

IIII Priere, pour ne sentir l'ire de Dieu 260

V Supplication du pecheur à Dieu qui est par tout 264

VI La charité de Christ est l'asseurance des fideles 269

VII Fruicts de la pureté, obeissance & iustice de Christ 271

VIII L'heur du fidele est incomprehensible 273

IX Des reuolutions du cœur fidele 275

X Peché est la ruine du grand & petit monde 279

XI Gemissemens acompagnez de foy & d'esperance 281

XII Priere de l'homme angoissé en son ame 283

XIII Heur du Chrestien durant & apres ceste vie 288

XIIII Excellence de la verité & bonté de

Dieu 291
XV Priere pour la reformation des mœurs
& de la vie 293
XVI De l'excellent contentement du fidele
296
XVII Souhait du Chrestien aspirant à Dieu
299
XVIII Rien necessaire sinon la grace de Dieu
301
XIX Action de graces à Dieu pour ses
grands biensfaits 302
XX Description des biens de Christ enuers
l'Eglise 304
XXI Contre les conseils de la chair, & du
dernier iour 307
XXII Difference de l'estat des mondains &
des fideles 310
XXIII De ceste vie non vie faut aspirer à la
vraye 312
XXIIII Heureux qui en Dieu se fie, & qui le
glorifie 314
XXV Louange à Dieu pour les merueilles
de ce temps 315

DV CINQVIESME LIVRE.
I Sur les miseres des Eglises Françoises
en l'an 1570. 319
II Sur les miseres des mesmes Eglises, en

l'an 1572. 330
III De la misere de l'homme abandonné à son sens 344
IIII De la difference entre les esleus & reprouuez 346
V Description du fol & du sage 349
VI Pensees d'vn Chrestien, affligé de griefue maladie 352
VII Misere de l'homme & bonté de Dieu descrite 359
VIII Desir du fidele, tendant à Dieu 363
IX Iournee Chrestienne 365
X De la bonté de Dieu 366
XI De la mesme bonté de Dieu 368
XII Du combat en l'homme regeneré 370
XIII Du contentement de l'vnion du fidele auec Dieu 375
XIIII Des miseres de la vie humaine 379
XV De la patience de Dieu 382
XVI De la prouidence admirable de Dieu 386
XVII Pour la paix publique 389
XVIII Confession de l'homme pecheur 390
XIX Description de la corruption & malignité du monde 396
XX La constance des fideles est inexpugnable 400

XXI Description du fidele content 402
XXII De l'excellence du Chrestien 405
XXIII Bien viure, pour bien mourir 407
XXIIII Du bien de la mort 408
XXV De la gloire celeste & eternelle 413

INDICE DES CHANSONS
SPIRITVELLES ET
chrestiennes
contenues es cinq Liures de ce
Meslange ou nouueau
recueil.

Le premier chifre ou nombre monstre le liure, le second signifie la chanson selon qu'elle est en ordre audit liure, le troisiesme monstre la page où se trouue icelle chanson.

Il y a en la pluspart d'icelles chansons ici representees par ordre alphabetique vn quatriesme nombre en petites lettres capitales, lequel signifie le Pseaume de Dauid, au chant duquel chacune chanson qui a ce quatrieme nombre se trouue accommodee.

Quant aux chansons qui n'ont ce quatriesme nombre, il est en la liberté de ceux qui les liront d'y acommoder tel chant que bon leur semblera

Alors que mon ame   5.12.370
Aproche-toy, Seigneur 4.4.260. LXXXVII

A toy, mon Dieu 1.18.47.CXLVI
A toy, qui tiens le frein 1.5.14.CXXIII
Au clair ruisseau 5.25.413.CIII
Auecques raisons 2.7.84.XXXVIII
Autre maistre 3.14.218.CXXXIIII

B

Bel est ce tout 1.22.58.XVI
Blessé de ma chair 2.18.138.LXV

C

Celeste foy 3.22.241.LVII
Celui dont tu purges 4.16.296.CV
Celui qui d'vn sainct 1.21.51.XCII
Ce que soustient 5.22.405
Christ est vray Dieu 4.20.304.L
C'est maintenant 1.23.60.LXII
C'est ta bonté 5.10.366
C'est vn malheur 1.13.34.VIII

D

De iour en iour 3.10.204.LXVIII
De nuict, de iour 2.5.80.XXVII
Des clefs de ta clemence 3.8.197.CXXVIII
Des le matin treshumbl. 1.7.17.C
Des tyrans le felon 5.20.400
Dieu, à qui rien 5.21.402
Dieu viuant 1.15.39.CXXVIII
Donne-moy ce desir 4.17.299.XXXV
Du fond d'ennuis 4.11.281.CXXXVII

Du grand Dieu 4.25.315.LXXXI
Durant tant de 5.18.390

E

Empesche que 2.10.98.LIX
En Dieu seul 3.15.220.CXXXII
Eschaufé de ta 1.17.44.LVIII
Est-ce donc ceste fois 2.14.114.III

F

Fay de mes yeux 3.15.214.LXXXV
Fay que ie viue 5.8.363
Ferme le liure 4.2.254.VII

G

Grand Dieu viuant 4.7.271.XC
Guide-moy, Seigneur 4.14.291.LXXX

I

I'ay tantost fourni 5.23.407
I'ay trop croupi 3.18.231.XXIII
Ie languissois 4.8.273.L
Ie ne sçaurois 5.19.396.CIII
Ie porte la mort 3.1.169.XCVIII
I'inuoque celui 1.14.36.CXL

L

La fleur de mes ans 2.13.112.XIII
L'astre qui l'an fuyant 5.1.319
L'esprit d'vn fol 5.5.349
L'Eternel qui ceste 5.16.386
L'homme animé 2.3.70.CX

Lors qu'au matin le gr.　2.19.140.LXXIIII
Lors qu'au matin le vif　5.9.363

M

Ma chair comme eau　4.12.283.XCIIII
Maugré ma chair　4.13.288.CVII
Muse, fuyuons　1.25.65.LXXXVII

N

Noſtre ieuneſſe　4.23.312.XLIII
Nul feu par les　4.9.275.XXX

O

O combien eſt douce　2.22.149.CXV
O combien ſont　1.24.62.CXLI
Octroye-moy　3.17.216.X
O Dieu, ie ſçay　1.19.48.XXIIII
O Dieu, quel aiſe　3.6.185.XXV
O Eternel, quand　5.3.344
O gouuerneur des　1.12.31.LXXXVIII
Or de tes aduerſaires　1.11.29.XLIIII
O Seigneur des　5.17.389
O Seigneur Dieu, mon　2.12.106.XXXII
O Seigneur Dieu, nous　1.8.18.IX
Oſerai-ie leuer　4.5.264.LV
O tout bon, ô tout　2.25.165.CXI
O vray Dieu, mon　1.20.50.CXXX
Ouure, ô Seigneur　5.2.330

P

Parle à moy　3.3.178.XLII

Peché, qui des yeux   4.10.279.LXVII
Plus ie vay en auant 2.23.154.Can.de Si-
              Q   (meon

Quand ie voy le flambeau 1.2.2.CXIII
Quand ie voy les flots   2.8.89.XCI
Quand quelque preſſante 1.6.16.CXVIII
Quand ta faueur   4.18.301.CXLIII
Qu'as-tu ſi fort   1.10.25.XXXVI
Qu'auras-tu fait   3.19.235.CXII
Que la faueur fut   2.15.132.IIII
Que ſert la medecine   2.6.82.CXXX
Qui au ciel ſes mains   3.21.240.XV
Qui chantera tes   2.20.141.LXI
Qui n'admire les   1.4.5.CXLI
Qui ne craint   2.9.94.XCV
Qui ſe confie aux   2.4.72.VI
Quoy que ie ſois   1.16.42.CX
Qu'vn chaſcun de nous 4.24.314.XCVI
              R

Ren mes eſprits   4.22.310.XIIII
Roy tout puiſſant   2.1.67.CIIII
              S

Seché de douleur   5.6.352
Secours, ô Dieu   3.20.237.LI
Seigneur, alors   2.2.68.CIII
Seigneur, aye   3.23.244.LIIII
Seigneur Dieu, depuis 2.11.100.CXIII

Seigneur Dieu, de ta	5.4.346
Seigneur Dieu, ie ne	4.19.302.CXXXV
Seigneur Dieu, que sans	5.13.375
Seigneur, mon Dieu	4.15.293.CIII
Seigneur, pourueu	3.2.176.XII
Seigneur, qui suis-ie	4.3.256.LXXXIX
Seigneur, te voyant	3.4.180.LXXII
Si iamais plus	3.25.249.CXIX
Si ie pouuoy' nombrer	5.7.359
Sur ton dos, chargé	5.15.382
Sus, que ma voix	1.1.1.LXXXVII
Sus, sus, arriere	1.9.20.CIII
Sus, sus, mon cœur	3.7.190.XLV

T

Ta bonté ne se plait	5.11.368
Ton S Esprit me fait	3.24.247.LXXXIIII
Ton sainct Esprit, ô Dieu	3.12.211.CXIIII
Tourne ton regard	4.1.252.LII
Tousiours la tempeste	5.14.379.CXVIII
Tous les momens	5.24.408
Tout ce qui est	1.3.4.CXVI
Toy, a qui sert	4.6.269.XVIII
Toy, dont les maux	4.21.307.XCIII
Toy, que Satan	2.21.144.CXXIX
Tu m'as, Seigneur	2.16.134.LXVI
Tu sçais, Seigneur	3.9.200.XXXVII

V

Veux-tu, pecheur	2.17.136.CXLVII
Veux-tu, Seigneur	3.16.223.V
Vien, Seigneur, vien	3.11.207.XXVIII
Voici l'æſté qui	3.5.182.LXXXVI

FIN.

Entre autres fautes corrigez celles ci

page 221. lign.6. ſon ſang *liſez* en ſon ſang. 229.*l.*16. en grace *l.* en ta grace 281.*l.*6. CXXVII.*l.*CXXXVII.

SVPPLEMENT A L'VRANIE

ou nouueau recueil de chansons spirituelles.

AVX LECTEVRS.

Ous auions obmis quelques chansons spirituelles triees pour estre iointes aux precedentes, lesquelles vous sont presentees en ce petit supplément, ensemble quelques Cantiques de la saincte Bible. Receuez le tout en bonne part : &, comme dit le Prophete,

> Or ayez donc de plaisir iouissance,
> Et tous en Dieu prenez esiouissance,
> Iustes humains : menez ioye orendroit
> Chascun de vous qui auez le cœur droit.

E

CHANT DE VICTOIRE,

apres la desfaite du Duc de Ioyeuse
à Coutras, au mois d'Octobre
1587.

Fait au nom du Roy de Nauarre.

PVIS que mes foibles mains, au iour de ma victoire
N'estoyent rien que l'outil de tes puissantes mains:
Seigneur, ie veux qu'aussi ma bouche, pour le moins,
Me serue a te chanter vn triomphe de gloire.

2 Ces bataillons fondus au feu de nos courages,
Sans esteindre iamais nos ardeurs tant soit peu,
Monstroyent que nous estions embrasez de ton feu,
Et que la cire estoit le support de leurs rages.

3 Leur nombre deuant nous ne fut que de la poudre
Qui s'esparpille en l'air au tourbillon d'vn vent.
Mais quoy? ton Ange aussi qui leur vint au deuát,
Soufloit sur eux les vents & les feux de ta foudre.

4 Ainsi ceux qui dressoyent leur honneur de ma honte,

Ont esté renuersez dedans leur deshonneur:
Ces fronts qu'on adoroit n'aguere en leur bon-
    heur,
Furent si malheureux, qu'on n'en tint plus de
    conte.

  5 Quand ie repése encor à ce miracle estrange
D'auoir presque plustost vaincu que combatu,
Ie repense soudain, que toute ma vertu
Sans ta vertu, Seigneur, n'estoit que de la fange.

  6 Mais ainsi qu'au rocher la vague se cõsume,
Mon cœur en ce peril par ta force affermi,
Soustint sans s'esbranler le choc de l'ennemi,
Et tout soudain ce flot se rompit en escume.

  7 Ces courages, enflez du vent de l'esperance,
Creuerent à la fin d'abondance de vent:
Et ce haut mont d'orgueil, qu'ils alloyent esleuãt,
Hurta contre le ciel, puis vint en decadence.

  8 Cest œil ouuert au sang, au meurtre & à
    l'outrage,
Et d'outrage, & de meurtre, & de sang fut couuert:
Et ce gosier iadis aux blasphemes ouuert
Estouffa du venin de sa derniere rage.

  9 Seigneur, mon cœur s'enflamme au brasier
    de ta ioye,
Quand de tes ennemis les brasiers sont esteints,
Et qu'ay int'o en rendu les rets de leurs desseins,
Ils sont eux-mesme en fin & leur chasse & leur
    proye.

10 Ceux-ci, sans cause, en moy poursuiuoyent
    ta iustice:
Mais, Seigneur, tu les as iustement attrapez.
Les nœuds de leur cordage ont esté tous coupez,
Et leur crime à la fin a trouué son supplice.
11 Ainsi, pour bien venger de pareilles iniures,
Il n'est que d'auoir Dieu tousiours de son costé.
N'entrez point en desfi de sa fidelité:
Il paye tout à coup l'attente & les vsures.
12 Le temps, dont la longueur tant de biens
    nous apporte,
Las! pour nostre merite, encor n'est que trop
    court:
Et Dieu ne sçauroit estre à nos cris assez sourd.
Quand nous faisons les sourds, il crie a nostre
    porte.
13 Mais crie nonobstant & me perce l'oreille,
A celle fin, Seigneur, que i'entende ta voix,
Et m'enseignant tousiours le bien que ie te dois,
Seigneur, fai-le moy faire, & me rens la pareille.
14 Fay qu'en mesmes dangers iamais ie ne
    m'estonne,
Et puis que tes bontez ce bien m'ont auancé,
Ne te contente point d'auoir bien commencé.
Il faut que de la fin l'ouurage se couronne.

CANTIQVE DV PRINTEMPS,
contenant diuerses considerations
Chrestiennes sur ceste saison
de l'annee.

VOICI la saison nouuelle
Du printemps, qui renouuelle
L'esmail des prez & des champs:
Qui rend aux sources profondes
La vistesse de leurs ondes,
Et aux oiselets leurs chants.

2 Vueille aussi rendre à mon ame,
O Dieu, la celeste flamme
Qui renouuelle la foy:
Fay que mon luth ne resonne,
Fay que ma langue n'entonne
Vers qui ne parle de toy.

3 C'est toy, Seigneur, qui disposes
Le proiet de toutes choses:
De toy chacun element,
L'air, le feu, la terre, & l'onde,
De toy la beauté du monde
A prins son commencement.

4 Ta main compasse l'annee,
Faisant d'vne aile empennee
Voler les siecles, afin
Que tout ce qui prend naissance

Croisse, & voise en decadence,
Et qu'on en voye la fin.

5 A l'entree de nostre aage,
Nous contemplons vne image
Du renouueau, qui produit
Souuent la fleur & la fueille,
Dont le laboureur ne cueille
Nulle semence ne fruict.

6 Comme la terre est couuerte
D'vne broderie verte
En ce temps que le soleil
Du ciel embellit la face,
Et qu'il commande à la glace
De faire hommage à son œil:

7 Ainsi l'homme est-il superbe,
Quand sa moisson est en herbe:
Aueugle, qui ne void pas
Qu'auant qu'il ait fait vn somne
L'esté vient, & puis l'automne,
Puis l'hiuer de son trespas.

8 Ores par tout se rencontre
Mainte prairie qui monstre
De ses parterres les fleurs,
Qui varient leur parure,
Leurs odeurs & leur peinture
Par differentes couleurs.

9 Et cela nous represente
L'heur de la vie presente,

Qui par sa diuersité
Tant les ames ensorcelle,
Qu'en ceste vie mortelle
On cerche immortalité.
 10 Puis nous voyons les riuieres
Galloper en leurs carrieres,
Sans remonter contre mont.
C'est ainsi que nos annees,
Sans retramer leurs iournees,
Dans le sepulchre s'en vont.
 11 Voici des Zephirs l'haleine,
Qui feint d'alleger la peine
Du laboureur desia las:
Ainsi les faueurs repaissent
Les humains, & ne leur laissent
Qu'vn vent de petit soulas.
 12 Les oiseaux, qui leur ramage
Desgoisent dans vn bocage,
Pendant qu'on leur tend des rets,
Nous enseignent que liesse
Est la proye de tristesse
Dans les mondaines forests.
 13 Pour vray ce n'est rien qu'vn songe,
Et vn masque de mensonge,
Que ce monde où nous viuons:
Ce n'est rien qu'vne pipee,
Où mainte ame est attrapee,
Au train que nous poursuiuons.
       E 4

14 Comme en peu d'heure se passe
La grand' beauté de la face
Du printemps qui l'hiuer suit:
Ainsi de nostre origine
La mort coupant la racine,
Nostre verdure s'enfuit.
15 Comme les fleurs se fanissent,
Les riuieres se tarissent,
La bise oste les Zephirs,
Comme les oiseaux qui chantent,
Bien tost apres se lamentent:
Ainsi faillent nos desirs.
16 O Dieu, c'est toy qui demeures,
Sans que nos iours ni nos heures
Changent ton estre constant:
Pendant la mort nous saccage,
Et les beaux iours de nostre aage
Perissent en vn instant.
17 Fay, Seigneur, que la iournee
Dont nostre vie est bornee
Soit suiuie de nouueau
D'vn iour qui sans cesse dure:
Et nous donne la verdure
D'vn eternel renoueau.
18 Lors d'vn repos sans destresse,
D'vne ioye sans tristesse,
D'vn iour sans nuict iouyront
Ceux qui en larmes & peine,

Dont ceste demeure est pleine,
Ton Christ accompagneront.

CANTIQVE
representant la lutte de la chair
& de l'esprit.

QVi voudra voir vne ame mipartie,
S'entrechoquant par contraires desirs,
Et accorder & se faire partie:
Qui voudra voir dans vn homme deux hommes,
Me viene voir fasché de mes plaisirs:
Car deux ie suis, toutesfois vn nous sommes.

2 La chair en bas, l'esprit en haut me tire,
Et terre & ciel s'assemblent dedans moy:
Ainsi mon cœur en deux parts se deschire.
Le bien ie veux, & le mal tout ensemble,
Pelle-meslant, en ce douteux esmoy,
Tout ce qui beau, tout ce qui laid me semble.

3 Or' d'vn costé & d'autre ie chancelle,
Comme vn yurongne, à qui le vin fumeux
Outre mesure eschaufe la ceruelle.
Ce que ie fais aussi tost veux desfaire:
O le combat estrange & monstrueux,
Quand rien ne plait que ce qui ne peut plaire.

4 Il n'y a point de personne qui m'aime
Tant que ie fay, & plus grand ennemi
Ne puis auoir au monde que moy-mesme.

Grande pitié! du vouloir que i'ay ores,
De reietter vne chose a demi,
Et à demi la souhaiter encores!
5 I'ay veu le temps, & ores le reprouue,
Que dedans moy ce grand desaccord-la
Ne trouuoy' point que maintenant i'y trouue:
Car tous mes sens adonnez a tout vice,
Ne s'adonnoyent a rien plus qu'à cela,
Tant mes desirs remplissoyent la malice.
6 Le bien alors n'y trouuoit rien de vuide
Pour y loger, & rien qu'vn fort espais
Aueuglement ie n'auoy' pour ma guide.
Voila comment se nourrissoit a l'heure
En ma personne vne maudite paix,
Maudite paix trouuee a la malheure.
7 Mais quand depuis, par la diuine grace,
L'amour du mal seule ne m'a pas eu,
Et que le bien y a recouuré place:
Lors tout soudain de moy contre moy maistre
Maint dur conflict dedans moy i'ay receu,
Qui trouble & paix ensemble y a fait naistre.
8 De ces deux trains le premier maint vn pense
Le plus heureux, pource que rien adonc
A mon malheur ne faisoit resistance:
Mais le second, pour estre plus penible,
M'en est meilleur. Certes ie ne fus onc
Plus trauaillé que quand i'estois paisible.

9 Car estre serf des passions bouillantes,
A mon auis ce n'est pas liberté:
C'est liberté de les faire seruantes.
Doncques au prix que descroit leur maistrise,
Qui tout entier autresfois m'a domté,
D'autant aussi s'auance ma franchise.

10 Va doncques chair, pipereſſe Sirene,
Et n'attens plus de moy rien que ceci,
Haine, rigueur, charge, tourment & peine.
Ie t'ay par trop escouté, mesconue,
Ie ne veux plus, ô trop cruel souci!
Porter sur moy le meurtrier qui me tue.

CANTIQVE
de l'homme fidele & repentant.

QVAND ie viens à penser, par ton Esprit, Seigneur,
Aux pechez que i'ay faits des ma triste naissance,
Ie me sen si pressé d'angoisseuse douleur,
Qu'il faut que deuant toy mille plaints ie commence.
Ie feu l'air de regrets, ie regarde les cieux
    D'vn angoissé courage,
Et maint torrent de pleurs qui roule hors de mes yeux
    Me noye le visage.

2 Que suis-ie deuāt toy? puis-ie au ciel aspirer?

Où faut-il que ie tourne?helas,que doy-ie faire?
Oseray-ie,Seigneur,en ta grace esperer,
Ayant de ton honneur esté tant aduersaire?
Ma vie me desplait,toute chose me nuit,
   L'air,la mer,& la terre,
La chaleur & le froid,la lumiere & la nuict
   A l'enui me font guerre.

 3 Mais estant apparu Dieu benin & clement,
Et par ton Christ ayant mis fin à ma destresse,
I'approche de ton thrône,& te di mon tourment,
Qui à ta seule voix promptement me delaisse.
Te racontant le mal qui me faisoit douloir,
   D'vne oreille exorable
Tu m'escoutas,Seigneur,tu me vins receuoir,
   Et fis seoir à ta table.

 4 Ie te requiers encor de finir mon esmoy,
Et selon ta promesse exaucer ma priere.
De ta face approchant Satan fuir ie voy,
Qui furieux suiuoit ma penible carriere.
Il void qu'a ton secours ma poure ame s'attend,
   Il en creue de rage:
Mais puis que ta faueur ainsi sur moy s'estend,
   Que veux-ie d'auantage?

 5 Ma chair veut que ie peche,afin de faire voir
Toute l'ire du ciel sur mon chef assemblee,
Et tout ce que l'enfer peut auoir dedans soy,
Pour toutmenter vne ame,& la rendre troublee.
Satan me voudroit voir es cruelles horreurs

Des reprouuees ames:
Et dans les pleurs, les peurs, les remords, les fu-
reurs
Des infernales flammes.
6 O Seigneur, mon espoir, ne me desdaigne
point,
Quoy qu'en moy tout malheur des ma naissance
abonde,
Tu me vois ia reduit à vn si piteux poinct,
Que ie suis le premier des pecheurs en ce monde:
C'est cela qui me trouble & me fait desirer
Secours de ta clemence.
Acour donques tandis que ie puis respirer:
Monstre en moy ta puissance.
7 Couure, ô Dieu, mon forfaict, & l'estouffe
au dedans:
Car tant plus ie me plains, & plus veux-ie me
plaindre.
Mes iours, mes ans passez sont des charbons ar-
dans,
Que mes pleurs perennels n'ont puissance d'e-
steindre.
C'est le sang de ton Christ, qui seul peut effacer
Mon horrible souillure.
Sans cela tu ne peux sinon te courroucer
Contre ta creature.
8 Combien de fois, helas! contre ta volonté,
Par vn traistre cóseil qui loin de moy m'emporte,

Ay-je fui bien loin, d'vn & d'autre costé,
Le trac de tes edits, de ton palais la porte?
I'ay mesprisé ta voix, ie courois, incertain,
    Vers la mort & la honte:
Mais tu me regardas, tu acourus soudain,
    Et de moy tu fis conte.

9 Tu viens me soustenir en mes afflictions,
Et ton aimable voix mes tristesses apaise:
Tu estens dessus moy tes grand's compassions,
Et fais que mon fardeau presque rien ne me pese
Es plus rudes assaux de ma calamité
    Ta verité m'asseure
Que ton Fils, par sa mort, vie m'a merité
    Qui au ciel tousiours dure.

10 Pour l'amour d'icelui, i'espere ton secours
Finissant la douleur qui en terre m'affolle.
Ie t'inuoque tandis, attendant tous les iours
Ton Esprit qui le mien renouuelle & console:
Iusqu'a tant que par mort, maugré mes ennemis,
    Qui me font tant de peine,
Recueilli ie me sente, ainsi que m'as promis,
    En gloire souueraine.

11 Là ie te beniray, mon Seigneur, sans cesser,
La sans dueil ie viuray sous ta paix delectable,
La tu viendras mon tout de ton Tout embrasser,
Me comblant d'vn tel heur qu'il m'est incompre-
    nable.
Heureux qui, soustenu de toy, peut endurer.

Pour toy tourmens au monde,
Qui t'aime, espere & croid, qui veut perseuerer,
Et qui sur toy se fonde.

CANTIQVE, EN FORME DE PRIERE,
de l'homme pecheur, apprehendant
le iour du iugement
dernier.

DELIVRE-moy, Seigneur, de la mort eternelle,
Et regarde en pitié mon ame criminelle,
Languissante, estonnee, & tremblante d'effroy.
Cache-la sous ton aile au iour espouuantable,
Quand la terre & les cieux s'enfuirôt deuant toy,
En te voyant si grand, si sainct, si redoutable.

2 Au iour que tu viendras en ta Maiesté saincte
Pour iuger ce grand Tout, qui fremira de crainte,
Le repurgeant de neuf par tes feux allumez.
O iour, iour plein d'horreur, plein d'ire & de miseres,
De cris, d'ennuis, de plaints, de souspirs enflammez,
De grincemens de dents, & de larmes ameres!

3 Las! i'en tremble en moy-mesme, & la crainte assemblee,
Qui se campe en mon cœur, rend mon ame trou-

blee,
Ma force esuanouye, & mon sang tout gelé:
Le poil dessus mon chef horriblement se dresse,
Et mon esprit de crainte est si fort desolé,
Que ie n'ose crier au fort de ma tristesse.

 4 Les Anges fremiront au regard de ta face
Helas, où pourront donc les meschans trouuer
  place?
Ou se pourront cacher ceux qui sont reprouuez
Ou faudra-il, Seigneur, que lors ie me retire,
(Si les iustes seront a grand' peine sauuez,)
Miserable pecheur, pour apaiser ton ire?

 5 Que diray-ie, ô chetif? que me faudra-il faire
Ie ne trouuerai rien qui ne me soit contraire,
Ie verrai mon peché s'esleuer contre moy:
Mon iuge est iuste & sainct, ie suis plein d'iniustice
Helas! ie suis rebelle, & ie verrai mon Roy,
Mon Roy clair & luisant, & moy noirci de vice.

 6 Vne bruyante voix tout par tout espandue
Sera du haut des cieux en la terre entendue.
O vous morts, qui gisez nourriture des vers,
Laissez les monumens, reprenez la lumiere,
Nostre grand Dieu se sied pour iuger l'vniuers,
Acourez pour ouir la sentence derniere.

 7 O Seigneur, dont la main toutes choses enserre,
Grand' gouuerneur de tout, qui m'as formé de
  terre,

          Qui

Qui rens par ton pur sang mes pechez nettoyez,
Et qui feras leuer mon corps de pourriture,
Enten mes tristes cris iusqu'au ciel enuoyez,
Et pren pitié de moy qui suis ta creature.
  8 Exauce, exauce, ô Dieu, ma priere enflam-
      mee,
Destourne loin de moy ta colere allumee,
Fai porter mon esprit par vn doux iugement
Dans le sein d'Abraham auec tous les fideles:
Afin que ton sainct Nom ie chante incessammét,
Iouyssant bien heureux des clairtez eternelles.

SAINCTS CANTIQVES,
extraicts de la saincte Bible.

CANTIQVE DE MOYSE.
Exode xv.
Il se peut chanter sur le chant du Pseaume L.

CHANTER ie veux vn chant victorieux
A l'Eternel de ses faits glorieux,
Qui magnifique & treshaut se fait voir,
En ce qu'il a par son diuin pouuoir
Tant des cheuaux que cheualiers l'armee
Totalement en la mer abysmee.
  2 Le Seigneur est ma force & los parfait,
En salut seur le Souuerain m'est fait,

F

C'est de mon pere & de moy le Dieu vrai,
En l'ornant donc l'honneur ie poursuiurai
De lui qui est guerrier incomparable,
Et l'ETERNEL est son Nom venerable.

3 Il a ietté tous les chars diligens
De Pharaon dans la mer, & ses gens:
De mesme il a ses capitaines pieux
Fait enfondrer dedans les gouffres creux:
Comme cailloux ils sont fondus en l'onde,
Et iusqu'au fond que nulle main ne sonde.

4 Seigneur, ta dextre acquiert en cest effort
Vn grand honneur, froissant l'ennemi fort,
Certainement ta haute Maiesté
A tes haineux en ruine ietté,
Et ton courroux la bande a consumee
De ces peruers, comme paille allumee.

5 Par le soudain souffler de tes nareaux
Nous auons veu s'amonceler les eaux:
Les flots se sont arrestez, empressez,
Et, sans rouler, l'vn sur l'autre entassez,
Les torrens d'eaux, en leur plus seure place,
Sont deuenus aussi fermes que glace.

6 Ainsi disoit le vanteur ennemi,
Ie les suiurai, ie donnerai parmi,
Maint beau butin de leurs mains rauissant
Ie partirai, mon cœur assouuissant:
Mon puissant bras desgainera l'espee
Pour saccager ceste gent attrappee.

7 Mais de ton vent tu soufflas à trauers,
Et à l'instant la mer les a couuerts:
Comme le plomb qui pese lourdement,
Ils ont esté enfoncez roidement
Dedans les flots, & l'armee aduersaire
De ce peril ne peut onc se retraire.

8 O Dieu puissant, misericordieux,
Qui est a toy pareil entre les Dieux?
Qui est celui qui sera reputé
Si magnifique en toute sainctété?
Si plein de los? qui en gloire tresgrande
Si merueilleux & terrible se rende?

9 Comme tu as ton bras dextre estendu
Engloutissant l'ennemi confondu,
Tu meneras aussi par ta faueur
Ce peuple aimé, de qui tu es Sauueur,
En ta demeure & saincté & agreable,
Sous le pouuoir de ta main secourable.

10 Les nations, en passant, l'entendront,
Et à trembler de frayeur se prendront:
Les Palestins seront d'angoisse espris,
Des Rois d'Edom estonnez les esprits,
Moab aura l'ame toute troublee,
Et Canaan de peur sera comblee.

11 Par la grandeur de ton bras vigoureux
Tu les rendras esperdus & paoureux,
Si que muet, & sans dire pourquoy,
Comme la pierre vn chascun sera quoy,

Tant que la gent qu'en ta main tu as mise,
Soit paruenue en la terre promise.
  12 Par ce moyen conducteur paternel
Tu en seras, la plantant, Eternel,
Au sacré mont de ta demeure & lieu
Qu'as apresté pour y estre au milieu,
Voire establi comme ton heritage,
Grand Dieu qui vis & regnes en tout aage.

Cantique de Moyse,
Deuteron. xxxij.

Il se peut acommoder au chant du Pseaume CIIII.

PVIS qu'Israel ne veut point m'escouter,
Vueillez, ô cieux, ô terre, me prester
L'oreille, afin de rendre tesmoignage
Et de mon zele, & de son dur courage.
  Oyez les airs de ma douce chanson,
Et mon discours qui coule en la façon
D'vne eau qui vient dessus le foin s'espandre,
Et la rosee en l'herbelette tendre.
  2 I'inuoque Dieu, louez-le auecques moy
Vous terre & ciel, celebrez de son doy
L'œuure parfait, louez, ô creature,
Sa verité, sa iustice & droiture.
  Quoy qu'il se soit monstré tel en tout temps,
Ses enfans, ore, helas, non plus enfans,

Ains race fauce & pleine de malice,
Se sont veautrez en tout genre de vice.

3 Peuple insensé, payes-tu donc ainsi
Dieu qui te monstre vn paternel souci?
Qui t'a conquis, qui pour tout sien t'auoue,
Qui t'a formé d'vne masse de boue?
Pense & repense aux ans desia glissez,
Iette tes yeux sur les siecles passez,
Demande aux vieux, & preste les oreilles
A tes parents, ils te diront merueilles.

4 Ils te diront que quand Dieu respandit
Les gens sur terre, & que iuste il tendit
Ses longs cordeaux pour partager le monde,
Il t'assigna vne terre feconde.
Ils te diront que ses benignes mains
Mirent Iacob à part de tous humains,
Afin qu'vn iour d'Israel le lignage
Fust du grand Dieu le lot & l'heritage.

5 Ils te diront que par la vaste horreur
D'vn chaud desert, repaire de terreur,
De soif, de faim, de venin homicide,
Il l'adressa & lui seruit de guide.
Qu'illec lui fit sçauoir par sa bonté,
Parlant, grauant du doigt, sa volonté,
Qu'il le garda sous l'ombre de son aile,
Comme il feroit de son œil la prunelle.

6 Ainsi que l'aigle, en volant à l'entour
De ses petis, va par maint souple tour

F 3

Les animer à prendre la volee,
En les portant sur son espaule ailee :
   Dieu, sans auoir pour support autres Dieux,
A fait monter son peuple es plus hauts lieux,
Manger les fruits d'vne terre fertile,
L'huile & le miel qui des rochers distile.
  7 Pour viure il eut le doux beurre, le laict,
Le gras mouton, le bellant aignelet,
Le pur froment, & pour boisson sucree
Le ius plaisant de la vigne pampree.
   Mais quoy? fait gras, soudain il s'est hauffé
Contre son Dieu, peruers il a laissé
Son Createur, & n'a point tenu conte
De Dieu qui l'a sauué d'horrible honte.
  8 Il enflamma du Seigneur le courroux,
En fleschissant ses prophanes genoux
Aux Dieux forains, & par maint sacrifice
Offrit, helas ! aux diables son seruice.
   Pour des Dieux vains, Dieux faux, nouueau-
     venus,
Que ses ayeuls ni lui n'ont point conus,
Il oublia son vray Roy, son bon maistre,
Duquel il tient & son heur & son estre.
  9 Dieu l'apperceut, & d'ire estincellant,
Ainsi contre eux soudain alla parlant :
Arriere d'eux ie cacheray ma face,
Et serreray les thresors de ma grace.
   Voyons pour lors qu'ils pourront deuenir :

Rier, que malheur, ne peut leur auenir,
Veu leurs forfaits, & que l'outrecuidance
Change leur foy en profane inconstance.

10 Ils se sont ioints à ce qui n'est pas Dieu:
Ie les lairray, espousant en leur lieu
Vn peuple estrange: eux fremiront de rage
Voyans ce peuple auoir eu l'auantage.

Le feu mangeur, que mon cœur irrité
Souffle contre eux bruslera, despité,
Les lieux profonds, les fruitieres campagnes,
Et les piliers des plus hautes montagnes.

11 Ie verserai dessus eux mille maux,
Mes traits végeurs: la faim, les vents trop chauds,
Les animaux courans rampans sur terre
Leur liureront vne eternelle guerre.

Le glaiue hostile aux champs les desfera,
Chez eux la peur: la vierge tombera,
Et le ieune homme, & l'enfançon qui tette,
Et cil qui a blanche & crouslante teste.

12 Sans doute ia i'espardroy', ie perdroy',
Ie racleroy' Iacob, ie l'esteindroy'
De dessus terre auecques son lignage,
N'estoit que i'oy des malins le langage.

Ils vont disant, c'est par nostre seul bras
Qu'Israel est desfait & ietté bas.
Leur Dieu ne s'est fourré parmi la presse,
Ains pour vaincu lui-mesme se confesse.

13 Ha! que ces gens sont lourds & insensez!

F 4

Mille d'entre eux seroyent-ils pourchassez
Par vn de nous, si le grand Dieu des armes
N'auoit rompu leurs bras & leurs gensd'armes?
 Car nostre Dieu n'est point tel que leurs dieux,
Ils l'ont bien sceu: mais leur vin venimeux
Est de Sodome, & les champs Gomorrhites
Sont le terroir de leurs grappes maudites.
 14 Ce n'est pas vin, mais c'est noire poison,
Qu'vn dragon roux en l'ardante saison
Vomit es champs, c'est le fiel, c'est la peste
Qu'a d'vn aspic la genciue funeste.
 Le sçai-ie pas? tien-ie pas leurs pechez
En mes thresors par seur compte cachez?
I'ay la vengeance, en temps ma dextre forte
Me la fera: ce temps est à la porte.
 15 Leur malheur vient, & lors ie iugeray
Pour Israel: ie me repentiray
De ruiner la race bien aimee,
Voyant sa force estre ia consumee.
 On dira lors, où sont tous ces beaux dieux,
Vers qui tendoyent & leurs cœurs & leurs yeux,
Que lon cerchoit auec tant de seruices,
En banquetant apres leurs sacrifices?
 16 Que ces patrons s'esleuent maintenant,
Pour garantir (qu'ils vienent vistement)
Feux & autels, & qu'ils seruent encore
D'asyle au fol qui leur grandeur adore.
 Mortels, sachez que ie suis l'immortel:

Qu'au ciel, en terre, il n'est point vn Dieu tel,
Ie blesse & tue, & gueris & fai viure,
Nul le pecheur de mes mains ne deliure.
 17 Haussant la main deuers le ciel vouté,
Ie veux iurer par mon eternité,
 Qui donne l'estre, & iurant ainsi dire,
Si mon glaiue est aigu, sé par mon ire,
 Si vne fois pour iuger ie m'assieds,
I'abaisseray mes haineux à mes pieds,
Des ennemis ie ferai la vengeance,
Et ne lairrai sans guerdon leur offense.
 18 Mes flesches lors de sang i'enyureray,
Et de leur chair mon glaiue saouleray,
I'effaceray les nations rebelles,
Des le plus grand iusqu'au moindre d'icelles.
 Gens louez Dieu auec ce peuple ci,
Dieu qui du sang de ses serfs a souci,
Qui ses haineux finalement atterre,
Qui veut purger & son peuple & sa terre.

CANTIQVE DE DEBORA
prophetesse, & de Barac, rendans graces à Dieu
de la victoire contre le Roy Iabin, &
Sisara chef de son armee, occis
par Iahel.
Iuges, chap. v.

SVs, que pour la diligence
Du peuple qui de bon cœur

S'est offert pour la vengeance,
Et qui demeure vainqueur,
Louer Dieu lon s'appareille.
Vous Rois, prestez-moy l'oreille,
Princes, venez m'escouter:
Moy, moy, ie veux en cantique
Du Dieu Israelitique
Les merueilles raconter.
  2 Quand tu sortis des limites
De Seir, ô Dieu viuant,
Passant les champs Edomites
La terre trembla deuant:
Des cieux les eaux distillerent,
Les montagnes s'escoulerent,
Entre toutes, celle-la
De Sina fort esleuee,
Pour ta diuine arriuee
Se soumit & se coula.
  3 Durant Samgar Hanathite,
Durant les iours de Iahel,
L'asseurance fut petite
Par le pays d'Israel:
Les hommes qui voyageoyent
Des grands chemins s'estrangeoyent:
Et tant que pour leur salut
Ie Debora fus leuee
D'Israel mere approuuee,
Les bourgs quitter il falut.

4 Si tost que l'Israelite
D'autres dieux nouueaux sus-mis
Follement faisoit esliteꞏ,
Des l'heure les ennemis
Auecques leurs troupes fortes
Acouroyent contre nos portes:
Et ce pendant sans boucliers
Sa bande mal equippee
Ne trouuoit pas vne espee
Parmi quarante milliers.

5 Vrai'ment d'vne amour parfaite,
Princes, ie vous veux aimer,
Qui prompts pour ceste desfaite
Auez voulu vous armer.
Sus, qu'vne louange grande
Chascun de vous a Dieu rende:
Iuges, preuosts, gouuerneurs,
Portez par asnesses blanches,
Par les voyes qui sont franches,
Dites de Dieu les honneurs.

6 Que la diuine iustice,
Que la celeste douceur
Aux fontaines retentisse,
Dont l'aduersaire oppresseur
Assiegeoit les eaux suiettes,
Y descochant ses sagettes
Des puiseurs tout au trauers:
Ores que maistre est le peuple

D'Israel, lequel repeuple
Les portes des bourgs ouuerts.
   7 Qu'on s'esueille, qu'on se leue,
Debora, sans arrester,
Vn beau cantique on esleue
Sur ta voix, qui doit chanter.
Debout, Barac, qu'on m'imite,
Pren fils Abinoamite
Les captifs desualisez.
Israel foible domine
Par moy la fiere vermine
Qui nous a tant mesprisez.
   8 Des le mont Ephraimite
Iusqu'es confins d'Amalec
S'estend or' l'Israelite,
Benjamin se trouue illec:
La bande gouuereresse
De Makir print son adresse
Vers moy: Zabulon lettré,
Qui bien la plume manie,
Conseillant la compagnie,
Prest en armes s'est monstré.
   9 L'Issacharenite race
Arriuer Debora vid,
Qui à pied la mesme trace
De Barac en bas suiuit:
Tandis en leurs pasturages
Les Rubenites fort sages

Ont fait maint discours profons.
Ha! pourquoy, race rusee
Demeurois-tu amusee
Pres de tes beslans moutons?
10   La tribu Galaadite
Delà Iordain reposoit.
Dan, ainsi que la susdite,
Ses nauires conduisoit.
Aser estoit au riuage
Ou la mer vomit sa rage:
Mais Zabulon n'a failli
De se ietter en campagne,
Comme n'a pas sa compagne
La tribu de Nephthali.
11   De Canaan tyrannique
Les Rois en armes leuez
Pres de l'eau Meguiddonique.
Sont en Tanac arriuez.
Là s'est bataille donnee:
Mais ils n'y ont butinee
Nulle quantité d'argent.
Les estoilles guerroyerent,
Les cieux aussi foudroyerent
Contre Sisare & sa gent.
12   Kison auec gros rauage
Les racloit en son chemin,
Ils furent prins au passage,
Destiné pour nostre fin.

Aux pieds leur force ay froissee,
Là fut la corne cassee
Des pieds de leurs grands cheuaux,
Par les sauts, bonds, & pennades,
Courses, fuites & ruades,
Causees par leurs trauaux.
  13 Sus, que Meros on maudie,
Dit l'Ange du Dieu viuant,
Et l'engeance acouardie
Qui ne s'est mise en auant,
Et n'a nulle peine prise
Pour secourir l'entreprise
Des soldats de l'Eternel:
Mais que, sur femmes & filles
Des campagnes & des villes,
Chascun benie Iahel.
  14 Du laict en lieu d'eau requise
A Sisare elle porta,
Et dans vne coupe exquise
Du beurre lui presenta.
Print vn marteau de sa dextre,
De l'autre vn clou, puis adextre
Si ferme le martela,
Que ses temples elle perce,
Et tout outre le trauerse,
Tant que mort il tombe la.
  15 Aux pieds d'elle il se remue,
Se tordant, se deiettant:

u corps l'ame fort efmue,
inq fois en vain debattant.
a mere à ce capitaine
'efcrioit en voix hautaine
ar fes treillis:mais d'où vient
Que fon chariot arrefte?
Mais pourquoy fi tard s'apprefte
Son train qui point ne revient?
 16 Ses dames dirent encontre,
Et elle auffi dans fon cœur,
Y a-il pas eu rencontre?
Puis qu'il demeure vainqueur,
Habits & filles on trie:
Les robes de broderie,
 Qu'on a butinez ce iour
Pour Sifare lon affemble,
Afin qu'il ait tout enfemble.
C'eft la caufe du feiour.
 17 De cefte forte periffent
En ruineux deshonneur
Ceux qui ton courroux afpriffent
Contre leur tefte, Seigneur.
Mais ceux qui toute leur vie
De t'aimer auront enuie,
Puiffent reluire auffi clair
Que la lumiere Solaire,
Lors que fa face trefclaire
Darde fes rayons en l'air.

CANTIQVE D'ANNE MERE DE SAMVEL.
1. Sam. 2.

Il se peut aproprier au chant du Pseaume XXIIII.

EN Dieu mon cœur se resiouit,
Et de son salut il iouit:
Ma corne il a haut esleuee,
Dont assez i'ay pour repliquer
A ceux qui souloyent me picquer,
Poussez de rancune engrauee.

  2 Il n'y a nul qui soit vestu
De saincteté ni de vertu
Comme l'Eternel, & m'asseure
Qu'il n'est aucun autre que lui:
Et qu'on ne trouuera celui
Qui ait vne force si seure.

  3 Cessez vos propos superflus,
Et si haut ne vous vantez plus,
Bridez vostre langue legere:
Car c'est Dieu qui peut tout sçauoir:
Il apartient que son pouuoir
De toute entreprinse s'ingere.

  4 L'arc des forts fault en leurs desseins,
De force les foibles sont ceints,
Ceux-là qui faisoyent bonne chere
Pour du pain sec louez se sont:

Les affam

Les affamez abondance ont
De toute nourriture chere.

5 Celle-là qui porté n'auoit
Aucun enfant, ores se void
De plusieurs mere deuenue.
Mais celle qui auoit beaucoup
Enfanté de fils, tout à coup
Reste sterile, & diminue.

6 L'Eternel occit & desfait,
Puis il viuifie & refait:
C'est lui qui ordonne qu'on tombe
Dedans le sepulchre estendu,
Et c'est aussi son bras tendu
Qui peut retirer de la tombe.

7 C'est l'Eternel qui apourit,
Enrichit, hausse & amoindrit,
Leuant les pauures, qui caimandent,
Hors de la pouldre & du fumier,
Pour les mettre au siege premier
Des grands monarques qui commandent.

8 Proprietairement sont siens
Les gonds & piliers anciens
De ceste terre vniuerselle:
Sur iceux par sage pouuoir
Le monde apuyé se peut voir,
Sans que membre aucun y chancelle.

9 L'Eternel en sa garde a mis
De ses Saincts les pieds affermis:

G

Mais quoy que le meschant s'efforce,
On le verra muet, perir,
Et dans les ténebres perir,
Sans qu'à rien lui serue sa force.
  10 Dieu froissera tous ses haineux,
Du ciel il tonnera sur eux,
Il viendra gouuerner le monde,
Il donnera force a son Roy,
Et de son Oinct en haut arroy
Il rendra la vertu feconde.

Cantique d'Isaie.
Au ch. xij. de sa Prophetie.
Sur le chant du Pseaume CXVII.

O ETERNEL, sans nul defaut
Te magnifier il me faut,
De ce que pour mon vil peché
Non sans iuste cause fasché,
Tu as ton courroux conuerti,
Si que i'ay ton secours senti.
  2 Voici, Dieu est mon seul Sauueur,
I'aurai fiance en sa faueur,
Et ne craindrai d'orenauant,
Pource que l'Eternel viuant
Est ma louange & mon pouuoir,
Qui veut de tout heur me pouruoir.

3 Apres la grande affliction
Viendra la consolation,
Et de saincte paix iouyssans,
En Dieu seul vous esiouyssans,
Fideles, d'vn cri vehement
Vous direz tous alaigrement:
4 Chascun inuoque le Seigneur,
Et magnifie son honneur:
A tout peuple on face sçauoir
Les grands effects de son pouuoir:
Qu'on rende le monde certain
Combien son sainct Nom est hautain.
5 Chantez au Seigneur hautement,
Qui œuure magnifiquement,
Comme void toute nation.
Chante & ri, fille de Sion:
Car le sainct d'Israel ie voy
Paroir grand au milieu de toy.

Cantique dv mesme prophete.

Au xxvj. chap.

Il se peut acommoder au chant du Ps. XXI.

Nostre cité de toutes parts
Ores se tait & dresse
Ville de forteresse.
Dieu, pour bouleuars & rempars,

Et pour murs affermis,
Son secours y a mis.
 2 Ouure les portes, portier prest,
Afin qu'au milieu d'elle
Entre la gent fidele.
 Car, ô Dieu, par ton seur arrest,
D'espoir tu nous repais
D'y conseruer la paix.
 3 De se fier en l'Eternel
Sans cesse perseuere
Quiconque le reuere:
 Car c'est le Seigneur supernel
Que tousiours on peut voir
Plein d'immense pouuoir.
 4 Il fera cheoir ceux des hauts lieux,
En terrassant leur ville
Iusqu'à la poudre vile.
 Mesmement le pied langoureux
Du pauure tourmenté
Foulera leur cité.
 5 Du iuste est vni le sentier:
O Dieu, tu le conuoyes,
Et adresses ses voyes.
 A toy tend mon cœur tout entier,
Et pense sagement
A ton droit iugement.
 6 Mon ame te cerche de nuict,
Et des la matinee

Est deuers toy tournee.
   Selon que ta iustice luit
En terre, les humains
Vont redoutant tes mains.
  7 Si tu te monstres gracieux
Au meschant, c'est iniuste
Au mal se rend robuste.
   C'est en ta terre vn vicieux,
Qui n'a l'œil arresté
Dessus ta Maiesté.
  8 Il ne pense point à ton bras,
Tant qu'estonné le rende
Sa confusion grande.
   Tout sec d'enuie le rendras
Du bien de tes amis
Et d'vn feu d'ennemis.
  9 En bonne paix tu nous mettras,
Ainsi que nostre afaire,
Seigneur, il te plait faire.
   Maint maistre a eu sur nous les bras,
Qui n'esperons sinon
Qu'en l'apui de ton Nom.
  10 Quant aux meschans, que tu punis,
Tousiours morts ils demeurent,
Quand vne fois ils meurent:
   Et de ressource sont bannis,
Se perdant au tombeau
Leur nom & lustre beau.

G 3

11 Sur ton peuple pacifié
Tu monstres l'excellence
De ta beneuolence.
　Plus tu seras glorifié,
Faisant loin aparoir
Les fins de son terroir.
　12 Il aura lors a lamenter
Vers toy la voix encline,
Sentant ta discipline.
　Comme vne qui veut enfanter
Trauaille & crie, ainsi
Nous te ferons aussi.
　13 En peine nous auons conceu,
N'enfantans rien qui vaille,
Que vent qui nous trauaille.
　Nous n'auons pas ce bien receu,
De voir cheoir les peruers
Viuans en l'vniuers.
　14 Mais ceux qui à mort poursuiuis
Gisent pour ta querelle,
En leur chair naturelle
　Retournans, auec mon corps, vifs,
En pieds se reuerront,
Et resusciteront.
　15 Resueillez-vous, ô corps, couuers
De pouldre mesprisee:
Car comme la rosee
　Fait releuer l'herbe es prez verds,

La terre en son Nom lors
Rejettera ses morts.

16 Va peuple, dont le Dieu ie suis,
Musse-toy quelque espace,
Tant que mon ire passe:
 Si que chascun ferme les huis
De sa chambre à par soy,
Tant qu'appaisé ie soy.

17 L'Eternel sortira d'enhaut,
Visitant de la terre
Les malins à grand erre:
 La terre lors, qui le sang chaud
Des occis monstrera,
Plus ne les couurira.

Cantique du Roy Ezechias.
Isaie xxxviij.
Sur le chant du Pseaume XXXV.

ESTANT de mes iours au defaut,
I'ay dit en moy-mesmes, Il faut
Que ma vie ores se transporte,
Et passe du tombeau la porte.
 C'est ma fin, ie ne viurai plus,
De voir mon Dieu ie suis exclus
En la terre, & d'orenauant
Ne verrai plus homme viuant.

G 4

2 Mon habitacle prosterné,
Arriere de moy s'est tourné,
Comme vn berger, qui quittant place,
Son pauillon troussé, déplace.
   Pour mourir ie suis equipé,
Car ma vie a le fil coupé,
Voire tout ainsi qu'il en prend
A la toile d'vn tisserand.
   3 Dieu la veut retrancher d'vn coup,
Et ne tardera pas beaucoup.
Las ! il la rendra terminee
Dedans la proche matinee.
   Ie ne conte que iusques la,
Car mes os desbrisez il a
Comme vn Lion, lequel soudain
Saute sur quelqu'vn par desdain.
   4 I'ai gazouillé, comme de fait
La grue & l'arondelle fait:
Comme la colombe craintiue
I'ay grommellé de voix plaintiue:
   Mes yeux sont faillis ce pendant
Que ie suis en haut regardant.
Las ! Seigneur, qui vois mon esmoy,
Ie te suppli, garanti-moy.
   5 Mais il me faut passer par la:
C'est Dieu mesme qui tout cela
M'a fait expressément entendre:
Rien contre ie ne puis pretendre.

Que puis-ie en ce monde esperer?
Sinon que tousiours demeurer
Presse de chagrins mauplaisans
Pour tout le reste de mes ans.

6 Seigneur, ceux qui me surviuront,
Ton miracle excellent sçauront,
Et à chascun sera notoire
Qu'en moy tu fais luire ta gloire.

Ils sçauront qu'estant abatu
Par toy, tu m'as par ta vertu
Fait de ma vie donaison,
Me donnant seure gairison.

7 Alors qu'enuironné d'esmoy
Du tout perdu ie m'estimoy',
Par ta puissante bienvueillance
Tu mets ma vie en asseurance.

Mes pechez sont loin de ton dos.
Ie vi: car au sepulchre clos
Ceux qui de mort passent le pas
Ta gloire ne celebrent pas.

8 Le viuant te confessera
Comme moy ce iour, & fera
Le pere à ses enfans comprendre
Ta verité, digne d'aprendre.

Seigneur, mon salut, c'est raison
Que te chantions en ta maison
Mes saincts cantiques, t'esleuans
Tous les iours que serons viuans.

Cantique de Ionas.
Au ij. chap.

EN ma peine angoisseuse
Ma bouche paresseuse
De prier n'a esté,
Et Dieu m'a escouté.
I'ai crié du creux ventre,
Gouffre ou ie suis transsi:
Et ma voix pleintiue entre
Dans son oreille aussi,
En gemissant ainsi:
  2 Ton courroux que l'irrite,
Seigneur, me precipite
Au profond de la mer
Ou tu veux m'abysmer.
Vn amas d'eau m'entourne
De sauueté forclos.
Sur moy des vagues tourne
Tout l'amas, & tes flots
Roulent dessus moy clos.
  3 Or pendant ce naufrage,
Ie dis en mon courage,
Ie suis, moy vicieux,
Deietté de tes yeux.
D'autre costé i'espere
En mon cœur toutesfois,

Reuoir encor,ô Pere,
Ton sainct Temple vne fois,
Tout ainsi qu'autresfois.
   4 O Dieu,que ie reclame,
Les eaux m'ont iusqu'à l'ame
Circui de leur tour:
Et l'abysme à l'entour
En ceste humide place,
Qui me tient en meschef,
M'empestre,& s'entrelace
Encores de rechef
La rosiere à mon chef.
   5 Faisant que ie tombasse
Sous la profondeur basse
Des monts par ton courroux,
La terre & ses verroux
A l'enuiron m'enferme:
Mais,ô Dieu,mon Sauueur,
De mon estat peu ferme
Tu seras icleueur;
Par ta saincte faueur.
   6 Mon cœur en sa destresse
T'auoit pour son adresse,
De toy tout promptement
Seigneur se souuenant:
Et en voix continue
Ma deuote oraison
I'ay senti paruenue

De ma triste prison
En ta saincte maison.
7 Ceux qui le monde obseruent,
Et aux idoles seruent,
Quittent malignement
Toy Dieu doux & clement.
Quant à moy, ie desire
Louange t'immoler,
Et mes vœux rendre, ô Sire,
Dont peut, à bref parler,
Tout salut decouler.

Cantiqve De Zacharie
pere de Iean Baptiste.
Luc 1. chap.
Sur le chant du Pseaume CL.

SOIT d'Israel peuple vni
Le souuerain Dieu beni,
Qui l'a daigné visiter,
Afin de le racheter
    Par sa bonté volontaire
Du bon Dauid son seruant
En la maison esleuant
    Sa puissance salutaire.
2 Ainsi qu'il auoit promis
Par ses Prophetes transmis

De tout temps, faisant sçauoir
Que son celeste pouuoir
      Nous donneroit deliurance
De l'aduersaire oppresseur,
Voire du bras offenseur
      De nos haineux pleins d'outrance.

  3 Afin qu'en toute amitié
Il fist ainsi sa pitié
Enuers nos vieux peres voir,
Et pour faire apperceuoir
      Qu'il n'a mis en oubliance
Son iurement & ses dits
Faits à Abraham iadis
      Auec sa saincte alliance.

  4 Alors il se resolut
De nous donner ce salut
Contre tous nos ennemis:
Afin qu'à sauueté mis,
      Lui seruions de bonne enuie,
Sans peur nulle, en liberté,
En iustice & saincteté,
      Tous les iours de nostre vie.

  5 Toy, tu auras ce credit,
Petit enfant, d'estre dit
Prophete du Dieu viuant:
Voire tu iras deuant,
      Et precederas la face
Du Seigneur, qui vient bien tost,

A celle fin que tantoſt
    Son chemin vni ſe face.
6 Tu feras auſſi ſçauoir
Aux ſiens (ſelon ton deuoir)
Le ſalut & le pardon,
Qu'il leur offre de pur don,
    De leur offenſe odieuſe,
Monſtrant à ſa nation
Son intime affection
    Tout-miſericordieuſe.
7 Par ſes immenſes bontez
Ci bas nous a viſitez
L'Orient d'enhaut expres,
Pour ceux eſclairer de pres
    Qui en l'ombre tenebreuſe
De la mort ſont endormis,
Et pour guider nos pieds mis
    Au chemin de paix heureuſe.

CANTIQVE DE LA VIERGE MARIE, mere de noſtre Seigneur Ieſus Chriſt.

Luc 1. chap.

Il ſe peut acommoder au chant du Pſe. CXXVIII. ou du Pſeaume CXXX.

MOn ame magnifie
Du Seigneur la faueur,

Et mon esprit s'escrie
De ioye en mon Sauueur:
　Pource que la hautesse
De son diuin pouuoir
Daigne la petitesse
De sa seruante voir.
　2 Sa grace plantureuse
Fera d'orenauant
Que me dira heureuse
Tout aage suruiuant.
　Sa puissance parfaite,
Pour l'amour de son Nom,
En ma personne a faite
Chose de grand renom.
　3 De sa misericorde
Le tressouuerain bien
En tout temps il accorde
A ceux qui l'aiment bien.
　Sa forte main dressee
Fait des cas merueilleux,
Et rend en leur pensee
Confus les orgueilleux.
　4 De leur thrône il depose
Les grands aneantis,
Et en leur place pose
Les humbles & petis.
　Fait qu'abonder on voye
Les pauures disetteux,

Et le riche renuoye
Vuide & necessiteux.
5 Il a releué donques
Israel son seruant,
Et sa faueur adonques
Il a mise en auant:
A nos peres, de grace,
Promise par serment,
Abraham & sa race,
Perpetuellement.

Loüé soit Dieu.

www.ingramcontent.com/pod-product-compliance
Lightning Source LLC
Chambersburg PA
CBHW060221230426
43664CB00011B/1504